遵义师范学院乌江流域历史文化研究中心
遵义师范学院土司文化研究院
遵义师范学院中国仡佬族文化研究院

乌江流域民族文化研究丛书编委会

遵义师范学院乌江流域历史文化研究中心项目（项目编号：WJ2015001）

仡佬族

GELAOZUCHUANTONGTIYUWENHUAFAZHANYANJIU

传统体育文化发展研究

● 黄正廪 著

中央民族大学出版社
China Minzu University Press

图书在版编目（CIP）数据

仡佬族传统体育文化发展研究 / 黄正慶著. —北京：中央民族大学出版社，2017. 8

ISBN 978-7-5660-1410-8

Ⅰ. ①仡… Ⅱ. ①黄… Ⅲ. ①仡佬族—民族形式体育—体育文化—研究—中国 Ⅳ. ①G852. 9

中国版本图书馆 CIP 数据核字（2017）第 173038 号

仡佬族传统体育文化发展研究

作　　者	黄正慶
责任编辑	舒　松
封面设计	符　蓉
出 版 者	中央民族大学出版社 北京市海淀区中关村南大街 27 号　邮编：100081 电　话：68472815（发行部）　传真：68932751（发行部） 68932218（总编室）　68932447（办公室）
发 行 者	全国各地新华书店
印 刷 厂	北京盛华达印刷有限公司
开　　本	787×1092（毫米）　1/16　印张：13. 75
字　　数	230 千字
版　　次	2017 年 8 月第 1 版　2017 年 8 月第 1 次印刷
书　　号	ISBN 978-7-5660-1410-8
定　　价	52. 00 元

《乌江流域民族文化丛书》总序

在一个民族的历史与现实发展中，民族文化起着维系社会共同生活、维持社会稳定的重要作用，是本民族生存与发展的精神根基。中华文化历史悠久、源远流长，是中华民族共同创造、长期历史发展所沉淀的文化，在五千年漫长历史长河的不断演进中，因历史的积淀、时代的变迁与区域的差异，形成了丰富多彩、各具特色的地域民族文化。在中华民族文化宝库中，古朴、神秘、斑斓的乌江流域民族文化是其中一颗璀璨的明珠。

乌江流域横跨贵州、重庆、云南及湖北四省市，共 56 个县市，总人口为 1666 万人，居住着汉、苗、侗、土家、彝、仡佬、布依、回等 40 多个民族。乌江丰美的水土滋养了流域内的各族人民，同时也孕育了源远流长、博大精深的乌江流域民族文化，据不完全统计，乌江流域的国家级非物质文化遗产达 30 余项。乌江流域民族文化蕴含了万物平等、和谐共生、互惠共荣、生命平等、相互依存、平衡协调、自强不息、敬畏感恩等思想观念，是本地区文化的精粹，长期以来，一直影响着流域内不同民族的生产方式和交往方式，对人们的生活态度和思维习惯亦有潜移默化之功。乌江流域民族文化是流域内各民族引以为豪的宝贵精神财富，无论是在过去、现在，还是未来，它在乌江流域各民族的经济、政治、文化、教育、社会生活的方方面面都发挥着十分重要的作用。

但是，随着经济社会的高速发展，新型工业化、农业现代化、新型城镇化以及信息化建设进程的不断加快，强势的现代文明正在无情地挤压着农耕文明，该流域很多原有的生产方式和生活方式正在发生迅速的变化。作为农耕文明重要代表的民族文化，正在失去其往昔的辉煌，有的甚至已寿终正寝，一些珍贵的历史文化资料及许多极富特色的风俗、习惯和文化传统正处于濒临消亡的边缘，因此发掘、抢救、保护和梳理该流域的物质和非物质文化遗产是地方历史文化建设的当务之急。

正如习近平主席所说：“没有文明的继承和发展，没有文化的弘扬和繁荣，就没有中国梦的实现”。为了发掘、特别是抢救、保护和梳理乌江流域历史文化资料，彰显其民族文化的核心价值，传播时代精神的正能量，做好对民族文化的传承、开发与利用，进而扩大乌江流域民族文化的研究成果，2013 年 7 月遵义师范学院成立了乌江流域历史文化研究基地，组建了乌江流域民族文化方向的研究团队，并获得中央财政部支持地方高校发展专项基金资助。团队成员坚持马克思主义的立场和方法、坚持社会主义的方向，坚持党的文化政策和民族政策，经过几年的艰辛付出，对留存于乌江流域的民族文化资料进行了搜集、整理、分析与研究，最终由刘丽、袁礼辉、范维、牟孝梅、李军星、黄正廪、罗永忠等老师共同撰写了《乌江流域民族文化研究丛书》十册（以下简称《丛书》）。

《丛书》较为全面、系统地展示了乌江流域民族的历史、信仰、语言、文学艺术、非物质文化遗产、旅游与经济发展、民族地区生态环境等等，可谓荟萃众美，雅俗共赏。这套丛书的出版，既是继承和发扬乌江流域民族优秀传统文化的重要媒介，也是我校哲学社会科学建设的新成果。文化的延续性在于继承，文化的包容性在于开放，文化的生命力在于创新。我们继承乌江流域民族优秀传统文化，不是抱残守缺、守旧复古，而是充分发掘其民族文化的精髓，不断从乌江流域民族文化中萃取优秀传统的精华，拓展和丰富其民族文化精神价值的内涵，体现其历史意义和现实价值，并在此基础上去粗取精、推陈出新，创造出符合时代特征的新的文化产品，为乌江流域民族地区，乃至贵州省经济发展与社会的不断进步催生新的增长点。

《丛书》的付梓出版，是对《丛书》作者数年来辛勤劳动付出的回报，是我校哲学社会科学建设的又一重要成果，亦是弘扬和传承民族文化、体现和彰显文化自信的可贵探索。为此，我们谨向始终支持和关心乌江流域民族文化研究的领导、专家表示衷心的感谢！对负责定稿的专家学者，以及中央民族大学出版社的领导和编辑，为《丛书》出版付出的辛勤劳动深表由衷的谢意！由于我们水平有限，书中难免存在疏漏、瑕疵之处，还望读者批评指正。

是为序。

遵义师范学院《乌江流域民族文化研究丛书》编辑委员会

二〇一七年五月二十六日

目　录

第一章

仡佬族的起源

第一节　仡佬族的起源

仡佬族先民的渊源可以追溯到遥远的古代，在今仡佬族居住的地区及其毗邻地带，新中国成立后先后发现和出土了一大批石器时代的文化遗址及其遗物。1964年，在贵州省黔西县观音洞发现了旧石器早期文化遗址，出土石器4000多件，是距今五六十万年以前，属于“猿人”阶段的文化遗存。稍后又相继在黔北的桐梓县的九坝和黔西，水城的硝灰洞，发现了属于“古人”阶段的“桐梓人”和“水城人”；在黔西南兴义县顶效镇的猫猫洞和普定县的穿洞，则发现了属于“新人”阶段的文化遗址。此外还在贵州的威宁、赫章、毕节、绥阳、湄潭、盘县、水城、普定、平坝、清镇和贵阳市乌当等17个县（区），都出土或征集到一批新石器。在威宁中河、赫章可乐、毕节青场和平坝白云等处，还发现新石器时期的文化遗址。这些遗址和遗物，特别是属于旧石器时代的文化，因当时民族尚未形成，虽然还很难确定其与仡佬族固有文化的直接联系，但这些考古资料出土或发现的地区，都在今仡佬族居住地区及其周围，可能与仡佬族远古先民的活动有一定的联系。

印证民间习俗，仡佬族世代相传：他们是贵州的世居民族，是最早开辟贵州土地的主人，至今在贵州各地还流传着“仡佬仡佬，开荒辟草”的歌谣。与仡佬族相邻或杂居的汉、苗、彝、布依等民族，也都承认仡佬族是贵州最早的居民。所以有的地区每到阴历七月过“吃新节”时，仡佬族可以随意到附近其他民族的田地里采摘新熟的谷物、瓜菜祭祀祖先，不受干涉。另外，仡佬族有人死亡，出丧时一般不丢“买路钱”，并可在其他民族的地界内任选葬地，业主从不阻拦。有些地区的民族还把仡佬族的祖先作为“山神”敬供，有的更在自己家里的神龛上供奉着“地盘业主，古老前人”的神位，每逢阴历七月“中元节”时，也要给“地盘业主，古老前人”专门烧几个袱纸。这里所谓的“古老前人”，就是指的仡佬族的先辈。所以直到今天贵州务川、道真、正安、安顺和六盘水地区的仡佬族，还被人们称为“古老族”或“古老户”。这些习俗相沿成风，有的地区一直保留到现在，证明仡佬族确实是当地世居民族，因而其先民的活动可能与上述考古资料有关。

从商、周以迄魏、晋的漫长历史时期，仡佬族先民还包含在“濮”人族群之中，是组成“百濮”族群的一部分。濮人是我国古代一个人数众多、支系纷繁、分布辽阔的强大族群，是分布在今湘、鄂、川、黔交界一带以迄滇、黔、川西广大地区的主体民族。早在商、周时期，据《逸周书·伊尹四方令》和《尚书·牧誓》记载，今鄂西江汉一带的濮人，在殷商初期就曾以犀、象、翠羽、短狗等方物，作为向王朝的贡品。商、周之际，濮人又参与了周武王领导的伐纣之役，以后遂成为周王朝的属地，以丹砂向周王朝进贡。春秋以来，濮人强盛，多次与楚国发生战争。如据《左传》鲁文公十六年（公元前611）记载：“麇人率百濮聚于选，将伐楚。”结果被楚国联合秦国和巴国所战败。尔后这部分濮人势力衰落，可能有少数被迫西迁到今湘西、黔东北一带外，大部分在当地逐渐被其他民族融合。

汉、魏以来，有关濮人活动的记载，很少见于江汉地区，而大量出现于今滇、黔、川西和桂西北各地。这些濮人早就生活在西南各地，只不过秦、汉以前，很少与中原王朝接触，故而早期的汉文献中没有记下他们的活动而已。当时他们是西南各地的主体民族，分别在今贵州中、西部，滇东、川西和桂西南建立了夜郎、且兰、滇、邛、筰、漏卧、勾町等地方政权。这些政权通过水陆交通，与北面的巴、蜀和南面的南越地区，乃至秦、汉王朝保持着政治、经济、文化的联系。公元前 2 世纪后期，汉武帝大力经营西南，在上述各地先后设置了犍为、牂牁、益州、越巂（xī）等郡。1 世纪初（东汉初年），又在今滇西的保山、腾冲一带设置了永昌郡。据《汉书》《华阳国志》和《水经注》等文献记载，上述各郡统辖的广大区域，都有许多濮人活动。这些濮人，除永昌郡境内的部分属南亚语系，即今所谓“孟—高棉”人，是今镇西的德昂、布朗、佤族等民族的祖先外，都与早期出现于江汉地区的濮人一样，属于“百濮”体系，与仡佬族有密切的渊源关系。

关于仡佬族与古代濮人之间的这种渊源关系，直到今天在民间的传说和习俗中，还可以找到不少证据。平坝县大狗场的仡佬族每年正月祭祀“开荒辟草”的老祖公中，有“濮老苴”“克劳”“濮交西”“淮交水”四位，都以濮字冠首。今黔西北地区的彝语称仡佬族为“濮”，操彝语的仡佬族也自称为“濮”。彝文经典中有“濮尼濮娄主，濮尼濮腊力”的记载。“濮尼”是指古代仡佬族，是跟随仡佬王的；“濮娄”是指红仡佬，是一般劳动者，故彝语称打铁仡佬为“侯得濮”。据传古代水西地区（指鸭池河以西，今黔西北地区）有个仡佬王，名叫“濮纪沭”或写作“濮”，很早就统治着今黔西北一带。后来与原居住在今云南东北东川一带迁入的彝族祖先发生战争，被夺走了许多集镇、人口、牲畜，才被迫将水西的大片土地让给彝族首领统治。所以彝语一直称水西地区为“濮米”，意为濮人居住的地方。今贵州的许多地方凡带有“濮”“沭”“摩”“普”等字音的地名，都与古代濮人的活动有关，是古代濮人居住的地方，而今天则有仡佬族分布。如今大方县响水区有“拉鲁濮”，六龙区有“大尼濮”“法果濮”“母垮濮”等地名。赫章可乐，彝语叫“可乐卢沭”，兴义沿盘江一带地区，彝语叫“濮吐米”。另外今道真、遵义、绥阳等县都有“卜老场”或“老卜场”。这些传说和地名的起因和具体时代，虽不一定完全准确，但大体情况与贵州彝族势力发展的情况是基本吻合的。还有今四川凉山彝族地区，近来发现一种“石板墓”文化，彝族称作“濮素乌乌”，意即濮人的坟墓。而据《华阳国志·蜀志》记载，越嶲郡会无县（今四川凉山彝族自治州会理、会东一带）“故濮人邑也，今有濮人冢”。这些都说明古代川、滇、黔一带的濮人，确实与今仡佬族存在着密切的族属渊源关系。

汉、魏以来，今西南各地的濮人，又被统治者将其与岭南（今广东、广西）的越人一起，泛称为“僚”。不过从众多的文献记载分析，岭南地区的僚人，或又被称为“俚”，而绝不称为濮。如《隋书·地理志》说：“俚僚贵铜鼓，岭南二十五郡，处处有之。”将俚僚并称，但有时对同一人同一事，有时称之为俚，有时又称之为僚。如《南史·兰钦传》称陈文彻为俚帅，而《南史·欧阳頠传》则称他为僚人。可见，对这部分越人可以俚僚互称，他们是今壮、布依、侗、水各民族的先民，与仡佬族没有关系。而今川、滇、黔一带的僚人，文献上有时又把他们称为濮，或濮、僚互用。如《华阳国志·南中志》记夜郎竹王兴于遁水，“遂雄夷濮”，后竹王被汉王朝诛杀，族人激愤，也称“夷濮阻城”。但《后汉书·南蛮西南夷传》记同一事件，则称“夷僚咸怨”，而《水经·若水注》记竹王事，则先称“遂雄夷濮”，后竹王被杀则记作“夷僚咸怨”。联系上述诸书记载，不但看出这个地区的濮人可以互称为僚，而且这里的僚人与后来的仡佬族有直接的联系，仡佬族就是从这部分僚人中发展演变而来的。

从公元前 3 世纪末到公元 3 世纪初（即战国末到东汉时期），包括仡佬族先民在内的僚人，是以夜郎为中心的今川、滇、黔交接一带地区的主体民族。自战国末年，楚派将军庄蹻西征至滇，秦派常頞（亦作颇）开“五尺道”，在今川南、滇东北、黔西北一带设官置吏，特别是公元前 135 年，汉武帝派唐蒙通使夜郎，设置犍为郡，后又在公元前 111 年，以夜郎及其附近地区另设牂牁郡，从此，仡佬族先民与中原及邻近地区在政治、经济和文化各方面更发生了直接的联系。

魏、晋以来，战争频仍，全国长期处于分裂割据。仡佬族先民——僚人所在的西南一带，也长期处于南、北割据政权的争夺之中。为了增强割据力量，有的割据势力遂多次把今滇、黔境内的僚人大规模迁往内地。公元 3 世纪初，蜀汉后主建兴年间，诸葛亮征伐南中，遣部将马忠分兵进军今贵州境内的牂牁，战后蜀将张嶷即将当地 2000 余僚人迁往汉中（今陕西汉中专区）。另据《益州记》《晋书》《华阳国志》《水经注》等书记载，当时因蜀地空虚户乃“从牂牁引僚人，自象山（今四川凉山州大桐岭）以北尽为僚居”，计10余万户，散布在巴西（今阆中）、渠川（今西昌）、广汉、阳安（今简阳）、资中（今资阳）、犍为（今宜宾）、梓潼等广大地区。这些被迁入巴蜀境内的僚人，以后被逐渐融合到其他民族中，与后来的仡佬族不再存在联系。

此外，秦、汉以来，在今贵州境域内，苗瑶从东面的江汉一带逐渐迁入，主要定居于今黔东南和黔东北一带，百越逐步从南面的两广迁入，主要分布在与今广西相毗邻的黔、桂边境一带，后又逐步分化为布依、侗、水各民族；彝族先民则从今滇东北逐步东迁，主要活动在今贵州西部，一从黔西北到黔西南一带。在上述各民族逐步迁入贵州的过程中，原来居住在这里的许多仡佬族先民，遂逐渐融合到他们中去了。

到唐、宋时期，今湘西以迄贵州境内，特别是处于今川、黔边境一带遗留的僚人，经过长期的分化演变，才开始形成仡佬族。据《元和郡县志》《新唐书》《溪蛮丛笑》《老学庵笔记》等记载，正式出现了“葛僚”“佶僚”“仡僚”和“仡佬”等称谓。问题十分明显，这些称谓不但都是今“仡佬”族称的同音异译，而且是从过去的僚人称谓中演变而来。到明代的有关著作中，更明确地记载了仡佬和僚之间的承袭关系。如《嘉靖图经》记载：“仡佬，古称僚。”《行边纪闻》也说：“仡佬，一曰仡僚。”

从古代僚人和以后仡佬族分布地区来看，他们之间的关系也是密切的。有的文献中记述唐、宋以前僚人活动的地区和唐、宋以后仡佬族分布的地区，大体一致。还有的文献反映出，僚人和仡佬族出现在同一时期的同一地域内。如《元和郡县志》说，洛浦县（今湘西保靖）有“仡僚”，而《湖南通志》则记载唐代与洛浦相邻的武岗有僚人。又如原为僚人居住的辰州（今湖陵）、沅州（今湖南黔阳）、靖州（今湖南通道）等地，到宋代时不但有僚，而且已有很多“仡佬”人居住。再如据《太平寰宇记》记载，位于今黔东北现以仡佬族居多的古思州，当时是“蛮僚杂居”。在今务川县东20里有河只水，“河只者，僚之姓名”；又县东80里有罗多水，而罗多亦“僚之姓名”；县北有河渝水，“自僚山流出”。另外，居住在四川綦江至贵州桐梓、遵义一带的仡佬族，宋代仍被称为“南平僚”。

又居住在今川南兴文叙永一带的仡佬族，在元代李京的《云南志略》中，还被称为“土僚”，明代才被改称为“都掌蛮”。

再从生活习俗方面来看，直到近代仡佬族还保留了较多的古代僚人的特征。据《魏书》《北史》《博物志》《溪蛮丛笑》《炎徼纪闻》《云南志略》《黔书》《蜀中广记》《贵州通志》等大量文献记载，自魏晋以来，僚人在日常生活的各个方面，就有住“干栏”、穿“筒裙”、葬“崖棺”、打牙“凿齿”和“鼻饮”等习俗。这些习俗，除鼻饮外在近代乃至当今的仡佬族中还可见到。如干栏一般即依山建筑的吊脚楼，人住楼上，下关牲畜或堆放杂物，今天在仡佬族中还大量保留。又如穿筒裙一项，据调查几十年前，在黔北的道真、务川和黔中的安顺仡佬族中，流行这种服饰。平坝一带的仡佬族传说，穿筒裙就是在形式上仿古，筒裙做成五颜六色，是象征古代以树叶为裳，即用各种树叶穿起来一样。同时仡佬族称裙子为“恩”，与称妹妹同音，意即妹妹们穿的下装。再如崖棺葬式，即将死者棺木置于山洞或悬崖陡壁之上，不用泥土掩埋。在今川、黔边界交接一带，不但至今尚有悬棺或崖棺葬遗址多处，而且在务川、道真一带仍保留有崖葬的习俗。至于打牙，据调查，到19世纪末，在普定县窝子乡和高阳乡一带的妇女，还保留着这种习俗。上述种种，说明仡佬族与僚人间确实存在着极为密切的关系。

今广西境内的仡佬族，据《广西通志》记载，是从贵州迁去的。现在广西隆林各族自治县的仡佬族群众，都说他们的祖先十代以前居住在贵州兴义府（今安龙县）。据考查，在此之前他们又是从黔北的仁怀迁往兴义去的。今云南文山州砚山县的仡佬族，也说他们是从贵州迁去的。今湘西地区，春秋时就有濮人居住，晋代为“荆州西南之僚”，唐代称“叙州仡僚”，宋代又称“南北江僚”，清代则有“泸溪仡佬”的称谓。直到清代中叶，泸溪、乾州还有仡佬村寨百数十处，其族属渊源关系可说是一脉相承。

贵州境内的仡佬族，多数声称祖先历代就住在贵州。但有的也传说其祖先是从江西、四川、湖南或湖北迁来的。如大方县长石乡的部分仡佬族，传说他们的祖先是由四川叙永先迁到贵州毕节后，又迁到大方的。这显然是明代统治者残酷镇压，迫使仡佬族迁移的结果。不过有的传说并不能真正说明仡佬族是从外地迁入贵州，只不过反映了以下情况。首先，明代以来，大批汉人从上述各地进入贵州，其中有的和仡佬族长期相处，相互通婚，有的便自然融合到仡佬族中去了。其次，历代反动统治阶级实行民族歧视、压迫，使一部分仡佬族群众被迫隐瞒了自己的民族成分，采取了当地汉族居民中流传的说法，于是这些仡佬族群众就认为自己的祖先是从外地迁来的了。近年在落实党的民族政策过程中，仅贵州的务川、道真、正安等地，就恢复了原自报为其他民族（主要是汉族）的仡佬族人口20余万人。

总之，仡佬族的来源，可能与今川、滇、黔交接一带发现的生活在石器时代的人类有关。后来又包括在“濮”人和“僚”人的族群之中，是“濮”“僚”的一部分，到隋、唐以后，才从“僚”人中分化出来，成为一个单一的民族。不过并不是所有的濮人、僚人都演变成仡佬族，而仅是今川、滇、黔交接一带，特别是贵州境内遗留下来的古代濮人、僚人，才发展演变为仡佬族。同时，仡佬族在逐步形成过程中，而且在形成单一民族后，也曾融合有一定的原属其他民族的成员在内。如彝文经典中，就有不少关于彝变濮、濮变彝的记载，正是这种情况的反映。

从上述情况可见，仡佬族的族属源流，主要是从今川、滇、黔、湘交接一带，特别是今贵州境内的古代濮、僚发展演变而来。

第二节　仡佬族的族称

仡佬族是贵州省古老的民族之一。仡佬族的先民为濮人。川南一带的濮人古文献写作“僰”，“僰”音义均与“濮”相通。商周时期，濮人即活跃在我国西南地区。商代初期，濮人曾以土特产丹砂贡献给商王，后又积极响应周武王伐纣，参加旨在推翻暴虐商政权的战争，为周王朝的建立立下过汗马功劳。春秋初叶，由濮人组成的部落联盟——牂牁，曾与称霸诸侯的齐桓公相通好。战国至秦汉时期，威震西南的夜郎国即为仡佬族先民濮人所创建。

先秦时期，部分越人移入西南地区，经与濮人错居杂处，加之经济、文化的长期交往，逐渐融合于濮人之中。濮越融合的那一部分形成新的群体——僚（僚旧时写为“獠”，读为“佬”）。

西南地区僚人中的大部分于唐代形成单一民族“葛僚”。宋代文献始记写为“仡佬”。宋、元、明、清历代汉文文献中的仡僚、佶僚、土僚、秃喇、老仡、革僚、閤老等都是仡佬族的同称异写。自西北南下的部分氐人系彝族先民，在汉代就与仡佬族先民频繁接触，关系密切，他们目睹濮人发展为仡佬族的这一历史过程，故其后裔彝族至今仍称仡佬族为濮。彝族还称夜郎国的发祥地遁水（今北盘江一带）为“濮吐诸液”，意为濮人开凿的河流，亦即仡佬族先民开凿的河流。大方县青山乡的仡佬族至今还自称为“濮”。

濮（或僚）人是由许多氏族部落组成，住地辽阔，与诸多的民族错杂而居，所处自然环境、社会环境不同，在经济、文化上既有同一民族的共同特征，又有一定的差异，从而在民族内部存在着众多的支系。明清文献对此多有记载。这些支系是红仡佬、白仡佬、花仡佬、青仡佬、大披袍仡佬、小披袍仡佬、锅圈仡佬、木仡佬、土仡佬、水仡佬、打牙仡佬、打铁仡佬、篾仡佬、雅意仡佬、徕仡佬、彝仡佬、苗仡佬等。其中，锅圈仡佬、木仡佬、土仡佬、水仡佬等今已消失。各支系在贵州的分布是：红仡佬主要在仁怀、黔西、金沙、大方、关岭、晴隆；白仡佬主要在金沙、大方、普定；青仡佬主要在仁怀、遵义、金沙；小披袍仡佬主要在平坝、清镇、安顺；大披袍仡佬主要在六枝、镇宁；打牙仡佬主要在普定、织金；打铁仡佬主要在六枝、大方和水城；篾仡佬主要在水城；雅意仡佬主要在黔西、织金；彝仡佬主要在大方；苗仡佬主要在普定。云南文山壮族苗族自治州有红仡佬、白仡佬、花仡佬、青仡佬。广西隆林、西林有红仡佬、青仡佬和徕仡佬。仡佬族的不同支系间，云南省麻栗坡县董度乡新寨的仡佬族，有红仡佬、白仡佬和花仡佬三个支系，他们长期生活在同一村寨内，却不能用仡佬语交谈，相互交谈时用的都是汉语。一般各支系互不杂处，基本上是一个村寨为一个单一一支系的聚居。到了近代，仡佬族村落日趋稀少分散，村寨之间相距甚远。因而交往很少，相反，却与汉、苗、彝、布依、壮等各民族村寨为邻，与这些民族的交往反而较为频繁。

苗族称仡佬族为“克”或“蒙徕”；布依族称仡佬族为“布戎”“都央”；壮族称仡佬族为“布央”“布徕”；汉族称仡佬族为仡佬、古老户。仡佬族内部则有哈仡、截倮、褒佬、布告、布尔、埃审、濮佬、葛佬等不同自称。

仡佬族的语言独特，其语言特征是复音较多，有双塞边音、舌尖塞边音、舌根塞边音、小舌塞边音、鼻边音和擦边音等。语序排列上，否定副词后置，即否定副词“不”置于句末，“不吃饭”排列为“吃饭不”，“不去”排列为“去不”。仡佬语保存善士僰语、傣语的一些基本词汇，如僰语中父曰“波”，母曰“摸”，田曰“批底”，广西隆林仡佬族现仍称父亲为“波”，母亲为“摸”，田为“麦底”。《华阳国志·南中志》《魏书·僚传》《桂海虞衡志》及杜甫诗《示僚奴阿段》中的“阑干，僚言伫也”“丈夫称阿段”“妇人称阿姨”、（姑娘为）“阿稽”，（僚人）“依树积木，以居其上，名曰干阑”，“一村中唯有事力者郎火”等名称，同现代仡佬话中相应称谓仍相同或相近，如称苎麻为“兰格”、丈夫为“阿道”、妇人为“阿茅”、姑娘为“阿纠”、房子为“改兰”、寨老及头人为“郎火”。仡佬族人少寨孤，在与四周民族长期交往中，语词和语法上均受到其他民族语言影响，如生活在布依族、壮族聚居区的，则受到壮侗语族的影响，生活在苗族聚居地的，则受到苗瑶语族的影响。仡佬族与苗、彝、壮、布依等族杂居者，多能操这些相邻民族的语言，而相邻民族则不能讲仡佬语，他们认为仡佬语绕口，难懂、难学。正如《清稗类钞》所谓：“仡佬风俗言语自为一种，与苗（泛指其他少数民族）大异。”过去，仡佬族人普遍能讲两种以上语言，既能讲母语，又能说汉语或其他民族语言。现在，能说仡佬语的人已很少，仅有万余人，主要分布在贵州的大方、织金、镇宁、关岭、普定、贞丰、六枝、水城、安顺、平坝以及广西隆林和云南麻栗坡等地区。语言学界将仡佬语划归汉藏语系，壮侗语族。仡佬语可分为黔北方言、黔中方言、黔西方言和黔西南方言，每一种方言内，又有几种差别，从而形成若干种土语。

尽管明清以来，仡佬族住地剧缩，人口锐减，许多地方已无仡佬族居住，但与仡佬族及其先民有关的地名比比皆是：普安、普定、普底、濮老场、濮竹溪、卜口溪、卜家山、卜生台、仡佬山、仡佬箐、仡佬岩、仡佬丫、仡佬湾、仡佬寨、仡佬场、仡佬井、仡佬坟、仡佬桥、满戎、徕子坡、徕子洞、徕子寨、赶徕坟、赶徕溪、央木寨、者央寨等。黔中地区仡佬族因居住当地的历史最长，特被称为“古族”或“古老族”，黔北地区的仡佬族有的被称为“古老户”。贵州大部分地区的各民族中都有关于仡佬族的种种传说。

仡佬族祖先世居贵州高原。这里地形复杂，崎岖不平，高原、山地占87%，丘陵占10%，洼地及河谷坝子占3%，素有“地无三里平”之说。高原和山地的山峦多为岩石，有表土的山很少，且土层薄而瘠，又无水灌溉。洼地及河谷，土厚而肥沃，利于灌溉，适宜于农业生产，但面积都不太大，且分布零散，大坝子极少。在自然条件极差的情况下，仡佬族先民创造并运用石斧、铜锄、铁锸之类的工具，于深山密箐里开垦出丘丘水田和旱地，用血和汗完成着拓荒的业绩。

各民族人民对仡佬族先祖拓荒功绩十分崇敬、世代缅怀，称仡佬族先祖为“地盘业主，古老前人”，流传着“蛮夷仡佬，开荒辟草”的民谣。每当祭祖之时，他们总不忘先向仡佬先祖奉献一份祭物，念请“地盘业主，古老先人”前来享用。彝族旧时每三年要举行一次隆重的仪式，专为祭祀仡佬族的祖先。《平远州志·艺文志》曾这样记载：“仿依先朝旧制：满三年一普伙。普谓仡佬，伙为祭献。”随着仡佬族在历史上的衰微，仡佬族的社会地位变得很低，受着各民族有权势者的凌辱与歧视，但是在仡佬族一年一度的“吃新节”和办理丧事时，其他民族的统治者们都不得不暂抑权势，与各民族人民一道，表示对仡佬族先祖的敬重。每当农历七月或八月作物成熟时，仡佬族人成群结队到村寨周围的田里摘谷祭祖，让祖先尝新，称为“吃新节”。仡佬族人可于村寨附近任何民族任何人的田里摘取些许谷物，不会遭到斥责、阻拦。相反，田主还希望仡佬族人能到自家的田地来，不仅视为传统习惯，还认为仡佬人摘过谷的田地，来年会获得丰收。贵州其他民族在出殡、送葬时，一般都要沿途丢纸钱，称为“丢买路钱”。而仡佬人在出殡时没有这一习俗，因为当地人都公认土地是他们祖先开辟的，所以送葬无需花钱买路通行。有的出殡途中遇到其他民族村寨，可直接抬棺穿过该村寨，不需绕道，甚至可以任意选择占用属于其他民族人所有的土地作为墓地，其他民族人没有异议。

仡佬族古代分布在以贵州为中心的湘西、川南、滇东北、桂西北一带。在历史长河中，苗瑶族群自东而西，氐羌族群自西而东，百越族群自南而北，汉族自北而南，移入贵州。贵州成为我国西南部民族大对流的交汇点，仡佬族正处于交汇的中心。各民族人民与仡佬族长时期、大范围的错居杂处，在经济文化上交往渗透，血缘上相互融合。历史上就有不少其他民族的一部分演化为濮人（僚人）或濮人（僚人）变化成为另一民族的成员的事实。彝藏先民在滇东北、川南、黔西南与仡佬族先祖濮人相遇接触时，濮人势力强大，在濮人较发达的经济文化影响下有的逐渐效学而变成了濮人。彝文文献《西南彝志》多有“变濮人去了”“变成了濮人”的记载。而当濮人为阻止彝人的进犯，进行反抗，遭到镇压，“濮裔以万计，久为彝所平”，做了俘虏的濮人则逐渐变成了彝族。《西南彝志》还记载有彝濮通婚的情况：“能沽濮姑娘，穿铜袍铜衣，着铜裙铜裳，嫁给纪木纤，又嫁给朱堵纤，生八个女儿，使八支黑箐。”生息在云南文山州的濮标、濮喇本为濮人族系，因受彝族影响，习俗接近彝族，后渐成为彝族的一支，称为“濮剽倮侈”“濮喇倮侈”。有的仡佬族说彝语、着彝服、行彝俗而被称为“彝仡佬”。黔东北地区“改土归流”最早，579 年前，废除雄踞该地的思州、思南两宣慰司设置八府后，汉民随之大量移入，在汉文化的强大影响下，这一带的仡佬族人大多变俗从汉。当地人称这批仡佬族人为“转窝子”。明代中后期，调北征南力，屯驻贵州汉族军士，因卫所屯田制松弛，再加军官的暴虐，不少人逃匿仡佬族村寨，娶仡佬女子为妻，变服从俗。其子孙虽为仡佬，但在为男性老人送葬时，孝子要扛枪端挂有一双草鞋的红缨枪送葬，表示对当年先祖征调来黔的纪念。苗族西迁至湘西，与仡佬族长期共处，这部分仡佬族到了清代，语言、习俗渐近于苗，遂有“仡佬苗”之称，成为苗族的一个支系，其语言构成苗族东部次方言。贵州普定县补郎区的苗仡佬，是仡佬族的支系之一。他们说苗语、着苗装，习俗与苗族同。据说，他们是百余年前一位仡佬族男子去那里的苗家入赘繁衍的子孙。云南文山州的“土僚”和广西西北的“布央”，因生活在壮族聚居区，语言及习俗与壮族有相同之处，新中国成立初期划归壮族。

第三节 贵州历史的见证

战国至西汉，仡佬族先民在西南地区创建了众多的邦国，著名的有夜郎、勾町、漏卧、且兰、僰、鳖、毋敛等。夜郎中心区在今北盘江流域，勾町在今广西西北部，漏卧在今滇东北，且兰在今贵州安顺地区，僰在今四川宜宾地区及滇东北，鳖在今遵义地区，毋敛在今黔南境。诸邦国中以夜郎势力最强，四周诸国尽慑服于其。贵州大部分及川南、滇东南、桂西北辽阔地域均为夜郎的势力范围。僰国特产蒟酱。蜀国商人将此特产由牂牁江（今北盘江）转贩南越之番禺（今广州）。夜郎成为南越与蜀两地商品贸易转运地。公元前316年，秦惠文王灭巴、蜀两国置郡，灭僰设县，遂派常頞修五尺道（道宽5尺，为今之3尺左右），巴、蜀两郡豪强得以深入川南和滇东北，掠走大批仡佬族先民转卖为奴。

西汉初年，是夜郎奴隶制地方政权的鼎盛时期。仡佬族先民铸制、使用大量的锄、锸、斧、刀和渔叉等青铜器生产工具及剑、钺、戈、矛等青铜兵器。剑、刀、斧等铁质器具亦大量铸制使用。农业经济以稻田农业为主，兼有畜牧业。而刚刚建立起来的汉王朝，面临人口流失、生产凋敝的残破局面，再加上西北边境不断遭到匈奴侵扰，南方的南越也不时向北进犯，因而无暇顾及西南，对强大的夜郎处于无知状态。割地自雄的夜郎统治者们也不知有汉。汉武帝时，国富兵强。他南击越人，北攻匈奴。建元六年（公元前135年），在攻溃东越之后，乘势派唐蒙“风晓南越”。南越人以蒟酱招待唐蒙。唐蒙在询问蒟酱由来的过程中，得知夜郎及其战略地位与实力。唐蒙回到长安，向汉武帝建议通夜郎以制南越。汉武帝“既感邛竹，又甘蒟酱，乃拜（唐蒙）为中郎将，往喻意”。唐蒙率领将士千人、丁夫万余人，载着丰厚的物资，出巴符关入夜郎。获取蒟酱成为汉武帝经营西南夷的动因之一。唐蒙会见了夜郎邦侯多同，并说服了夜郎国及其他的一些邑君长同意汉朝在此地区设置吏制。朝廷遂于这些地区设犍为郡，以鳖为郡治。为加强对夜郎的控制，朝廷曾调巴蜀广汉军士数万人开修自僰道至牂牁江的通道，但终因耗费巨大，粮饷不济，加上气候不宜，死于饥疲者甚众，三年后便停止修路。朝廷对夜郎的经营也随之放松。元狩元年（公元前122），因通往身毒（印度）的道路为匈奴所梗阻，汉武帝令王然于、柏始昌等出使西南夷，另寻通身毒之路。当汉使与夜郎侯会见时，“不知汉大”的夜郎侯竟发出“汉孰与我大”的疑问。成语“夜郎自大”就是形容这种无知而又自大的心态。其后，南越反，朝廷调且兰兵征讨南越时，且兰君拒不从命，并杀死使者与犍为太守。朝廷只得另调巴蜀“罪人”攻打南越。事平之后，还兵击斩且兰君，接着乘势在夜郎辖区设置牂牁郡，以便扼制。此事震动了夜郎侯，使之懂得不可与汉朝廷抗衡，否则会有性命之忧，遂入朝称臣，被封为“夜郎王”。汉武帝在位期间，西南夷首领获得朝廷王位者仅夜郎与滇。

西汉后期，成帝河平年间（公元前28—25）大兴赋役，重用外戚，政治腐败，民不聊生，朝威聚降。夜郎王兴、勾町王禹、漏卧侯俞之间，常举兵互攻，战火连绵。朝廷遣大中大夫张匡持节调解，夜郎王公然不从。朝廷又派金城司马陈立为牂牁太守。陈立到牂牁后，召见夜郎王兴，用伏兵将兴捕杀，取头示众。勾町王禹、漏卧侯俞见状十分震惊，赶紧献上粟千斛及牛羊犒劳吏士，表示顺服。夜郎王的岳父翁指、儿子邪务不服，率众邑反抗，陈立亲自督战，用绝粮道、断水道及反间等计谋，迫使其内乱，斩翁指“持首出降”。夜郎覆灭。濮人崇拜竹图腾，传说夜郎王生于竹，故以竹为姓，又称“竹王”。夜郎王被诛，濮人不服，曾聚众围城抗议，朝廷只得建竹王祠祭之，以缓解民族冲突。夜郎王国的灭亡，是仡佬族历史的转折，是仡佬族社会由盛到衰的起点。从此，不再有强大政权的出现和存在。仡佬族社会日渐分崩离析，各自为政，发展滞缓。

三国时期的云贵两省大部分及川南一带称为“南中”。濮人聚居的牂牁郡，隶属于蜀国。建兴元年（公元223），牂牁太守朱褒乘刘备被东吴大败身亡、国势危急之时，与越嶲郡守夷帅高定元、益州郡大姓雍闿、建宁郡大姓孟获联合起兵反蜀。三年春，诸葛亮为稳定后方，分兵三路征南中。南中平定后，留将军马忠任牂牁太守，对濮人、氐人等各民族人民实行统治。两晋南北朝时期，全国战乱不止，濮人（或僚人）所设郡县多系遥领，形同虚设。

隋唐两宋时期，仡佬族地区的政权形式可分为两类。一类是湘西、川南部分及乌江以北，中央王朝能控制的地区，在辰州、戎州、昌州、荣州、泸州、资州、嘉州、嵩州、思州、奖州、费州、夷州、珍州、播州等有众多仡佬族人居住的地区设置经制州下州，直接征收贡赋。其中有的是专因仡佬人而置。如曾被废去的昌州，在大历十年（公元775）经奏复置，用“以镇押夷僚”。费州是在“招慰生僚王元珠、多质等归回”后始置。北宋末年设置归化郡的目的，就是为了“以抚僚户”。另一类是中央王朝势力影响不大的乌江以南地区，设置来者不拒、去者不究的充州、牂州、蛮州、矩州、庄州、应州、明州等羁縻州。这些羁縻州都是因为仡佬族首领入朝表示内附后开始设置的。武德三年（公元620）仡佬族首领谢龙羽遣使至长安朝贡，唐高祖以其地为牂州，授谢龙羽为刺史，并封为夜郎公。贞观三年（公元629），谢元深头戴熊皮冠、额饰金银络、身披毛帔与谢强一起，朝觐唐太宗。中书侍郎颜师古见状颇为感慨，特奏言：“今万国来朝。至于此二辈章服，实可图写。请撰为《王会图》。”唐太宗采纳了颜师古的建议，并于两谢所辖区域分别设应州、南寿州（后改为庄州），并拜二人为州刺史。此外川南的南广河流域设立的德州、珙州、筠州等16个羁縻州及其所辖之县也多是仡佬族人。

元代建立行省作为地方最高行政机构，明朝则代之以承宣布政使司，清代改称为省。在元代的11个行省中，仡佬族分隶于湖广、四川、云南三行省。在明初的12个布政司中，仡佬族分隶于湖广、四川、云南三个布政司。永乐十一年（公元1413），明王朝增置贵州布政司后，仡佬族分隶于贵州、湖广、四川、云南四布政司。清代则分属于贵州、湖南、四川、广西、云南五省。明王朝建立，以梁壬为首的元朝残余势力仍盘踞云南。朱元璋于洪武十四年（公元1381），派30万大军征云南。云南平，为稳定局势，留军驻守，屯田以自给，在仡佬族地区的交通孔道、战略要地广设卫所，实行军事控制与弹压。卫所不仅掌军事，还兼管辖区内的民政。元明清三代，在我国西南部诸省实行全国划一的流官统治的同时，为适应这一地区社会经济、政治、文化发展的特殊性与不平衡性，又在各省少数民族聚居地施行土司制。土司分为宣慰司、宣抚司、安抚司、长官司及土府、土州、土县等不同类别及等级，并委任该地少数民族首领世袭宣慰使、宣抚使、安抚使、长官、土同知、土通判、土县丞等职。其中，播州军民安抚司、新添葛蛮安抚司、草塘安抚司、珍州长官司、木瓜仡佬蛮夷军民长官司、帖仡佬等处长官司、仡佬寨长官司、三寨猫仡刺等处长官司等大小土司，均是仡佬族人世袭。其他各土司的统治虽是他族人，但土司辖区居民亦多有仡佬族人。大小土司“世有其土，世长其民”。他们直属于兵部或吏部，每年或每三年定期入朝觐见、纳贡，为朝廷承担守土、征调、输赋等职责。在其辖区内，土司拥有至高无上的政治、经济特权。随着明清两代的“改土归流”的不断开展，土司制区域日窄，流官制地日宽。至清朝末年，仡佬族地区绝大部分归属流官统治。

清朝灭亡，帝国主义经济势力加速侵入中国，各资本主义国家疯狂地掠夺西南地区的资源，生活在云贵高原的仡佬族及其他各民族承受着封建地主阶级、国民党军阀、民族资本家及国际资本主义势力的多重剥削和统治。

漫长的历史长河中，仡佬族曾被置于汉代的郡国并立，两晋南北朝的郡县与大姓并治，唐宋时期的经制州、羁縻州和邦国并存，元、明、清三代的土流并治和“改土归流”等复杂多样的统治方式下。仡佬族经历了奴隶社会、封建社会、半殖民地半封建社会。他们是贵州历史的见证人。

第二章

民族传统体育文化基本概念释义

第一节 民族、传统与体育解析

一、民族

（一）何为民族

民族在我国由来已久，从中国古代汉语来了解其发展历程。

中国古代“族”的概念及其“族类”观源远流长，构成了中国传统文化中的一种分类体系，即所谓“君子以类族辨物”，对自然万物加以“族类”区分。在中国古代文献中，附之以“族”的词语，可谓名目繁多。仅《御定佩文韵府》所收录的“族类”词语就达160余个，如血缘亲属关系方面的“九族”“宗族”“家族”“父族”“母族”“舅族”“姻族”“亲族”；区别社会地位的“皇族”“帝族”“王族”“公族”“贵族”“豪族”“强族”“世族”“国族”“权族”“望族”“庶族”“贱族”；区分华夷和姓氏的“氏族”“部族”“种族”“异族”；归类动物的“水族”“龙族”“毛族”“鸡族”“鳞族”“虫鱼族”；还有“衣冠族”“方雅族”“轩冕族”“高阳族”“钟鼎族”，等等。可谓不一而“族”。在中国古代文献中，“族类”之词俯拾皆是，但“民族”一词的确少见，不过并非不见。根据郝时远对“十三经”“二十五史”、《四库全书》《四部丛刊》等古代文献的搜检，在剔除一些语焉不详、尚需进一步考究的例证后，以下10个例证足以证明“民族”一词确属中国古代汉语的名词。兹列于下：

1. “今诸华士女，民族弗革，而露首偏踞，滥用夷礼，云于翦落之徒，全是胡人，国有旧风，法不可变。”这段引文，出自南朝宋齐时期道士顾欢的《夷夏论》。此论系针对当时“佛道二家，立教既异，学者互相非毁”而作，引发了佛道之间空前激烈的大辩论。顾欢以华夷之别的观念解释佛道之异，认为道教为中华正教，佛教为西夷异法，前者劝善、后者破恶，是教化不同对象之术，故猛烈抨击南朝汉人改信佛教，“露首偏踞，滥用夷礼”的现象。“民族弗革”，系指国人的族属未变，而所谓族属即华、夷之分。顾欢卒于南朝齐永明年间（公元483—493），“民族”一词出自这一时期或之前，是目前所见最早的使用例证。

2. “夫心术者，尊三皇、成五帝；贤人得之，以伯四海、王九州；智人得之，以守封疆、挫强敌；愚人得之，以倾宗社、灭民族。故君子得之固穷，小人得之倾命。是以，兵家之所秘而不可妄传，否则殃及九族。”此论出自唐代李荃所著兵书《神机制敌太白阴经》（《太白阴经》），成书于唐乾元二年（公元759）。其中“倾宗社、灭民族”可以理解为国家、政权层面的亡国灭族，也包含了中国传统家族范畴的宗社、九族。

3. “上自太古，粤有民族。颛若混命，愚如视肉。”这段引文出自晚唐诗人、思想家皮日休（约834—883）所撰的《忧赋》。皮氏曾入朝为官，后因参加黄巢起义故正史无传。《忧赋》是有感于“见南蛮不宾天下，征发民力将敝”而作。这里所说的“民族”系指南蛮之民，其族属意义显而易见。

4. “陛下曾念中原之民族、故国之宫闱乎?”南宋绍兴三十一年（1161），和州进士何送英上书宋高宗，历陈“天下封疆为金人所攘者十分之九，而陛下所守者东南一隅耳”的形势，痛诉丧失京都洛邑乃失去“诸夏之根本”“天地之中华”的悲情。所谓“中原之民族”，系指陷于金朝统治下的汉族民众。

5. “金人既得楚州，始许治运河并闸水，悉以江浙掳掠舟船自洪泽口入淮至清河口。是时，国奉卿以楚州既陷，居于赵琼寨中与琼谋劫其舟船，乃以二百余人夜掩不备劫之，有被虏贵官二十余家，各称其民族。”被劫舟船所载，系金人俘虏的宋朝官家人等。“各称其民族”是指自报家门的姓氏、门第和身份，即宗族之属。

6. “历汉魏以后，虽间有重民族、争门户、立庙院、修宗会等事斑斑见于史册，而利欲重亲疏厚薄之等，有不得其本心者多矣。”中国古代宗族在宋代出现了分化、小型化的趋势，进而产生了一种以小宗世系为主体的模型。上引论说，即抒发“先儒所以欲收世族、欲复小宗、欲立谱法，盖深有感于世道之变者”之慨。所谓“重民族”是指民重其宗族之属。

7. “吾曾氏之系甚盛，几遍南北。庐陵、临川之外，又有所谓扶风、河内、青冀、襄阳……诸州，非如民族书所载，正谱之外别有九祖而已也。”曾氏系古代宗族大姓，始于山东、“望出庐陵”并向闽、粤发展，成为南方巨姓大族。这里所谓“民族书”是指曾氏家族的族谱，应属大宗谱法（始祖来源）。而“正谱之外别有九祖”，是为宋代以后小宗谱法（五代世系）。

8. “但辽时皇族与民族皆有耶律之姓，史所书某院部人则同姓不宗之民族，仍宜列入异姓者也。”此说来自清乾隆年间编修的《续文献通考》，史臣按照汉法对契丹人进行“皇族”与“民族”之分，乃基于同姓不同宗，反映了“皇族”与“民族”的不同社会地位。

9. “民族虽散居，然多者千烟、少者百室、又少者不下数十户。”作者郑之侨（1707—1784），乾隆二年（1737）进士，为官尤重劝课农桑，上引为其论说“重保甲”事宜所述。“民族”一词泛指黎民百姓。

10. “臣闻江右闽粤民多聚族而居，其族长、乡正诚得端人为之，一族中匪类有所不容。地方官勾摄人犯常赖其协捕，是以词谱修明之处，其人民皎然难欺，不特一方之民族无可假冒，而一乡之良莠无可掩藏。惟先劝导大户乐于尊从，而后推及单门，咸得稽覆。故欲于保甲皆真确，必当视绅民无偏私也。”这条收入《皇朝经世文续编》的奏请实行保甲制疏，系咸丰元年（1851）宗稷辰所上，所谓“一方之民族”是指“聚族而居”、宗族之属各有所归的乡民百姓。

从这些记载中不难看出，“民族”作为一个名词确属中国古代汉语中的词语。其使用虽然不普遍且未收入类书辞典，但自魏晋以降的1300余年间（公元493—1851）见诸历史文献的实证不乏其例。如前所述，鉴于中国古代“族类”观十分发达，“别生分类”具体繁多，至有“类聚百族、群分万形”之说，加之“族类”等级森严，这或许就是造成相对抽象笼统的“民族”一词较少使用的原因。中国古代文献中的“民族”一词，就其含义而言，既是指宗族之属，又是指华夷之别。宗族之属包括了泛指的民众，也包括了相对于“皇族”的“贵族”“世族”“巨族”之类。华夷之别，则包含了区别“五方之民”（蛮、夷、戎、狄、华夏）的意义。如果说上引例证中顾欢的“民族弗革”、何送英的“中原之民族”是泛指汉人，那么“粤有民族”则确指南蛮，这种应用实例表明，“民族”一词在用于华夷之别时属于并无歧视意味的抽象指称。至于“皇族”与“民族”的对应关系，则又揭示了“类族辨物”的阶级关系，即居于统治权力中心地位的家族、宗族为“皇族”，其他身份和民间百姓为“民族”。

1895年，中国在甲午战争中失败。近代“西学东渐”在“中国开花、香在日本”的结果，使中国人开始急切地寻求“东学”的强国秘诀。官方、民间译书局、馆纷纷建立，“以东文为主，而辅以西文。以政学为先，而次以艺学”。国人开始通过各种渠道搜集日文书籍，大批培养日文翻译人才。其间，日益增多的留日学人在译介日文书籍方面发挥了重要作用，他们不仅办了大量的报刊，而且组织了译书汇编社等翻译组织，出版了诸如《译书汇编》（1900）、《游学译编》（1902）等。19世纪70年代以后日人的一些著作和日人直接翻译自西方的一些资产阶级政治学著述，都是通过这些书刊介绍到中国的。

戊戌变法失败后，梁启超流亡日本，其间受到诸多思想理论的影响，如福泽谕吉的“文明论”，中村正直的“古今东西道德一致说”，中江兆民翻译的卢梭《社会契约论》及其对自由民权的阐释，高田早苗、浮田和民译介、阐发的帝国主义理论，加藤弘之宣扬的社会达尔文主义和强权思想，加藤弘之、平田东助等人翻译的伯伦知理《国家论》等。其中“伯氏的国民与民族的关系理论”是对梁启超产生重要影响的思想之一。伯伦知理认为民族（nation）是指同一种族之民众，国民（volk）是指同一国土内之民众。这一观点是对当时西欧民族—国家原则的质疑，也是从当时日耳曼民族分为普鲁士、奥地利、瑞士的现状出发，故其强调建立国民（volk）国家，反对卢梭的社会契约论。上述诸多思想在梁启超不同时期的论著中都有所反映，但“国民”观念无疑是其最重要的思想阐释内容。

19—20世纪之交，中国救亡图存的国家主义、民族主义、国民主义思潮伴随着“自强保种”的种族观念交相泛起，在天下与国家、部民与国民、民族与种族、华夏与蛮夷等观念的冲突中引发了维新派与革命派之间的“种族”之争。这一争论虽然渗透了“物竞天择，适者生存”的社会达尔文主义的影响，但是对“国民”（volk）与“民族”（nation）的不同塑造，又在“种族革命”与“政治革命”关系的论战中形成了不同的理念。以梁启超《新民论》为代表的“国民主义”思想，是对伯伦知理“国民”（volk）观念的理解，宣扬“合汉合满合蒙合回合苗合藏，组成一个大民族”的“大民族主义”；而以汪精卫《民族的国民》为代表的“民族主义”思想，在强调“血系”是民族的充分条件基础上，将中国多民族的民族—国家建构定位于“必以我民族居主人之位而吸收之”的基础之上，将“种族革命”视为推翻清朝统治的“政治革命”不可缺少的内容，即“改变满汉权力结构既是政治革命，亦是种族革命”。梁启超对“国民”的理解和“大民族”的观念，虽然包含了他在日本受到的“民族帝国主义”思想影响，但是就其对“民族”（nation）意义的理解而言即相当于今天所说的中华民族。而汪精卫的“民族主义”观念则是以“皇汉民族”为中心形成的“种族的民族主义”。

西方的现代“国民”“民族”“民族主义”“民族—国家”观念，通过日译西书为中国人所认识和理解。但是，这种理解在应用于中国“救亡图存”的实践中，德国、日本的民族单一性及其强国之路，也造成了国人对“种族”（race）与“民族”（nation）概念的合一认识。孙中山“三民主义”的民族主义思想，可以说是清末民初中国民族主义思潮发展的集大成，也是系统阐述近代中国民族主义思想的代表。他在1924年的演讲中指出，“英文中民族的名词是哪逊”（即nation）；在中国，“我说民族主义就是国族主义”，“我说民族就是国族”。不过，这里所说的“民族”和“国族”都是指汉族。相比之下，孙中山在 1919 年论说中国消极和积极民族主义的思想，却更接近在多民族国家打造“国族”的理念：“即汉族当牺牲其血统、历史与夫自尊自大之名称，而与满、蒙、回、藏之人民相见以诚，合为一炉而冶之，以成一中华民族之新主义，如美利坚之合黑白数十种之人民，而冶成一世界之冠之美利坚民族主义，斯为积极之目的也。”孙中山的民族主义，本身就表现出游移于所谓“消极”与“积极”之间，即便是在“种族”话语不再盛行时，他“仍一再把种族等同于国家，这表明五族共和学说与先前的排满思想之间的联系并没有切断”。这对当时中国的资产阶级革命家来说是难以摆脱的思想困境。

总之，古汉语“民族”一词在近代传入日本，在日译西书（主要是德人著作）中对应了 volk、nation、ethnos 等名词，被赋予了现代意义。在建构现代中国和中华民族的民族主义探索中，经历了从传统“宗族的种族”到近代“民族的种族”的转化。“种族”一词作为古汉语名词，自秦汉以后普遍见诸古代文献，它在近代的广泛应用，除了历史传统外，还与日人“同种一族”攘夷自强的成功、西方社会达尔文主义和人种学知识的传入直接相关。它使中国古代传统的华夷观念在遭逢了近代“西来蛮夷”的强权和炮火洗礼之后，强化了生物学意义，“从民族适者生存的话语中，推导出了种族适者生存的必然性”，出现了将“血系”作为“民族”第一要素的观念，形成“政治革命”中内攘蛮夷（清朝）以“自强保种”的“种族革命”理念。而这种理念，显然与中国多民族国家形成与发展的历史进程相悖。

1912—1913 年间，斯大林先后在克拉科夫和维也纳全面研究了民族问题。并在《马克思主义和民族问题》一书中根据马克思和恩格斯关于民族问题的理论，完整、系统地将民族定义为：“民族是人们在历史上形成的一个有共同语言、共同地域、共同经济生活以及表现在共同文化上的共同心理素质的稳定的共同体。”1929 年，斯大林在《民族问题和列宁主义》一文中稍有改变：“民族是人们在历史上形成的有共同语言、共同地域、共同经济生活以及表现于共同民族文化特点上的共同心理素质这四个基本特征的稳定的共同体。”

“民族”概念的内涵在纵向上包含了不同发展阶段的民族，在横向上以单一民族为基本单位，并延伸到复合民族和民族支系，这是欧美语言中的相关概念不能相比拟的。虽然民族产生之后随着社会的发展而发展，但我们的民族研究却不能简单地把人类社会发展的普遍规律套用到民族发展当中，因为民族的发展作为人类社会发展的一个侧面和缩影，自然有着内在的特殊规律和历史趋向。民族过程中的内在规律与发展趋向是什么？在民族过程中，民族间的同化、一体化，民族内部的分化是最基本、最常见的民族现象和演化方式。同时与同化、一体化、分化现象相联系的单一民族与复合民族的相互演化，则是民族过程中的最基本的发展规律和趋向。民族从产生、发展到最终消亡，都是通过各个历史发展阶段的各种各样的民族共同体之间的同化和一体化以及民族共同体内部的分化，沿着多个单一民族共同体汇聚成为一个复合民族，而这样的复合民族或民族又是发展成为一个单一民族（其间亦不排除有复合民族内的分化）的趋势不断演化而实现的。在这一民族过程中，民族体的数量逐渐减少，而质量越来越大。在上述民族过程中，唯物辩证法的对立统一、质量互变、否定之否定这三大基本规律和偶然性与必然性、原因与结果、形式和内容、现象与本质、内因和外因、个别和一般等诸多范畴，亦即历史唯物主义关于社会存在决定社会意识，社会意识对社会存在产生反作用并具有相对独立性的基本原理，历史的创造是合力的结果等原理都无一不是贯穿其始终。这样的民族过程是与人类社会基本矛盾运动的客观历史的规律相吻合、相一致的。从而为我们提供了以马克思主义哲学作为指导思想，并结合系统科学的理论方法来研究民族和民族问题的可行性和科学性。

如果将今天的汉族与中华民族之间的关系从历史发展和演化来看，即单一民族（夏）→复合民族（华夏、诸夏）→单一民族（汉）→复合民族（中华）……

事实上，作为汉民族的前身的“华夏”是个民族集团，而非单一民族，这一点已被费孝通等老一辈的学者所肯定。而在单一民族与复合民族的相互演化过程中，原生形态的民族也就在和其他民族的交往过程中，经过同化、一体化与分化而发展成为次生、再次生乃至多次生形态的民族。如最初的夏民族只是在炎黄部落联盟永久化基础上形成的原生形态民族，那么经历了秦、汉、隋、唐、宋、元、明、清之后的今天，汉民族则已经发展成为一个多次生形态的民族。其他民族也不例外，如建立金朝政权的女真是原生形态的民族，那么明朝末年努尔哈赤统一女真各部而形成的满族则是次生形态的民族。

汉语“民族”概念所指的民族即使是同一民族，也可以既指历史上原生形态的民族，又指现实中次生、再次生乃至多次生形态的民族。这一特点不仅揭示了民族过程的内在规律和发展趋向，而且提示我们不能简单地用20世纪50年代新中国民族识别所确定的单一民族的称谓去套历史上曾经存在过的民族和民族集团。如在建立南诏政权的王室的族属讨论当中的彝族和白族之争，就是忽略了有人曾经提出过的一个观点，先后在云南建立南诏和大理地方政权的民族，实际上是同一个民族，有人把它称为“南诏—大理民族”。而今天的彝族、白族和部分彝语支各民族均是从中分化而来，但最终都成为中华民族大家庭中的成员。

从单一民族和复合民族的相互演化来看费孝通先生提出的“中华民族多元一体格局”的理论，那么首先注意到的就是，费孝通先生提出“由多元形成一体很像是民族这个共同体形成的普遍过程，在进一步看到当前我们所认同的中华民族也并不例外”。强调“许许多多分散孤立存在的民族单位，经过接触、混杂、联结和融合，同时也有分裂和消亡，形成一个你来我去、我来你去、我中有你、你中有我，而又各具个性的多元一体。这也许是世界各地民族形成的共同过程”。虽然费孝通先生用了“很像”“也许”这样并没有最终肯定的用语以表明他治学的严谨，但却坚信不疑这就是民族形成与发展的内在规律，对中华民族多元一体格局的理解，一个明确的结论就是：“多元”指的是客观存在的现实，而“一体”则指的是历史发展的趋向。因而，不能简单地归结为“文化多元、政治一体”。在港澳地区“一国两制”的成功实践和台湾尚未回归的现实，即表明了现阶段中华民族政治上在一体基础之上亦有多元的特点，因而也不能说现阶段中华民族在政治上已经完全浑然一体了。说“多元一体”揭示了中华各民族各自具有历史形成的政治、经济、文化的多样性和彼此之间又存在着伴随统一多民族国家历史发展而日益增长的不可分割的联系性之间的辩证关系，这是正确的。但仅仅停留于此是不够的，还必须看到“中华民族多元一体格局”更是我国56个单一民族客观存在的现实和经过复合民族向更高层次的单一民族演化的历史发展趋势二者之间的辩证统一。当然，必须认识到“多元一体格局”的出现和“一体化”的彻底实现是不同的，由单一民族向复合民族演化、复合民族又向单一民族发展，这是一个否定之否定的过程。然而，中华民族将由一个复合民族演化发展成为更高层次的单一民族，这是个漫长的甚至是遥远的历史过程，但却是历史发展的必然趋向。

（二）中华民族形成的主客观条件

中华民族传统体育文化是中华特色文化的重要组成部分，具有其独特的认识价值和健身功能。千百年来一直在我国各民族中广为流传，与各民族的生产、生活、政治、经济、文化、宗教、军事、教育、风俗习惯等融为一体，在各民族相应的传统文化中占有相当重要的地位，为各民族的发展起到了不可替代的作用，已成为我国民族文化的宝贵遗产。

众所周知，中华民族是由56个民族组成的，而又在长期历史发展进程中形成了一个有机整体，或者叫稳固的共同体。费孝通先生把它称为“多元一体”，被学者们普遍认可。放眼世界，这种现象如果不说是独特的，至少也是罕见的。

那么多民族能够形成一个有机整体，有着它特定的主客观条件。

1. 客观条件

透过中国的地形图就会发现：中国的土地自然地形成同周围相区隔的一个相对完整的单位。它的北面是人烟稀少的沙漠、戈壁滩；西面和南边有帕米尔高原、喜马拉雅山、横断山脉等崇山峻岭；东面是大海，在它的中间却有一片广阔的空间。青藏高原的青海地区是三江之源。黄河、长江两大河流发源于青海，横贯中国内地的东西，奔流入海，长江和黄河又都有无数支流。拿长江来说，进入四川以后有岷江，重庆有嘉陵江，湖北有汉水，湖南有湘、沅、资、澧，江西有赣江。秦始皇开灵渠，把长江流域和珠江流域连接起来。汉以来同新疆交往的河西走廊，当年有党河和疏勒河两条大河，源自祁连山的雪水（现在已近干涸）。几条大河和它们的无数支流，形成密集的网状结构。

历来有水就有生命，就会有农业，有村落、城镇。古代人们交往的最便捷通道就是河流。中国的这种地理条件，特别是密如蛛网的众多河流，使它既在外部同周围相区隔，而在内部各个地区间又便于长时期地进行经济文化交流，使得相互融合成为十分自然的事情。

同古代四大文明的其他三个地区相比较，可以看到：埃及主要靠一条尼罗河，两侧是沙漠，没有大的支流；巴比伦也只有两河流域，但规模比长江和黄河小得多，四周又没有大的屏障，很难阻挡其他力量的进入和破坏；印度的恒河和印度河都在北部，并且向着相反的方向流去。它们都缺少中国这样的环境条件，这也许是它们以后发展道路不同的一个原因。

2. 主观条件

中国的历史上尽管也存在着民族冲突和民族压迫，但中国的传统文化一向强调整体、综合、和谐，而又尊重事物的多样性。一直有着“天下大同”“协和万邦”“和而不同”这些理念，在人们的思想观念上留下了很深的烙印。

中国的各族人民之间经历了千百年的经济文化交流，形成了你中有我、我中有你难分难解的特殊关系。长城的关口不只是战场，更多的是“茶马互市”之类的集市贸易场所。中原王朝和各民族间常见的“和亲”，如王昭君、文成公主之类，不只是婚姻关系，也是重要的经济文化交流活动。

中国民族关系的这种特点，可以举出一个明显的例子来说明：清朝政府是由少数满族贵族统治的，对国内各民族，包括人口最众多的汉族实行民族压迫。但是，满族入关后两百多年间，经济文化乃至风俗习尚已经变得和汉族没有太大差别。辛亥革命准备时期起过最大鼓动作用的口号是“反满”，但革命起来后，除极少几个地方有少量满族人员被杀害外，没有出现如今世界上不少地方出现的那种种族仇杀的状况，更没有“种族灭绝”现象的出现，而是很快提出了“五族共和”的口号，这同中国的历史传统有很大的关联。

这样比较一下就可以知道：从罗马帝国到大英帝国，靠短时期的武力征服，而不是靠长时期的经济文化交流乃至自然融合，很难成为稳定的共同体，更谈不上民族的认同了。而中华民族这个总称之所以能为中国各族人民乃至海外的中华儿女所认同，正因为它们具有前面所说的那些条件。

中华民族的起源具有多样性。从许多远古文化遗存来看，到距今五六千年的新石器时代，已出现北方、中原、南方三种不同的系统特征。在华夏、夷、三苗等民族开发黄河流域、东部沿海一带和长江流域的同时或稍后，氐、羌、戎诸民族开发西北和西部地区，濮、越等民族开发长江中下游以南地区，狄、匈奴开发北部草原地区，肃慎、东胡等民族开发东北地区。使这些地区的经济、文化得到了巨大的发展，并与中原地区的交往与交流更为密切，为形成统一的多民族国家奠定了基础。公元前 221 年，秦始皇结束了从西周到战国 800 多年的诸侯割据，建立起统一的多民族的中央集权的封建国家。此后 2000 多年来，统一不断得到巩固和发展，成为中国历史发展的主流和本质。汉族因在中华民族中人口最多，所以他们建立的中央王朝也最多，这些王朝都得到了少数民族的支持。匈奴、鲜卑、吐蕃、回鹘、契丹、女真、蒙古、满等民族，也在部分地区乃至全国范围内建立过政权，各民族都为中国这个统一的多民族国家的形成做出了贡献。总之，自古以来，中华民族内各民族共同体就形成了互相依存、内在联系十分密切的关系；在国家统一这个问题上，各民族共同体的努力与追求始终都是一致的。到近代，随着帝国主义侵入中国后，直至中华人民共和国成立前，帝国主义与中华民族的矛盾成为中国社会的主要矛盾。作为帝国主义的对立物，中华民族也真正成为政治上的整体，中华民族一词开始得到广泛的应用。

中华民族是勤劳勇敢和富有创造精神的，在几千年的历史长河中，以其繁荣的经济、灿烂的文化艺术和辉煌的科学技术成就蜚声于全世界，对于人类社会的进步产生过深远的影响。中华民族伟大的历史贡献至今仍对世界的文明与发展产生着巨大作用。

二、传统

（一）关于传统的概述

什么是传统？英、美及我国学者都有他们自己的认识：美国学者E. 希尔斯（E. Shils，1911）所著《论传统》一书中，从社会角度着重探究了传统的含义、形成、变迁、传统与现代化、传统与创造性、启蒙运动以来的反传统主义、社会体制、宗教、科学、作品中的不同传统，以及不可缺少的问题，指出传统是围绕人类的不同活动领域而形成的代代相传的行为方式，是一种对社会行为具有规范作用和道德感召力的文化力量，同时也是人类在历史长河中创造性想象的沉淀。传统是一个社会的文化遗产，是人类过去所创造的种种制度、信仰、价值观念和行为方式等构成的表意象征。它使代与代之间、一个历史阶段与另一个历史阶段之间保持了连续性和同一性，构成了一个社会创造与再创造自己的文化密码，并且给人类生存带来了秩序和意义，希尔斯认为传统就是文化的密码。

传统不是凝固不变的，而是持续变化着的。作为一定的文化传统的内容，随着人的实践活动的发展，有的在较短时间内失效，由新的内容替代它，这新的内容同仍然存在的那些时效较长的旧内容形成整合，成为一种变化了的传统，而那些时效较长的旧内容总有一天也要先后失效，同时又有新的内容在它们失效之时替代它们……传统就是这样保持着变化着。可以这样说，被我们称为传统的东西，就是文化在时间性的过程中所表现出的确定性形式的连续性。这种连续性内含两种相互矛盾而又必然相互整合的因素。这就是保守的因素和变革的因素。保守的因素使文化传统成为连续性的稳定存在，变革的因素使文化传统得以创新和发展。因此，从文化历史长河的观点来看，“传统”确实是流动于过去、现在、未来这整个时间性中的一种“过程”，它永远处在制作、创造、生成之中。正是这种过程性，传统不断被扬弃和创新，文化模式和人的生命存在方式不断被优化，社会历史才得以持续发展。从这个意义上来说，传统不是一个封闭的体系，而是向“未来”敞开着，表现出无限的超越运动。否认传统的过程性，仅仅将其归结为“实体”，只能造成文化传统的僵化，使社会发展失去活力。

可见，正确把握传统的“实体性”和“过程性”这两个特性是十分重要的。实体性，着眼于把握传统的根基；过程性，着眼于把握传统的命脉。而过去、现在、未来这三个时间因子则分别体现了传统的文化背景、表现方式和发展创新三者之间的关系。

传统不是对象，既不是认识的对象，也不是实践的对象。此论点如强调特定的意义，有其一定的合理性。传统之于人是内在的，它存在于现代人的行为方式、思维方式之中，存在于现代人的实践状态和精神状态之中，它组建着人的基本存在方式。这意味着传统不是现代人的身外之物，甚至都不是可以因发育而定期蜕除的角质表皮，传统就是人体自身和人的社会生活。人无法随手将它扔掉，难以与其彻底决裂。“文化大革命”中“炮轰”“火烧”传统，发誓与其彻底决裂的闹剧已经证明了这一点。这给我们的深刻认识是：不要把传统同人自身分裂开来并对立起来。要正确认识传统，必须首先从现代人自身的自我认识开始，把握好对传统的批判和现代人的自我批判的关系。马克思曾说：基督教只有在它的自我批判在一定程度上，所谓在可能范围内准备好时，才有助于对早期神话作客观的理解。对文化传统的理解也应作如是观。否则，就会像“文化大革命”那样，不仅没有同传统彻底决裂，而是深陷在传统的某些最糟糕的角落。

超出上述意义的范围，说传统不是对象，在理论上或实践上都难以成立。人是社会生活的主体，但人通过社会实践将自己转化为认识和改造的对象，使自身随着社会生活的进步而求得发展。传统是通过对现实人的支配和影响获得自身规定性的，现实人转化为认识和改造的对象，同时也使传统成为认识和改造的对象。具体表现在：传统对现实人的支配和影响在现实人的活动中才得以实现，从而造成实际后果，包括正面效应和负面效应，这就使传统由内在于人而转化为客观存在的对象。对象化过程的展开，为主体在对传统的认识中区分精华和糟粕提供了客观基础和客观尺度。因此，传统既可以成为认识的对象，也可以成为实践的对象。总之，传统是由以往的历史上形成、凝聚的，经历代传承、流变、积淀下来的文化的有机系统，具有鲜明的民族性和时代性。传统与社会生活密不可分，它组建着人的基本生存方式，其本质是真实的现在。传统是流动于过去、现在、未来整个时间性中的一种过程，展现出无限的超越性。

但是，传统对于体育文化而言，它有着独特的特殊性，因为体育文化是有关人的身体的运动的文化，有强盛的生命力，也有很强的激活性。一些在中国历史上存在过，但已经失传的体育文化项目经过挖掘和整理，并注入一些现代体育的基因，是能够使其焕发出新的旺盛的生命力的。因为体育项目的失传一般只是一些运动形态的失传，而其文化内涵并没有因为运动形态的失传而消失。因此，“古为今用”是中华民族传统体育文化研究的重要内容和方向，也是我们对传统体育文化的认识和把握。

（二）传统的特征

传统作为一种独特的文化现象，具有以下几个方面的主要特征。

1. 绵延流传性

作为内在于人们的心理习惯、思维方式、价值取向、道德观念、行为模式之中的文化样式，传统是一个动态的系统，是一种意识之流，是一股割不断的强大的精神力量，从过去沿传到现在，又奔向未来，结成了从过去到现在，一个时代接着一个时代，一个环节接着一个环节的生生不息的链条，从而“把历代人们认识和改造世界的成果以文化样式的形式累积起来”，保存下来，并一代又一代地传给后人，也使得每一代人的创造都有了既定的基础。传统是绵延于过去、现在和未来的一种过程，不能将它简单地归结为“过去的东西”，或古代的东西，而必须看到过去、现在和未来之间的联系。弘扬传统，不等于复古，也无“厚古薄今”的含义。把握传统，也不能只回顾过去。回到古代，要了解过去，了解历史，还必须了解现实，贯通古今，着眼未来。弘扬传统也正是为了更好地把握现在，创造未来。因此，我们应该自觉地继承前人在认识和改造世界中积累起来的优秀传统，通过自己的努力，把前人的智慧变成一种现实的力量，在传统的链条上，结合我们自己的创造，连同前人留给我们的财富，一起传给我们的后人，以便去创造一个更加美好的明天。

2. 精神渗透性

在对传统进行探讨的时候，常常有人把传统等同于传统文化。其实，传统与传统文化是两个不同的概念，它们既有联系，也有区别，“传统文化”是由历史沿袭而来的风俗、道德、思想、艺术、制度、生活方式等一切物质和精神文化现象的有机复合体，它包括三个层次的内容：第一层次是学说、思想、意识、观念等；第二层次是文物，即表现为文化的实物，或称惯常思想的物化形式，如文化典籍、建筑物等；第三层次是制度，即由传统的思想、观念凝结而成的条例、规矩等。而“传统”则是渗透在惯常的思想、制度、文物中的精神，这也就是说，“传统”不是前人留下的文献典籍，不是具有民族风格、古典风韵的艺术形式和作品，不是哪家哪派的具体学说，……总之，不是将某种惯常思想、精神对象化而产生的“物”，它仅仅是渗透在文化产品中的一种“无形的精神”。具体的文献典籍可能毁灭，具体的学说可能因过时、腐朽而被抛弃，某种民族艺术形式可能失传，但“传统”作为一种精神会渗透在新的学说中，或蕴含在新的书籍典章中，或体现在新的民族艺术形式中，也就是说在新的文化产品中继续保留，在历史上得到沿传。传统的这一特性也说明，弘扬传统，不简单等于弘扬传统文化，不能把弘扬传统简单地理解以至于归结为重印文献典籍，重现传统艺术形式、复兴某家学说等，而是通过对传统文化的了解，更准确地把握蕴含在中华民族精神中的那股强大的精神力量。

3. 潜移默化性

传统对现实生活中的每一个人来说，并不是身外之物，我们每一个人都不可能完全独立于传统之外而不受传统的影响。因为，传统渗透在人类生活的各个领域、各个角落、各个方面、各个环节，人们无一不生活在充满传统因素的环境之中。学校教育、大众传播，会给人传统的熏陶；亲朋交谈、人际交往会给人传统的感染；衣食住行、礼仪制度会给人传统的约束，……传统对每个人都施加着潜移默化的影响。正是由于传统以潜移默化的形式作用于社会中的每一个成员，这就使得人们往往自觉不自觉地被传统这种看不见、摸不着的无形力量所影响和引导，在自觉与不自觉的状态中接受着传统、继承着传统、因袭传统。因而，认为可以完全摆脱传统的想法，是不切实际的。传统的潜移默化性一方面使我们不能完全割断传统，而必须正视传统；另一方面使传统能够在古与今之间起到联系的作用，使后人更容易理解前人，认同历史，更自觉地从过去走向未来，并使得现实人们在一定意义上更自觉地利用传统，发挥传统对现实社会的积极作用，真正把传统变成一种现实的力量。同时，也就在实践中使优良传统得到丰富、发展和提高。

4. 质态各异性

作为内在于文化现象之中的精神，并不是先天就有的，而是人类活动的成果，它随着人类活动的出现、深化而产生、发展。不同的区域，特别是不同国家、不同民族的人们，因为他们有着不同的生存空间，有着不同的生存和生活条件，而在实际上形成了不同的生活方式、思维方式、价值尺度、审美情趣、情感意志和心理素质等，也形成了不同质态的传统。普列汉诺夫曾经说过：一个民族的文化，都是由它的精神本性所决定，它的精神本性是由该民族的境况造成的，而它的境况归根结底是受生产力状况和它的生产关系所制约的。这就是说，由于各国家和民族有着不同的生产力和生产关系状况，而使它形成了不同的传统，传统带有明显的国民性和民族性特征。而颇具国民性和民族性的传统的产生和发展，又成为一种无形的力量，渗透在不同国家、民族的全部生活之中，构成和强化了国家、民族的文化个性，甚至成为一个国家、民族具有独立存在价值的依据。由于传统是不同国家、不同民族受特定的环境和条件的影响，在具体的社会实践中获得的成果，有着特定的基础和依据，因而，对不同国家和民族传统进行比较，就不能简单地做出何者优、何者劣的判断，褒扬一方，贬斥另一方。否定自己，崇拜他人，搞民族虚无主义是错误的；鄙视他人，盲目自尊，也是不可取的。实际上，世界上各个国家、民族的传统各具特色，竞放异彩，相得益彰，这反映了传统的个性。失去了传统的个性，也就失去了自身存在的意义和价值。同时，传统也有它的共性，是个性与共性的统一。任何一个国家、民族的社会生活都是整个人类社会生活中的一部分，在它具体的社会生活中，无疑都要解决人作为社会存在物所要遇到和处理的各种关系，因而使得各国、各民族在自己的具体实践里所形成的传统中，不可避免地带有一些共同性的特征，通过交流和传播对世界其他国家和民族发生这样或那样的影响作用。因此，弘扬传统，首先要旗帜鲜明地弘扬自己国家、自己民族的优秀传统，但也并不排斥吸收其他国家和民族传统中的优秀成分。正如毛泽东在论述科学的大众的文化时曾经精辟指出的那样：我们的文化是民族的，主张中华民族的独立和尊严，但综合世界下，其他民族的进步文化，“建立互相吸收和互相发展的关系”。

5. 良莠二分性

任何一个国家、民族的传统，作为改造自然和社会的活动成果，都有它光辉灿烂的一面，但受具体历史条件的限制和阶级利益等因素的影响，也难免存有锈迹残斑，也就是说在任何一个国家、民族的传统中，都是精华和糟粕并存的。传统中的优秀成分被人们认同，便形成了该国家、该民族形成、统一、稳定和发展的强大的动力；相反，传统中的糟粕因素被人们所接受，就会成为民族振兴、国家富强和社会发展的巨大阻力。因此，视传统为“洪水猛兽”或“历史包袱”的观点是错误的，它没有看到传统中的精华；而对传统不加分析，抱残守缺，盲目继承，忽视了传统中落后腐朽的因素，同样也是错误的。对待传统的科学态度，只能是“扬弃”。毛泽东在《新民主主义论》中指出：“中国在长期封建社会中，创造了灿烂的古代文化，清理古代文化的发展过程，剔除其封建性的糟粕，吸收其民主性的精华，是发展民族新文化提高民族自信心的必要条件；但是绝不能无批判地兼收并蓄。”对待传统文化应该采取批判继承的态度，对凝结在传统文化中的传统同样应该采取这样的态度。

6. 发展的创新性

传统在绵延流传的过程中，并不是一成不变的。作为一种特殊的文化现象，它是文化发展中一种相对稳定的因素，但是，这种稳定仅仅是相对的，人类历史中的每一代人作为文化创造的主体，都从已有的传统出发，将传统融汇在自己现实的创造活动之中，并通过创造活动在原有的传统上打上自己的印记，使原有的传统得以改造，得以创新，而上升到一个新的水平，以一种新的文化样式对后人施加影响。传统不仅在过去、现在、未来的过程中沿传，而且在过去、现在、未来的过程中演变。正是由于一代又一代的后继主体对传统的不断发展、创新，才使得传统保留下来，沿传下去；也正是通过一代又一代的后继主体对传统的不断发展和创新，才使得先前的传统因子，在新的时代、新的环境、新的条件下，得到进一步的培育和引申，具有新的、更加旺盛的生命力。换言之，传统是一种只有在发展中才能继承和保持的东西，离开了发展、创新，也就没有了传统的生命，因此，我们对待传统，一方面要善于继承，用人类历史上一切优秀文化成果来丰富我们自己，另一方面要善于发挥我们自身的主动性和创造性，接受传统，但不止于传统，立足现实，推陈出新。

从对传统及其特点的分析当中，我们可以看出，否定中华民族的优秀文化传统，对中华民族的传统采取虚无主义的态度是错误的；对中华民族的优秀文化传统不加分析，一味强调继承，崇尚传统的回归，也是不正确的。我们必须立足于今天我国社会主义现代化建设的实际，运用辩证唯物主义和历史唯物主义的观点和方法，积极地去认识和分析我们的先辈们留给我们的丰厚文化遗产，珍视中华民族的优秀文化传统，批判其中错误、腐朽、过时了的内容，汲取其中对推进我国的历史发展和社会进步有积极意义的成分，并赋予它新时代的内容。更加珍视近代以来，中国共产党人对中华民族的优秀文化传统批判继承和超越而形成的党的革命传统，使之成为今天中国共产党人领导中国人民进行有中国特色社会主义建设的强大精神动力。同时，以中华民族宽广而博大的胸怀，吸收和容纳世界其他国家和民族的优秀文化传统，进行综合创新，以塑造新的时代精神。

三、体育

（一）古代关于“体育”概念

1. 古代西方对“体育”概念的表述

体育的历史可以追溯到远古的原始社会时期。但是，“体育”（physical training，physical culture）这个术语却是近代才出现的。也就是说，古代并无现代这样的明确而完整的“体育”概念，不论中国和外国概莫能外。

众所周知，古代的希腊是近代欧洲体育之源。古希腊人曾经过着人类童年时代的典型生活，其中也包括典型的体育生活。在古希腊的文献中，涉及体育内容的记述随处可见，如产生于公元前九十世纪前后的荷马史诗中就描写了大量的竞技活动。公元前5—前4世纪，希腊的哲学家、思想家、教育家在其著作中也热衷于谈论有关体育的问题，仅柏拉图（前427—前347）的《理想国》《对活篇》和亚里士多德（公元前384—前322）的《政治学》中，直接谈到和涉及的都不下数十处。可见体育在古希腊人的生活中有多么重要。但是，在古希腊文献中，有关体育的最基本的术语（不包括派生词的）也不过只有几个，如athletics（竞技、运动）、training（训练、尚武教育）、the plays of children（游嬉）、gymnastics（体操、竞技教练）等。在这些术语中，“竞技”一词大约产生于希腊的原始社会末期，公元前九十世纪前后已经广泛使用。“体操”一词产生于公元前6世纪，当时希腊已进入奴隶制社会。

如果不是去看古希腊文献的翻译作品，而是直接去查阅这些文献的原始文本，那么，我们无论如何也找不到同今天“体育”完全对应的词语。但必须指出，古希腊的“体操”同今天的“体育”在概念上又是十分接近的。这是因为：第一，古希腊的“体操”可以泛指一切健身运动或健身术，即它是一切健身运动的总称。柏拉图在《对话篇》中把“体操”称为“身体训练的理论和方法体系”。另外，从当时的“体操馆”具有跑、跳、投掷、拳术、角力等场地设施的事实中也可以得到佐证。第二，古希腊“体操”也有“体育疗法”和“健身术”的含义，是当时教学的一个重要组成部分。在这方面，亚里士多德曾有过明确的论述。他指出，希腊初级学校的“基础课常常是四门，即读、写、体操和音乐。有些便是加上绘画”。他还说：“体操通常是借以培养勇毅的品德”，“体操有助健康并能增强战斗力量”。不难看出，古希腊“体操”同后来所说的体育（physical training）是同类概念，两者内涵的主要部分是相同的，也就是说，它们都包含有身心两个方面教育的意思。正因为如此，在古希腊文献的翻译作品中，把“体操”（gymnastics）译为“体育”也未尝不可。但严格地来说，这两个概念仍然是有差别的。今天的体育不仅手段更为丰富，而且也不再是奴隶主贵族的专利品。另外，今天的体育（广义的）可以包括竞技运动，“体育”和“竞技”两者是相容概念。而古希腊的“体操”与“竞技”则是两个外延相交叉的概念。亚里士多德主张把竞技作为体操的手段，但他反对专门的竞技训练。在古希腊的一些文献中，“体操”与“竞技”是作为并列的两个概念使用的。

2. 古代中国对“体育”概念的表述

中国是世界文明发达最早的国家之一。中国古代有着绚丽多姿、丰富多彩的体育活动。但是，由于地理环境、历史传统和国情与欧洲国家不同，中国古代体育也有别于欧洲国家的体育。在中国古代，体育活动几乎都从属于社会其他活动，各种体育活动之间缺乏内在的社会联系。因而未能形成一个相对独立的有机的统一体或理论与方法的体系。虽然从局部来看，某些体育活动（如武术、养生导引、球戏、棋戏等）也各自有其完整的体系，但还未出现一个可以概括所有体育活动的概念或术语，或者说，还没有一个与古希腊“体操”或今天的“体育”完全相当的概念，如“养生”“导引”类似于狭义的“体操”或“身体练习”，“习武”“尚武”

类似于“军事体育训练”，“劳动”“运动”类似于“身体活动”。之所以说它们相类似，是因为它们彼此在内涵上毕竟存在着差异。一般来说，中国古代的上述概念更体现或更突出精神的方面，这反映了中国古代体育的一个重要特色。

“体”字和“育”字连用的情况在中国古籍中也偶尔可见，例如汉代王符所撰《潜夫论·五德志》中就有“或皇冯依，或继体育”之句，说的是自古帝王或凭借天命创业开基，或继承先帝正体而立（成为守业之君）。这里的“继体育”与今天的“体育”概念可谓风马牛不相及，“体育”在中国古代并未成为一个名词或专门术语。

（二）现代“体育”概念在我国的历史演变

1. 第一阶段：体育概念的初步传入至1915年新文化运动展开

“体育”产生于1760年法国有关儿童教育的著作中（法语是educatiou physipue），我国体育概念的产生是从洋务运动后期“体操”一词从日本传入我国开始的。1897年，“体育”一词由日本直接传入，当年由上海大同译书局出版、康有为收集并编纂的《日本书目志》和上海南洋公学陈懋治等几位学生编写的《孟学读本》都是证明。截至1915年新文化运动的展开，我国有文字记录的体育概念主要有：

第一阶段主要体育概念

来源	年份	内容
陈懋治等人的《孟学读本》	1897	体育者，卫生之事也
陈独秀的《今日之教育方针》	1915	对青少年进行兽性主义的教育
蔡元培的《1900年以来教育之进步》	1915	体育者循生理上自然发达之趋势，而以有规则之人工补助之，使不致有所偏倚 又恐体操使人物苦也，乃采取种种游戏之方法，以无违于体育之本义也

阶段特征：本阶段体育是一种教育手段，其上位属概念是学校教育。从卫生之事到兽性主义教育手段，再到有规则的人工方法，概念外延的范

围越来越小，越来越具体，但和其他概念外延（卫生、游戏、体操等）的界限尚不甚明晰。

社会动因：其一，出于救国救民的需要从外国教育中移入体育概念，从而决定了体育概念的外延一开始就归属于教育。其二，清政府对体育的提倡和外国利用体育进行侵略一定程度上推动了新的体育活动的发展，洋务运动、戊戌变法、辛亥革命中的自由、民主新思想也渗及体育领域，丰富了体育概念的内涵、外延。其三，在落后而薄弱的国民经济下，对新体育的倡导但认识不深和对传统体育的冷淡，导致对体育概念的认识发展缓慢。

2. 第二阶段：1915 年新文化运动和五四爱国运动的全面展开到 1949 年新中国成立

在思想解放潮流的大背景下，以毛泽东的《体育之研究》为标志，中国不少老一辈理论家、思想家、教育家结合中国的实际情况，提出了本土的体育概念。

第二阶段主要体育概念

来源	年份	内容
毛泽东的《体育之研究》	1917	一、体育者，养生之道也。二、体育者，人类自养其生之道，使身体平均发达，而有规则次序之可言者。三、动之属于人类而有规则之可言者日体育。四、体育非他，养乎吾生，乐乎吾心而已
郭希汾的《中国体育史》	1919	一、最广义：举凡与身体发育有关系者。二、次广义：凡属运动，不论有意无意。三、狭义：守一定之方法秩序，以为运动
陈独秀的《青年体育问题》	1920	体育应该是生理上平均发达，进而达到心理上不恶
方万邦的《体育原理》	1933	体育是以身体大肌肉活动和适宜环境为工具，而谋达到教育目的的一种教育
吴蕴瑞等的《体育原理》	1933	“体育”两字，本为体育教育之简称，即以身体活动为方式之教育也

续表

来源	年份	内容
程登科的《世界体育史纲》	1933	体育是人类生活最大的要素，所以有人类便有体育。根据生物发达的原则来讲，凡是一个生物，要战胜一个环境，一定要有运动，这种运动就是“体育”
王学政的《体育概论》	1935	体育两字，本为身体教育之科称。体育之教育方式，即为身体活动
中华书局的《辞海》	1937	辅助身体成长发达之训练，皆称体育。为中小学科目之一，分游戏、体操、运动等项目，旧与德育、智育并称三育

阶段特征：体育仍是一种教育手段，但体育外延的范围越发具体明确。毛泽东、陈独秀、吴蕴瑞、王学政等都认为体育的外延特指那些通过有规则的身体活动来锻炼身心的教育手段。郭希汾对体育概念广义、次广义、狭义的划分正是当时人们对体育概念外延有多种不同认识的反映。

社会动因：其一，1923 年正式将“体操科”改名为“体育科”，促进了内、外各种体育活动的发展。同时，新文化运动和“五四”运动的思想解放潮流以及 1932 年的“土洋体育”之争中，对新型体育活动和传统体育活动的价值意义进行了新的思考，获得了新认识。其二，国统区、沦陷区、根据地和解放区的体育实践开展状况不同，造成这一阶段对体育概念外延认识有所不同。其三，1937 年开始至 1949 年结束的长达十多年的战争，使人们没有多余的心思去研究体育概念，体育概念发展停滞。

3. 第三阶段：1949 年新中国成立至 1976 年“文化大革命”结束

新中国成立后，百废待兴，新体育欣欣向荣，我国体育概念的外延得到扩展，但起步待飞的中国体育遭遇“文化大革命”的浩劫，发展曲折。

第三阶段主要体育概念

来源	年份	内容
《体育理论》	1963	体育是社会文化教育的一个组成部分，是在人类长期的生产劳动过程中产生和发展起来的。它属于社会上层建筑范畴，为一定的政治和经济服务
《辞海》（未定稿）	1965	体育是社会文化教育的组成部分。它以运动为手段，利用日光、空气、水等自然因素，结合卫生措施，锻炼人们的身体，从而增进健康，增强体质
《新华词典》	1971	体育指锻炼身体，增强体质的教育

阶段特征：体育仍是一种教育手段，但这里的教育却是广义的教育，也即社会文化教育。与上一阶段相比，我国体育概念外延的范畴从隶属学校教育扩展到作为社会文化教育的一部分，其外延得到了巨大的扩展。本阶段对体育概念的提法数量不多，但较为统一。

社会动因：其一，国家对新体育进行政策、经济等方面的支持，我国的竞技体育、群众体育异军突起，发展迅速，使体育概念的外延完全冲破教育范畴，步入更宽的社会文化领域。其二，一大批体育院校和科研机构的成立，有利于包括体育概念在内的体育理论的发展。其三，在新政权的集中指导下发展，人们对体育的认识较统一，但“文化大革命”思想控制严格，体育概念较少。

4. 第四阶段：1976 年 10 月“文化大革命”结束至今

改革开放，对体育的思考一下子活跃起来，关于体育概念的各种不同的说法纷纷出现。以 1982 年的烟台会议为标志，我国体育概念外延的发展迎来争鸣阶段。

阶段特征：体育概念外延的范围已彻底冲破学校教育乃至社会文化教育的范畴，成为社会文化生活不可分割的一部分。本阶段体育概念出现广义和狭义甚至多义的划分，反映了人们对体育概念内涵和外延的认识的多样化、争鸣化。

社会动因：其一，“文化大革命”结束，改革开放，解放思想，体育思想活跃，扬州会议、烟台会议以及关于《强国梦》的争论等促使体育思想活跃化、深刻化。其二，20 世纪 90 年代以来，我国体育事业各方面取得喜人成绩，人们开始对体育进行理性的思考，认识繁多。其三，竞技体育、群众体育、学校体育全面开花，如火如荼；体育法规不断完善；体育改革取得新进展；体育实践活动的新变化引起体育认识的变化，体育概念繁多，体育概念的外延进一步扩大。

可以说，体育不仅仅是属于教育领域内的一个部分，而是和政治、科技、教育、卫生等一样，是人类的一种社会实践活动。

体育运动这个词在我国已应用很广，而在实际应用中是有多种含义的。一种是指的体育的总称，即和国外的一样是体育与运动；一种是指的体育中的运动，以区别于其他方面的如物理中的运动等，实际是指各个运动项目或各种身体活动；还可以有另一种理解，就是像学习运动、生产运动那样，被解释为开展群众性体育运动，大力发展体育。从前面所列的体系中可以看到，在这里，是用体育运动来概括在体育这个过程中所创造的各种成就的总合的。也就是体育发展的规模和水平，以及在体育过程中所创造的精神财富。这里面包括全国青少年儿童体质增长情况，全国人民健康增强情况，运动技术水平提高的状况，体育工作者和运动员的培养情况、体育科学水平发展的情况，场地器材发展的情况，体育图书出版和新闻宣传方面的情况以及在思想风貌方面创造的精神成果，等等。这些也正是在体育方面创造的社会主义精神文明，也可以说是党和政府大力开展体育所取得的成就。因此，我觉得用体育运动来概括是比较合适的。体育运动与体育是两个不同的概念，它们之间既有联系，又有区别。前者一方面作用（服务）于社会，促进社会的发展，另一方面又反馈给体育，对体育各方面发展情况做出适当的调整和改进。而后者则是能动的教育过程，在这个过程中创造着该方面的精神文明。也可以说体育运动是横向的相对静态的成果的综合，而体育则是纵向的动态的教育过程。所谓“横向的”是指在人类历史发展中某一社会（或该社会的某一阶段），在体育方面所取得的成果总合。其中用“相对静态”是因为在体育方面所取得的成果也都是在不断发展变化着的。而体育则是贯穿于人类社会各个历史阶段中的，是培育人、塑造人的教育过程，因而说它是“纵向的动态的教育过程”。这样，体育是否还有广义和狭义的概念之分呢？仍然有。比如我们通常说的，这个学生“体育好”。在这里，显然不是指的前面说的培育人、塑造人的教育过程好，而是具体地讲这个学生体育课的成绩好，或是指的某项运动成绩好等。这正是对体育的狭义的理解。通过对上述体育概念的讨论，可以进一步明确：我们所从事的体育工作，不仅仅是促进人的体质的增强，运动技术水平的提高，而且也是参与培育和塑造共产主义新人的工作。

第二节　文化与民族传统体育文化解析

一、文化

关于文化的定义，可谓五花八门、不胜枚举。人类学家克莱德·克鲁克洪曾专门撰写了《关于文化的概念与定义之评述》一文，文中述及关于文化的160多种定义，大致有描述性的定义、历史性的定义、规范性定义、心理性定义、结构性定义和遗传性定义6种。胡潇在《文化现象学》一书中，将文化的定义归纳为：现象描述性定义、社会反推性定义、价值认定性定义、结构分析性定义、行为取义性定义、历史探源性定义和主体立意性定义7种。

文化一词起源于拉丁文的动词“colere”，意思是耕作土地（故园艺学在英语为horticulture），后引申为培养一个人的兴趣、精神和智能。文化概念是英国人类学家爱德华·泰勒在1871年提出的。他将文化定义为“包括知识、信仰、艺术、法律、道德、风俗以及作为一个社会成员所获得的能力与习惯的复杂整体”。此后，文化的定义层出不穷，克莱德·克拉克洪在20世纪50年代末期搜集了100多个文化的定义。

文化在汉语中实际是“人文教化”的简称，前提是有“人”才有文化，意即文化是讨论人类社会的专属语；“文”是基础和工具，包括语言和文字；“教化”是这个词的真正重心所在。作为名词的“教化”是人群精神活动和物质活动的共同规范（同时这一规范在精神活动和物质活动的对象化成果中得到体现），作为动词的“教化”是共同规范产生、传承、传播及得到认同的过程和手段。

据专家考证，“文化”是中国语言系统中古已有之的词汇。“文”的本义，是指各色交错的纹理。《易·系辞下》载：“物相杂，故曰文。”《礼记·乐记》称：“五色成文而不乱。”《说文解字》称：“文，错画也，象交叉”均指此义。在此基础上，“文”又有若干引申义。其一，为包括语言文字内的各种象征符号，进而具体化为文物典籍、礼乐制度。《尚书·序》所载伏羲画八卦，造书契，“由是文籍生焉”，《论语·子罕》所载孔子说“文王既没，文不在兹乎”，是其实例。其二，由伦理之说导出彩画、装饰、人为修养之义，与“质”“实”对称，所以《尚书·舜典》疏曰“经纬天地曰文”，《论语·雍也》称“质胜文则野，文胜质则史，文质彬彬，然后君子”。其三，在前两层意义之上，更导出美、善、德行之义，这便是《礼记·乐记》所谓“礼减两进，以进为文”，郑玄注“文犹美也，善也”，《尚书·大禹谟》所谓“文命敷于四海，祗承于帝”。

“化”，本义为改易、生成、造化，如《庄子·逍遥游》：“化而为鸟，其名曰鹏。”《易·系辞下》：“男女构精，万物化生。”《黄帝内经·素问》：“化不可代，时不可违。”《礼记·中庸》：“可以赞天地之化育”，等等。归纳以上诸说，“化”是指事物形态或性质的改变，同时“化”又引申为教行迁善之义。

“文”与“化”并联使用，较早见之于战国末年儒生编辑的《易·贲卦·象传》：(刚柔交错)，天文也。文明以止，人文也。观乎天文，以察时变；观乎人文，以化成天下。

这段话里的“文”，即从纹理之义演化而来。日月往来交错文饰于天，即“天文”，亦即天道自然规律。同样，“人文”，是指人伦社会规律，即社会生活中人与人之间纵横交织的关系，如君臣、父子、夫妇、兄弟、朋友，构成复杂网络，具有纹理表象。这段话说，治国者须观察天文，以明了时序之变化，又须观察人文，使天下之人均能遵从文明礼仪，行为止其所当止。在这里，“人文”与“化成天下”紧密联系。“以文教化”的思想已十分明确。

西汉以后，“文”与“化”方合成一个整同，如“文化不改，然后加诛”(《说苑·指武》)，“文化内辑，武功外悠”(《文选·补之诗》)。这里的“文化”，或与天造地设的自然对举，或与无教化的“质朴”“野蛮”对举。因此，在汉语系统中，“文化”的本义就是“以文教化”，它表示对人的性情的陶冶，品德的教养，本属精神领域之范畴。随着时间的流变和空间的差异，现在“文化”已成为一个内涵丰富、外延宽广的多维概念，成为众多学科探究、阐发、争鸣的对象，但基本形成了共识。

文化作为人类社会的现实存在，具有与人类本身同样古老的历史。人类从“茹毛饮血，茫然于人道”（王夫之《读通鉴论》卷二十）的“植立之兽”（《思问录·外篇》）演化而来，逐渐形成与“天道”既相联系又相区别的“人道”，这便是文化的创造过程。在文化的创造与发展中，主体是人，客体是自然，而文化便是人与自然、主体与客体在实践中的对立统一物。这里的“自然”，不仅是指存在于人自身之外并与之对立的外在自然界，也是指人类的本能、人的身体的各种生物属性等自然性。文化的出发点是从事改造自然、改造社会的活动，进而也改造自身即实践着的人。人创造了文化，同样文化也创造了人。举例言之：一块天然的岩石不具备文化意蕴，但经过人工打磨，便注入了人的价值观念和劳动技能，从而进入“文化”范畴。因此，文化的实质性含义是“人化”或“人类化”，是人类主体通过社会实践活动，适应、利用、改造自然界客体而逐步实现自身价值观念的过程。这一过程的成果体现，既反映在自然面貌、形态、功能的不断改观，更反映在人类个体与群体素质（生理与心理的、工艺与道德的、自律与律人的）的不断提高和完善。由此可见，凡是超越本能的、人类有意识地作用于自然界和社会的一切活动及其结果，都属于文化。或者说，“自然的人化”即是文化。

长期以来，人们在使用“文化”这一概念时，其内涵、外延差异很大，故文化有广义与狭义之分。广义的“文化”，着眼于人类与一般动物、人类社会与自然界的本质区别，着眼于人类卓立于自然的独特的生存方式，其涵盖面非常广泛，所以又称作“大文化”。梁启超在《什么是文化》中称，“文化者，人类心能所开释出来之有价值的共业也”，这“共业”包含众多领域，诸如认识的（语言、哲学、科学、教育）、规范的（道德、法律、信仰）、艺术的（文学、美术、音乐、舞蹈、戏剧）、器用的（生产工具、日用器皿以及制造它们的技术）、社会的（制度、组织、风俗习惯）

等。广义的“文化”从人之所以为人的意义上立论，认为正是文化的出现“将动物的人变为创造的人、组织的人、思想的人、说话的人以及计划的人”，因而将人类社会——历史生活的全部内容统统摄入“文化”的定义域。一般来说，文化哲学、文化人类学等学科的研究工作者多持此类文化界说。

与广义“文化”相对的，是狭义的“文化”。狭义的“文化”排除人类社会历史生活中关于物质创造活动及其结果的部分，专注于精神创造活动及其结果，所以又被称作“小文化”。1871 年英国文化学家泰勒在《原始文化》一书中提出，文化“乃是包括知识、信仰、艺术、道德、法律、习俗和任何人作为一名社会成员而获得的能力和习惯在内的复杂整体”，是狭义“文化”早期的经典界说。在汉语言系统中，“文化”的本义是“以文教化”，亦属于“小文化”范畴。20 世纪 40 年代初，毛泽东在论及新民主主义文化时说：“一定的文化是一定社会的政治和经济在观念形态上的反映。”这里的“文化”，也属狭义文化。《现代汉语词典》关于“文化”的释义，即“人类在社会历史发展过程中所创造的物质财富和精神财富的总和，特指精神财富”，当属狭义文化。一般而言，凡涉及精神创造领域的文化现象，均属狭义文化。

综上所述，现代人们在某一地区或某一事物上时使用“文化”这一概念时，是就“狭义文化”而言的。除了上述所说的含义外，当代中国社会在使用“文化”概念时一般具有以下三个主要特性：

（1）历史性；（2）群体性；（3）影响性。如华夏文化、吴文化、饮食文化、服饰文化等。众所周知，北京的胡同记下了北京历史的变迁、时代的风貌，并蕴涵了浓郁的地方文化生活气息，是天然的北京民俗风情展览馆，烙下了北京市民的各种社会生活的印记，故由此而产生的“文化”含义，当然应同于“华夏文化”诸例。

二、体育文化

（一）体育文化的内涵

体育文化是人类本身需求的特殊反映。它是人类在体育生活和体育实践中创造出来的，并通过有形的身体形态、动作技能、运动器材、物质以及无形的与社会属性相关的意志、观念、时代精神反映出来，显现了各具特色的存在方式。

体育文化和其他文化一样反映了一个时代、一个国家或民族的特征，并规范着人们的体育行为，也影响着人们的价值观念。

东方，特别是中国体育文化，在儒家文化的长期影响下形成了以追求“统一”“中和”“中庸”，重在修身养性的内向性、封闭性、圆满性为主要特色的体育文化。

所谓体育文化，是一切体育现象和体育生活中展现出来的一种特殊的文化现象，就是说，人们在体育生活和体育实践过程中，为谋求身心健康发展，通过竞技性、娱乐性、教育性等手段，以身体形态变化和动作技能所表现出来的具有运动属性的文化。体育文化反映了以下特征。

（1）体育文化总是与人的体育生活紧密联系在一起。

（2）反映本民族的、传统的体育特征，这些传统的体育文化规范着本民族的体育行为，也影响着人们不同的体育价值观念。

（3）体育文化又总是和一个地域或民族的社会文明、物质文明以及自身的发展产生具有互动发展的关系。

例如，南方人由于灵巧而善于技巧性运动，而北方人由于体力充沛而善于摔跤、马术；南方人由于身体单薄而需要比北方人更多的相互协作，因此在体育运动中表现为集体项目的倾向，北方人由于个子高、力大及性格上的特征，表现了较多的个性化项目的属性等。

（4）从科学分类来看，体育文化是一门自然科学和社会科学相结合的综合性科学；从文化学角度来看，体育文化是人类整体文化系统中的一个分支，但是体育文化有着它特有的个性，它的产生和发展有着自身的变化规律，因此它具有独立性的一面。

（二）体育文化的三个组成部分

体育文化是人类所创文化的一部分，是一种特殊形式的文化，包括体育的物质文化、制度和精神文化三个组成部分。

人类的生产活动，主要由物质资料的生产和人类自身的生产两种形式组成。在人类的生存与发展过程中，由于生活、心理和社会多方面的需要，体育应运而生，并得以蓬勃发展。在体育产生之初，人类为了对抗并征服自然，实现人类自己的目的，通过劳动形成和发达的手，一方面借助自然物延长了自己肢体的能力；另一方面需要不断地健全和完善，提高活动能力，开发新的功能。在劳动过程中，人类所创造和形成的经验，以及情感体验和意志，需要彼此沟通和交流，需要世代延续和传递；而在语言文字产生之前，主要依靠肢体动作来完成。体育的产生满足原始人们的各种需要，人的需要是多方面的，除满足生存需要外，还有安全、娱乐、社交、信仰等其他各种各样的心理需要，这些需要都在体育产生之初给它打下了印记。因此，军事格斗、宗教祭祀、舞蹈娱乐、医疗保健等与人的心理活动关系十分密切的社会文化活动都推动了体育的产生。到了近代，由于人类劳动中的技术含量逐渐增多，疲劳的含义产生了变化。在体力劳动时代，是以加大劳动强度来提高劳动生产效率的，对劳动者造成的疲劳是全身性的，疲劳的部位主要集中在躯干和四肢，睡眠是恢复的主要方式。而进入机械化时代，劳动密度加大，严格的社会分工所造成的疲劳则是局部性的疲劳，疲劳的部位也开始由过去的肢体转向大脑。尤其是到了现代，人类逐渐由运动状态的体力劳动者向相对安静状态的脑力劳动者方面转化。导致现代“文明病”大量产生，人类正常的适应能力大大地受到了削弱。而现代社会的激剧竞争，又加重了人的心理负担，影响到了人的心理健康，人类为了对抗在其发展过程中所表现出的异化、否定，而进行主动的、有意识的、为了人的身心健康及全面和谐发展的肢体锻炼。

所以，体育文化第一先是一种人类在其自身的生产和发展过程中，为了人的健康及全面和谐发展而主动、有意识地进行的一种肢体锻炼活动；第二是指在各类体育活动的发展和进行过程中，为了体育活动的顺利、有序进行，所形成、制定的各种制度文化；第三是深层次的体育精神文化，它是包括人们在体育活动中的价值观念、思维方式、审美情趣和民族心理等；第四是应包括各种物化形式的体育文化，即以人类创造的物质形式而存在，蕴含体育文化内涵的物质产品，如奥运奖杯、火炬、吉祥物等。高玉兰在《从文化结构看中国体育改革》一文中曾谈道：“体育文化的物质层面居于表层，它包括体育技术、装备、设施、资金和体育消费，是最活跃的因素，它变动不定、交流方便，具有强烈的时代性，可以视作衡量文化整体先进与否的重要标志与橱窗。体育文化的中层是制度文化，它包括体育管理体制和一些具体政策、制度等，它是人们的行为规范，具有极强的权威性，可从强化和拓展与之相适应的思想观念意识，对体育文化整体具有规定性。体育文化的深层是精神文化，它包含价值观念、思维方式、审美情趣和民族心理等。这是最稳定、最保守的层面，是文化的核心、灵魂，是不同类型文化的标志。”

综上所言，体育文化是一个多维结构概念，是人类在其生存和发展过程中为了人类自身的健康和谐发展所创造出来的人与自然、人与社会、人与人之间各种关系的有形无形成果的总和。

三、民族传统体育文化

（一）民族传统体育文化的内涵

民族传统体育文化是体育文化的下位概念，应是指各民族在其形成与发展过程中所创造出来的全部体育文化。民族是一个发展的概念，民族传统体育文化相应地就会随着民族的变化而发生变迁，民族传统体育文化应主要是指资本主义形成以前的各民族体育文化。

民族传统体育文化是寓竞争、娱乐、广适、地域及艺术观赏性、趣味性为一体的综合运动形式，涵盖了“性命双修、心身并育”的生命整体优化理论，把人与环境视为不断进行物质、能量和信息交流的统一体，并把人体功能的强化和优化看作是一个精神同物质紧密联系的统一体活动。它既是自贯一身、稳定的精神物质文化，又在历史环境的变迁中不断改变其具体的结构式样，呈现出多姿疯狂学习的差别。这种在相承相续中渐进发展的趋向，使得我们民族文化的形成在历史演进中开放出灿烂的花朵，孕育出丰硕的果实，突出地再现民族特色、民族心理和民族意识。

第一，劳动过程中的各种思想物化品为民族传统体育的产生、发展奠定了物质基础，这是民族传统体育文化内涵中最高层次的部分。生产劳动是人类区别于猿类的特征，又是文化创造的开始。当人类作为自然生态环境生命开始文化创造活动的时候，即使是最粗糙的简单文化，也无不是从自然存在物直接加工开始的。而文化成果又是建立在生产资料和生活资料的物质劳动过程中，其技术、社会和价值方式都作为相当复杂的文化体系而存在。就是在这样一种社会发展的背景下，民族传统体育是一个民族在特定区域、特定的社会人群，伴随着一定生产资料和生活资料生产中所创造、享用和传承的物质体育文化现象。

第二，民族传统体育作为人类社会一项特殊的文化活动方式，孤立的个体活动是不存在的。尽管民族传统体育活动常常通过个人的行为方式来体现和进行，但永远脱离不开社会的联系而受制于社会，永远是物质文化的产物。同时，民族传统体育的发展，又离不开社会政治、经济、文化等的制约和影响，并为一定社会关系所包围，这种社会关系无论是以物为对象，还是以人为对象，其参与活动的行为包含着社会以人为中心所形成的政治制度和政治组织。所形成的血缘、地缘、行业的组织关系，所形成的宗教信仰和风俗习惯，表现出规定性、固定性、制约性的链接方式，从而使社会的人按照一定社会所提供的规定条件和可能，依据一定社会所特有的体育方式进行活动。

第三，反映在民族传统体育活动当中的民族意识、文化心理、哲学思想、价值观念、宗教信仰、伦理道德规范、审美心理，是人类精神生活领域的文化，是民族传统体育文化的核心部分。它是围绕民族体育活动方式，通过抽象事物的艺术表现，来改造人的精神世界的物质内涵、思想观念和行为准则，最终依托体育活动来改造人的主观世界。民族传统体育活动作为验证人的物化世界能力的象征，最根本的是促进了民族心理素质的升华。我国著名社会学家和民族学家费孝通认为（民族）共同心理素质是“同一民族的人感觉到大家是属于一个人们共同体的自己人的这种心理”，一个民族“总是要强调一些有别于其他民族的风俗习惯，生活方式的特点，赋予强烈的感情，把它升华为代表这个民族的标志”。因此，民族心理素质是社会物质生活和文化生活条件综合作用于民族传统体育精神文化面貌的表现与结果，是民族传统体育生存、发展之灵魂。

（二）民族传统体育文化发展的特性

民族传统体育文化显示了民族的精神面貌和价值取向。民族和文化是两个密切联系的概念，民族本身就代表着一种文化，而文化则是构成民族的要素。

1. 民族性与时代性的统一

这是民族传统体育文化的基本属性。任何民族传统体育文化必存在于特定的地域空间和具体的历史时间之中，蕴含这一文化的民族特性，也反映出这一文化发展的时代性质。各民族的体育文化，因其民族性而呈现有别于其他民族的体育文化特质，又依其时代性而融汇成民族传统体育文化的共性特征。

民族性体现了一个民族的文化自身发展的特殊性，代表一定的民族传统体育文化传承积淀与特定地域文明的特点，表现为该民族的民族精神和文化类型。时代性则体现体育文化在一定历史时期的共同特征，反映文化发展由低向高的发展方向和文化之间传播、交融与相互渗透、相互影响的关系，表现为体育文化发展阶段的标识和特定的文化类型所展示的时代风貌与精神。

民族性与时代性统一，民族性存在于时代性之中，时代性反映民族性的共同特征，不存在决然独立的文化属性。正由于两者的统一，衍生出体育文化的整体性与独立性、连续性与阶段性、自主性与互赖性、兼容性与选择性等的有机共生。这些特性又表现为民族意识与全球意识、民族精神与时代精神的统一。民族意识是民族体育文化的本质特征所在，全球意识则从世界和人类体育文化发展的高度拓展各民族的文化视野。民族精神展示出一个民族自立于世界民族之林的生命力，时代精神则代表体育文化发展的方向和历史演进的阶段特征与风貌。

2. 涵延性与主导性的并存

文化的涵延性是指一种文化所具有的兼容涵括、多元共生与传承延续、传播吸收等特性；主导性则是指文化的多元复合结构中，必然呈现该文化的主导倾向，包含明显的价值取向和民族特性。文化的涵延性与主导性并存，反映着文化存在的结构特性。文化是一个涵延广博的概念，有其丰富的内涵，诸文化因素多元交汇，文化传统的历史延续同文化发展的时代新质共集于一定的社会空间。文化创新是以一定的优秀文化传统之弘扬为前提的，新文化不可以完全独创出来，并且文化演进还是文化发展多元因素相互吸收、兼容并蓄的过程。正是在继往开来与传播互感的文化整合中，民族文化得以实现适应时代要求的新发展。

从文化的涵延性来看，独具特色的民族传统体育文化发展非常典型地证明了文化特性的客观存在。民族传统体育文化无论从悠久的历史传承，还是从广博的丰富内涵以及辽阔的地域分布上都具有鲜明的典型性。从文化的主导性而言，民族传统体育文化历经数千年不衰，其交融会通的强大生命力之中，展现出立于主导地位的、与时代发展相适应的文化特质，居于中国传统文化的主流地位，成为民族传统文化的重要特征，反映出民族文化的主导性特性。

3. 兼容性与选择性的一致

兼容性不仅包括了涵延性所规范的文化多元复合与传承演化的因素，而且还是指文化发展中精华与糟粕、进步与落后等因素的并存，有可能区分出文化的精华与糟粕，又有许多无法决然判定的交汇复合内容，而且在不同的历史时代或具体的状况情形下，精华与糟粕的判定受到时代的局限，也受到批评主体的制约。

选择性是指文化发展过程中所具有的选择、吸收所需养分以补充、壮大本体文化、排斥不适应自身需要的民族文化的内在机制。其包括民族文化自身特有的选择、排斥功能，具有客观规律性的特点；又由于文化选择是作为文化主体的人进行的，从而也具有主观能动性的意义。选择性同样不能独立存在，也受到兼容性的影响。文化的选择、排斥功能是在兼容性的规范下实现的，选择的结果不是使文化成为单一因素，而是丰富和发展了兼容性。兼容性一样受到选择性的制约，选择的结果是使兼容并存的各种文化因素根据民族的需要和时代的要求而“优胜劣汰”“适者生存”，被排斥、淘汰的因素则失去生命力，这就是民族文化发展演进的过程，也代表民族体育文化发展的过程。

第三章

仡佬族民族传统体育文化解读

第一节 仡佬族民族传统体育的内涵、文化特征及功能

一、仡佬族民族传统体育的内涵

（一）民族传统体育的定义

中国民族传统体育是以汉族文化为主体，融合多种民族文化形成的一种文化形态，是各民族传统的养生、健身和娱乐体育活动的总称。中华民族由56个民族组成。在长期的共处和交往中，各民族的传统体育文化也不断地融合并在华夏大地交相辉映，共同构筑了具有鲜明特色的中华民族传统体育文化的宝库。

民族传统体育源远流长，它有着悠久的历史和广泛的群众基础。据史料记载，在原始社会末期，栖息在华夏大地的各部族之间的原始体育文化相互间就有了交融。如黄帝部族的干戚舞，蚩尤部族的角抵，中原部族的

消肿舞、击址等活动，逐渐为各部族所接受。

春秋战国时期，中原地区各族与少数民族相互学习，在习俗、文化和民间体育活动方面逐渐交融。如北方山戎族的秋千活动被齐国所吸收，并很快传入中原各地；赵武灵王“胡服骑射”，把西北少数民族流行的“骑射”引进了中原。而在中原流行的拔河、竞渡等活动，也逐渐被北戎和南夷各民族所接受。

秦汉时期，中原地区和东、西部民族的体育交融更加频繁，特别是汉代，由于当时的民族和睦政策，如具有代表性的张骞出使西域，使得中原的体育文化迅速向西北地区少数民族扩散。另外，各少数民族的体育文化被引进中原后，也丰富了中原的“百戏”。

南北朝时期，由于汉族的南移形成了一次更大规模的南北民族间的文化交融。如北齐时期南北之间的武术、棋类和摔跤比赛，就是南北民族之间体育频繁交流的体现。

隋唐时期，唐代击鞠运动的发展，就是由于与吐蕃等民族的交流而形成的。踏球、杂技、技巧和养生导引术等，都是中华各民族体育文化交流的结晶。

宋元明清时期，是中国历史上民族大融合的重要时期。汉族和少数民族间在政治、经济、文化上实现了大规模的全面融合，中原的儒教文化和周边民族的文化交融，形成中华民族的大一统文化。其中体育的交融具有典型意义。如满族的冰上活动进入关内后与中原的蹴鞠相融，促成了冰上蹴鞠这一民间体育活动的形成与发展。

从上述的分析中可以看出，中华民族的传统体育文化随着历史的变迁，经历了五次较大规模的交流融合。

中华民族体育除具有本区域各民族传统体育的内涵之外，还有着与亚洲乃至欧美等各民族体育交流的内容。

在东亚，中国与日本、朝鲜的民族体育文化交流可以追溯到很早。在汉代，中华民族的刀术、剑术就已传入日本，而日本的一些使者也将日本的“短弓矢”带入中国，两国之间的武艺交流得以展开。

隋唐时期，中国与日本的体育文化交流进入新的发展阶段。据日本《蹴鞠九十九条》《经国集》记载，以及奈良正仓院所存文物说明，这一时期中国的蹴鞠、击鞠、步打球、投壶等已传入日本，而早期传入日本的棋艺和武艺亦曾进行双边的交流活动。

在我国宋代，日本的封建经济得到发展。这一时期，传入日本的中国民族体育有手鞠，司马光的《投壶新格》也传入日本。

明清时期，中日两国的武艺交流出现盛况。中国武术传入日本，而日本刀剑也开始输入中国。这时，中国一些武术家开始研究日本刀法，如戚继光的《纪效新书》中就有“日本刀法”的研究专章。中国传入日本的健身术有：华佗五禽戏、八段锦等。

中朝两国早在秦汉时代就有了体育文化的交流活动。南北朝时期，中国和朝鲜百济国即有围棋比赛《北周书・异域传》。隋唐时，中朝体育交流得到了进一步发展，如投壶、蹴鞠等由朝鲜留学生传入高丽。在武艺方面两国也有相互的交流活动。

民族传统体育作为中华民族的一种文化形态，实际上是以汉族文化为主体，在长期的民族融合中，融会了多种民族文化共同形成的。正如民族本身的形成和发展经历了漫长的历史过程一样，民族传统体育也同样经历了复杂的历史演变。回顾数千年的文化史，中华民族体育文化正是在与国内外各民族的体育交流中，相互学习，取长补短，弘扬精华，从而形成了具有鲜明特色的中华民族体育文化体系。

（二）民族传统体育的起源

民族传统体育的产生与人类物质文化的进步与发展息息相关，密不可分，原始民族传统的产生诱因大致可以分为以下几点：

1. 原始人类思想的混浊，宗教活动呈现

原始社会后期，人们的思想意识处于人物混同的模糊状态。由于生产力的提高，生活的改进，智力有了发展。但是，由于历史条件的局限，对于不知的自然现象归之为神，巫教神灵的思想逐渐产生。伴随着物质文化的进步，语言在劳动和生活中产生、形成。原始先民开始创作神话与歌谣。陶器上的绘画、图像、陶塑、骨雕、木雕、岩画等原始艺术，反映了原始先民审美意识的生长，出土的骨哨、木鼓、陶埙等乐器，以及陶器和岩画上的舞蹈图像，再现了原始歌舞的热烈场面。由于农业和畜牧业皆是季节性较强的劳动。因此，原始时期可能已有自然历，并有与之相应的节日风俗，原始宗教从逐渐产生到繁荣，各种自然崇拜、图腾崇拜、灵魂崇拜、祖先崇拜的观念与仪式在原始社会中盛行，后来甚至分化出专门的巫师与祭司。

在祭祀活动中，原始先民们逐渐用舞蹈、竞技、角力来进行祈祷，娱乐神祇，祈求庇护。原来用于娱人的歌、舞等，又用来娱神了。这样，兼有艺术和体育两种性质的舞蹈，就在历史变迁中结下了不解之缘。发展到后来，中国的祭祀如迎神赛会和庙会，礼仪中常有舞蹈、角力、竞技等内容，这些活动都包含了许多民族传统体育的因素，并对后来的民族传统体育发展产生了深远的影响。

2. 原始各部落兼并战争，促使民族传统体育的发展

随着社会发展，阶级出现，阶级斗争不可避免，尖锐化了就出现战争。战争是解决阶级与阶级、民族与民族、国家与国家、政治集团与政治集团之间矛盾的最高斗争形式。为了保卫自己，消灭敌人，于是产生了军队，有关军队或战争的事情，就是军事。氏族社会后期，一些部落首领为了扩充自己的财富和人口，便掠夺其他部落，由此而引起了部落之间的战争。如古代神话传说中的黄帝、炎帝和蚩尤之战，黄帝和炎帝之战，禹伐九黎三苗之战，即是这种战争的典型代表。由于战争的需要使得武技得到迅速发展。据《世本》载：“挥作弓”“夷牟作矢也，皆黄帝臣”。又如《洞冥记》载：“黄帝采首山之铜，始为铸刀。”这些表明黄帝在战争中发明并制作了箭和剑。古代传说中，“蚩尤作王兵：戈、矛、戟、酋矛、夷矛”。这些兵器对后世的传统体育项目——武术，有着直接的影响。

军事武艺的产生发展与军队的训练有关，青铜兵器的出现正是武技由原始萌芽到正式产生的重要标志。兵器与生产工具的分离，如何训练士卒的体质使用兵器，它直接与体育有关。所以说，部落战争是推动体育发展的动力，人类掌握这些武器，提高战斗技能，从而促进了军事和身体训练，这都是推动传统体育产生和发展的重要因素。

3. 舞蹈是民族传统体育早期萌芽

我国古籍记载：“情动于中，而形于言。言之不足，故嗟叹之；嗟叹之不足，故咏歌之；咏歌之不足，不知手之舞之，足之蹈之也。”民族民

间舞蹈萌芽于人类的原始社会，人在与自然的斗争中，在为求生存而从事的劳动中，通过人体动作已有的节奏、律动——最原始的舞蹈动作，也算是本能式的“人体行为”，它伴随着人类的成长而成长，经历了人类社会发展的全过程。起初，舞蹈是全氏族和部落集体活动，也几乎是每个成员所必备的技能。原始信仰产生后，舞蹈和原始宗教意识相结合，形成早期的宗教舞蹈，并进而发展成习俗舞蹈、礼仪和祭祀舞蹈。《尚书·伊训》“敢有恒舞于宫，酣歌于室，时谓巫风”。巫风，也就是舞风。《诗经·陈风·宛丘》：“坎其击鼓，宛丘已下，无冬无夏，值其鹭羽。”《吕氏春秋·古月》记载：“昔葛无氏之乐，三个操牛尾，投足以歌入阕。”说明当时三人一队，握旄牛尾，叩牛角，边歌边舞的情景。从这些史籍记载中，可以想象出当时社会上群众性歌舞活动的盛况。

原始舞蹈的本源是民族的社会生活、地方的文化意识、舞者原生心态的真实反映。具体的舞蹈动作体现特有的生活气息和情感色彩，载负着浓厚的原生文化积淀。由于各民族先民们当时处在生产力水平极为低下、生产环境极为恶劣的条件下，为了求得生存空间而与大自然顽强抗争着。同时为了表达和宣泄战胜大自然的愉悦情感，就采用“手之舞之，足之蹈之”最为高级的情感表达方式，来再现与大自然搏斗的激烈场面。于是，就有了原始民族舞蹈的产生。原始民族舞蹈的动作，一方面源于生产劳动，另一方面源于模仿野兽搏击，动作的动感性强，粗犷有力，发展到后来单纯表现人体美。在展现心理情感时，民族舞蹈还或多或少地保留了一些原始动作，很大程度上反映了民族体育化。如苗族的“鼓舞”和土家族“茅古斯舞”根本不能分清是民族舞蹈还是传统体育。另外，如“刀舞”“武士舞”则糅合了较多的武术打斗动作，有的甚至与民族武术很难区别。我国一些少数民族流行的一些“武舞”，如傣族的“单刀舞”“棍舞”，羌族的“跳盔甲”等，都是从原始舞蹈中演化出来的，这种娱乐与人的本能活动区分开来时，就形成了原始的民族传统体育形态。

4. 生产劳动渗透民族传统体育产生的条件

劳动广义地理解，包括人类战胜自然，发展自身的一切的生产活动，它是大量娱乐民族体育项目得以萌发的源头活水。人类在狩猎时代，由于长期与各种动物打交道，对其习性、特点有了较多的了解。出发之前，模拟人猎获兽的场景，预祝狩猎成功；归家之后，载歌载舞，庆祝猎获的丰收。后世节日、社火中的模拟禽兽表演，大都脱胎于这种模拟的艺术形式。后世的许多游戏项目如投掷、射箭、骑马等都是狩猎生产的再现。我国南方的“秧歌舞”“采茶舞”以及佤族的“春臼”、台湾省高山族的“杵舞”，都是人们对自己熟悉的农耕生产劳动的模拟，是渗透着主体审美体验的富有象征性的娱乐活动。

中华民族是世界上历史悠久，具有光辉灿烂体育传统的民族。早在远古时期，就有了民族传统体育的萌芽，这已是客观存在的事实。远古时代的传统体育，作为一种社会文化活动，随着社会生产的发展而发展。

（三）仡佬族民族传统体育的起源

民族传统体育是我国宝贵的文化遗产。作为一种“身体文化”，它主要是通过肢体的运动和竞争表达民族的思想、意识、情感等，展示一个民族的精神风貌，凝练成民族集体文化记忆。

仡佬族传统体育虽然在与各民族文化交融中相互影响，但他承载的是自身的民族思想与文化。表现的是自身的生产生活方式、政治经济体制、宗教习俗信仰，因此，在许多项目中他都有自身的文化解读。其承载的文化信息主要有几个方面：

1. 军事文化

仡佬族具有代表性的体育项目——打篾鸡蛋，来源于古代的军事练兵。打篾鸡蛋，仡佬族称之为“戛都给”或“它我宛”，是由传统战争两军对垒投掷石器发展而来。在仡佬族社会发展早期，生产力水平低下，民族为了争夺更多的物质资源而生存，就会训练士兵，强健体质，提高战斗力，进而发生战争。投掷石头是远距离打击敌人、保存自我力量的最佳方式。但是，当这种方式被更为先进的武器取代后，它并没有消失，而是经改造，成为日常生活中的竞技。篾鸡蛋的制作是用篾片编的空心球，其大如拳，内塞棉花、破布和少许铜钱或碗片、碎石，外涂红、蓝等色，故又有“篾团子”之称。以多人对抗为主，人数不限，男女均可参加。比赛方法是参赛者分为两队，画线为界。此方发球投向对方，对方设法将篾球击还过界，不得使球落在本队界内，也不得让球触及人的身体，否则为输，类似排球比赛。双方反复对击，使篾球在空中往还飞蹿，有如一条彩龙腾空起舞，故又有“花龙”的雅名。宋人朱辅当年曾在仡佬地区见过这类活动，颇觉新颖，记入《溪蛮丛笑》：“岁时数日，野外，男女分明，各以五色彩囊豆粟，往来接抛，名飞蛇。”

在今天的愉悦赛场上，已经看不到任何战争的影子，但他确实曾与军事训练密切相关。

2. 宗教传说

远古时期，人们认为开天辟地、造就万物、缔造人类的最高主宰是人们心目中的神灵。因而在闲暇之余，仡佬族先民通过舞蹈来模仿自然界动植物的形态、行动来表示对先人的崇敬和敬畏，达到民族图腾的目的，进而举行祭祀活动，这些宗教活动形成民俗文化，成为节日的重要内容。仡佬族的某些体育项目或来源于仡佬族的宗教仪式或是民间的各种集体活动，并在仡佬族历史发展的长河中，功能和表现形式不断演变进化，最终成为游戏、竞技性活动的传统体育活动。反映了人们在和谐共存关系上的情感和态度。

如高台舞狮，所表演的就是一个宗教故事。民间传说：目连的母亲，因生前作恶太多，死后被打入幽冥地狱。目连为拯救母亲出离苦海，特拜具有七十二般神通神变的孙猴为师。终于，在经历了一番三伏三九的苦练之后，十八般武艺，目连一一学到手中。复经八十一番磨难，终于寻到了母亲。并以至真至纯的孝行，赢得了天神的特别帮助，使母亲从此得见天光。目连母亲亦不畏天山路远，亲往天国，步罡踏斗，报谢洪恩。整个表演，分为三个部分：拜师学艺；随师寻母；踩斗谢恩。其动作惊险，技巧高难，每一个动作都带有很强的宗教性，表达了仡佬人驱扫邪魔、祈祝太平的文化心理。因此，虽然其他地方也有高台舞狮，但它与仡佬族的解读方式大不相同，基本上是将之作为锤炼筋骨、展示气魄的舞台。

又如“牛筋舞”。仡佬族每当年过古稀的老人大病痊愈后，亲人们要聚在厅堂跳“牛筋舞”。这是尊敬老人、向老人祝福的一种传统娱乐方式。牛筋舞由大姑爷主跳，陪跳者为女性亲戚。主跳人背竹制的蒸笼一个，里面放空碗一只，右手舞着三条尺长的熟牛筋。陪跳的人圈外一圈，每人手里拿一根筷子，找机会敲响蒸笼里的空碗，中者为赢，主跳人被罚喝酒一杯。如敲不中，筷子被主跳人用牛筋拔掉落地，陪跳人则被罚喝酒一杯。双方左躲右闪，忽前忽后地跳，场面紧张热烈。舞后，由主跳人将手中的熟牛筋和新鲜的牛肉献给老人，祝老人健康长寿，身体如牛筋一样坚韧，像牛躯那样强壮，大家举杯向老人祝福。作为体育活动，体现出自由活泼、不拘于形式的运动特点。

3. 节日民俗

在仡佬族传统节日中，会有丰富多彩的活动项目活跃节日气氛，表达民族祈盼。如三月三的祭山节（仡佬族新年），农历二月初一的敬雀节等，仡佬族人会开展斗牛、抵杠、抵牙巴劲等独具仡佬特色的民族民间竞技活动。这些活动，在以后发展过程中祈祝成分渐渐淡化，更多的是一种娱乐。如过年时期儿童玩耍的打“欢喜团”。

打“欢喜团”是在节日中进行娱乐的项目。打“欢喜团”中的“欢喜团”一般是用南瓜、大萝卜或柚子雕刻一个哈哈大笑的头像，涂上彩色，在正月十四夜晚，寨上的小伙们将欢喜团拴在一米长的竹竿上，于寨门前或大路口亮出。打欢喜团一般是在相邻的两个寨子间进行。开始时，由一人点燃“抢蛇蚤”（栋青树燃烧时树叶发出鞭炮似的响声）、树枝和竹子，刹那间，爆裂之声大起，此时，两寨人互相戏谑，甲寨：“我们苞谷像牛角，你们苞谷像鸡脑壳！”，乙寨的人也不示弱加以回敬，你来我往，玩笑适可而止。然后，点燃火把，用干竹或其他干树枝制成，手拿竹竿互相追打对方的欢喜团。人群、火把漫山遍野，你追我打，狂奔喊叫，欢声不绝。只要一方的欢喜团被先击落，另一方的欢喜团也会很快被击落，先被击落方为负。在欢天喜地的“打”闹中，祈求农事顺利，庄家丰收。从某种意义上来说，这类活动只能算是体育活动，而不能算体育运动，它也带有一定的宗教性。但正是众多“体育活动”的逐步演变，才有了丰富多彩的民族体育。

4. 生产生活

体育作为人类社会的产物，就其本质而言是植根于劳动之中，是因劳动及生存的需要而产生的。少数民族传统体育项目作为一种文化形态，源于各民族人民的生产生活，是随着人类社会的发展而产生和发展的，与生产劳动相结合的传统体育有着鲜明的从业特点。

如扭扁担、抵扁担等项目的产生，为什么要“扭”？仡佬族村寨多坐落在山腰上。生产劳动、家庭生活，人际交往，一代又一代地回旋于环境险恶的山谷之间，交通极为不便，所使用的运输工具大都为高挑，挑起来能随人就转，但稍不注意也会翻翘，因此他必须用腕力掌握扁担的力度，把握平衡。正是在这样的过程中，人们开始不断地锻炼腕力，竞赛腕力，使之成为一项体育运动。又如打毛达。“毛达”类似当代的羽毛球。它源于仡佬族青年男女恋爱时的羽毛绣球，绣球抛出后，能准确接到的男青年，才有资格与女青年对歌、谈恋爱。这一活动后来发展为部分青年男女共同的活动。应该说，仡佬族传统的体育活动，每一项都蕴含着深刻的文化内涵，是一个民族在特定的地域环境中民族特性的表现。

（四）民族传统体育的特征

民族传统体育是我国各民族世代相传的独具民族特点的体育，是我国传统文化的重要组成部分。建设有中国特色的体育事业，民族传统体育是必不可少的核心内容。实现中国体育事业的腾飞，弘扬民族传统体育文化，振奋民族精神，提高民族自尊心和自信心是基础和前提；正确处理好继承与借鉴的关系，让民族传统体育更好地为现代社会服务，为繁荣和发展世界体育文化服务是方向和任务。因此，科学地认识中华民族传统体育的特性是非常重要的。

1. 民族传统体育的民族性

传统体育的民族性就是某一民族的体育在世界体育文化中所具有的本民族的特性。中华传统体育，隶属于中华民族传统文化，是东方“文化之邦”伦理型文化特点的具体体现。

中国古典美学范畴中的“风骨”“气势”“性灵”“神韵”“俊逸”“沉郁”“婉约”“豪放”“意境”；中华古典伦理学中的“仁、义、礼、智、信、温、良、恭、俭、让”；中国古典哲学中的“气、理、心、性、言、意、道”；等等，无不渗透到中华传统体育之中，并强烈地反映着民族个性、民族特点、民族思想情感、民族思维方式以及伦理道德。

中华民族传统体育呈现出东方文明所特有的气质，即竞争中有礼让，蛮劲而不粗野，情溢而含蓄内向，趣味横生而不庸俗，富于观赏而精神气质追求高尚。如西周“以射观其德”“以舞观其礼”；孔子提倡“君子无所争，必也射乎！”，这正是东方文明之道德观、伦理观与审美观在民族传统体育上的鲜明反映。

吸吮了中华传统文化琼浆乳汁的民族传统体育，具有人类渴慕的“真、善、美”和谐统一的特点。即功夫讲“真”，用意讲“善”，技艺讲“美”。这一特点在中国从古至今，始终贯穿于体育教育之中。而它所显示的美，具有东方文明的特点，与西方文明突出壮烈、惊险、刺激性的审美观截然不同。

2. 民族传统体育的延续性

中华传统体育在漫长的历史演进中，历经沧桑，饱受磨难，但却始终传承不绝。每一次历史的变迁，都面临着一次新的挑战。可以说，民族传统体育是在历史的演进中不断发展起来的，并表现出强大的再生能力。究其原因有以下四个方面：

（1）中国历代流传下来的文献典籍浩如烟海，无数的存世实物也为后人继承和发展本民族传统体育文化提供了极为丰富而完备的资料。这是民族传统体育得以继承和延续的物质基础。

（2）由先秦开始，儒、道、法、墨、阴阳等家的哲学派别，相互斗争又相互吸收，逐步构成了中华民族传统文化的整体，其中儒家表现出自强不息的理性，深深地影响着中华传统体育。

（3）在古代中国，“礼”有其存在的必然性和合“理”性。礼蕴含着有利于传统体育继承和发展的活力。以礼崇尚现实，避免了中华传统体育文化的宗教化。当世界文明起源较早的国家和地区走向宗教文化或其发展受阻时，中华传统文化在崇尚现实精神的推动下得到了持续发展。

（4）中华民族“以夏化夷”的精神，具有极强的亲和力和凝聚力，构成了“民族传统体育文化长城”。这种不可抗拒的民族精神，使得中华传统体育得以延续不绝，经久不衰，并表现出巨大的再生能力。

3. 民族传统体育的观赏性

中华民族传统体育，是寓竞争性和技巧表演性、游戏娱乐性、艺术观赏性、趣味性为一体的综合运动形式。在民族传统体育项目中，大多以技巧表演、游戏娱乐和艺术观赏为主体，竞争性项目仅占少数。如 1982 年 9

月，在内蒙古自治区首府呼和浩特市举行的第二届少数民族传统体育运动会上，所设86个项目中，正式比赛项目只有射箭和中国式摔跤两项，其余84项均为表演性项目。又如1995年11月在云南省昆明市举行的第五届全国少数民族传统体育运动会所设145个项目中，仅有抢花炮、武术等11项为正式比赛项目，另外134个为表演项目。虽然每届全国少数民族传统体育运动会在竞争性项目上有所增加，但从整体上来看，还是着重于传统体育的表演性、娱乐性、趣味性和观赏性。即使是一些竞技性项目也兼有表演、观赏的特点。尤其是中华武术所显示的造型美、体态美、节奏美、和谐美、意境美以及服饰美，都令人叹为观止，它是中华民族气质、力量、情操的象征。

4. 民族传统体育的适应性

民族传统体育的适应性是中华传统体育科学性的体现。它由我国各民族共同创造，类别繁多，兼具表演和竞赛等多种性质，因此就具有了结构多元的特点。中华民族传统体育既接近现代竞技体育的一般要求，同时，也具备适应未来社会体育发展的需要。

由于传统体育项目的不同，其动作结构、技术要求、运动风格和运动量也各具差异，个人可根据需要从中选择适合于自己的项目进行健身养生活动。有的项目不受时间、季节的限制；有的项目在场地器材上可因地制宜，就地取材；还有的项目可徒手进行，这就给开展群众性体育活动提供了便利的条件。因此，民族传统体育有着广泛的适应性，这种适应性是传统体育蕴含强大潜能的根源所在，也是传统体育得以继承和持续发展的基础。

5. 民族传统体育的多样性

民族传统体育的多源发生、多向发展、多元并存和多样统一，是传统体育文化发展的常态和规律。中国是一个由56个民族组成的统一国家，人群分布范围极广，环境、习性各异，宗教信仰不同，政治、经济、文化教育发展也不平衡，所有这些，便造成了各民族传统体育在内容、形式上的多样性。据1991年由广西民族出版社出版的《中华民族传统体育志》所收集的民族传统体育项目竟达997个之多。

武术是中华民族传统体育的集中体现，自元明时期以来，十八般武艺绚丽多姿，各领风骚。实际上“十八般武艺”只为武术划定了一个大致的范围，并没有囊括所有的武术项目，表明武术是一项多样化的传统体育运动。随着时代的步伐，从内容到形式都发生了很大的变化。内容丰富、形式多样的特点，是中华民族传统体育的一大优势。

6. 民族传统体育的科学性

民族传统体育是建立在“性命双修，心身并育”的生命整体优化理论基础之上的。把人与环境视为不断进行着物质、能量和信息交换的统一体，并把人体功能的强化和优化看作是一个精神同物质紧密联系的统一的整体活动。认为，只有在心身统一的修炼中，才能求得整体的优化。

中华民族传统体育强调大脑神经系统对全身的支配、统率功能。健身必先健脑，健脑就是对大脑细胞的程序性活动不断地进行自我整合。

中华民族传统体育又强调神形统一。如武术就具有内外合一、神形兼备、节奏鲜明的特点。它要求手眼配合、手脚相随、上下协调、意领心随、以气催力，意识、呼吸、动作必须内外合一。动则快速有力，静则稳如磐石，动则有韵律。

中华民族传统体育还强调保神、练气、养形的统一。如养生术就是注重这三者统一的范例。《荀子·天论》曰：“形具而生。”认为人是气的产物。形即形体，养生必养形。保神、练气和养形是构成传统养生思想的三大要素，它们之间相互依存，相互作用。孙思邈说：“夫身为神气之窟宅。神气若存，身康力健，神气若散，身乃死焉。若欲存身，先安神气。神气若俱，长生不死。”这就明确地指出了形体决定神气，神气反作用于形体的辩证关系。

生命整体优化观，是中华传统体育健身养生理论的核心，它源于中国的早期哲学思想——阴阳学说。因此，中华传统体育理论强调处理好动与静、神与形、劳与逸三对基本矛盾的统一。数千年来，这一理论一直指导着人们的健身活动。这种生命整体优化观，既科学又实用，是中华传统体育的理论精华。

二、仡佬族传统体育文化特征

仡佬族是我国少数民族之一，与其他民族融合发展而形成。仡佬族人民的居住环境、生活方式及民族文化等方面具有自身的特色。正是如此，仡佬族传统体育具有山地性、宗教性、普适性和娱乐性的文化特征。

（一）山地性特征

地域、区域，不但是自然地理概念，而且是与人的活动紧密相连的文化的概念，是宇宙文化与人文文化相统一的地域文化的概念。地域由地形、地貌、自然气候的特点和活动于其间的人所赋予的人文特点两部分组成。只有当人活动于其中，休养生息，创造、形成群体社会，构成时代、历史、自然地理变成了人文地理，地域与文化联系在一起，地形地貌才有了它特殊的意义。地域对民族有着巨大影响，首先它影响了人们的生产方式和生活方式，进而影响到民族的心理性格。区域文化与地域文化是两个既相互区别又不可分割的概念，也可把其看作两个不同的视角，其预设也有所不同。地域文化研究突出自然环境和历史传统，其论述的地域范围是清楚的，但疆界是模糊的、动态的，一般不受行政区域甚至国家疆域的限制（如东北亚文化区）。而区域文化论述的范围依从区域与国家的行政区划（辖地），具有人为的规定性。特定的地理环境和生产方式，经过一定历史时期的社会变迁与发展，会形成特定的文化特征。所谓地域文化，是指生活在特定区域的人群在从事物质生产、精神生产和社会生活中所形成的具有浓厚的地域特色的价值观念、思维方式、人文心态、民族艺术、风俗习惯、道德规范等的总和。

地域文化的最大特点就是它的地域性，地域文化主要是在地域内自然地理条件下形成的。某个民族、某个人类群体生存地的物产资源、经济状况、历史遭遇、气候情况等决定着当地的文化特点。地域文化受古今行政区划的影响，更受自然环境的制约。常言道“一方水土养育一方百姓，一方百姓创造一方文化”。水土因素、自然环境状况对地域文化的影响更具决定性。人的生存环境、生计方式、心理性格，都会影响文化的发生发展，地域通过对人的影响，进而影响到地域的文化风貌。民族传统体育是融合多种民族体育文化形成的一种文化形态，是各民族传统的养生、健身和娱乐体育活动的总称，强调个人的文化参与发展。因此，无论从民族传统体育的文化创造还是从其文化发展，都蕴含了地域的特色。地域影响民族传统体育的发生发展，具体来说，就是山水、动植物、地理环境、特定地理和气候下所发生的自然现象等影响民族传统体育的发生发展。

某一地区的一个民族或几个民族所处的区域环境以及由区域环境而带来的自然条件不同，使其各个民族都在自己文化背景之上形成了有别于其他民族的传统体育活动方式，这就是民族传统体育的地域性特征。民族文化的形成需要有一定独特的文化空间。由于自然地理环境、天气特征、经济形式、社会结构、道德伦理、民族心理等文化存在的文化生态环境不同，形成各异的民族文化及各具特色的体育活动。

仡佬族主要居住在我国的西南地区，处于云贵高原之上，具有明显的山地特征，平坝较少，大多数少数民族或居住在山上，或居住于山脚，或居住溪流涧边，他们根据自己所处的地理环境，在满足自己生存需要的同时，也根据自己身边的自然环境和对自然环境的观察创造出许多适合自己生存发展需要的体育项目。仡佬族传统体育项目以大自然的山石、竹子为活动载体。譬如打陀螺、报鹅蛋、撵母猪窝等项目中使用就是大自然的产物——石头。打陀螺是人们喜爱的一种体育文化活动，它有木质，也有石质。石陀是一种体育活动的器物，也是古代原始人狩猎的工具。在弓箭没有发明之前，人类就利用投掷石块来猎取动物，为了获取更多的猎物，他们就常常使用石陀螺来进行精准度的练习。这时简单粗糙的石陀螺具有巨大的威力。随着弓箭的出现，石陀螺的功能就发生了变化，由狩猎的工具演变成为体育活动的器具。

仡佬族的高台舞狮、打“篾鸡蛋”、踩高杆、顺风耳、打秋千等均与当地产的竹子有关。高台舞狮的狮子、篾鸡蛋和秋千的绳索都是由竹篾编制而成，踩高杆由竹子组成，顺风耳的竹筒都与竹子有关。打“篾鸡蛋”在贵州遵义、仁怀、织金县大营乡一带颇为流行，主要在农历正月初一至十五期间或在农闲季节开展。打“秋千”活动，分为打“甩秋”和打“磨秋”两种，于贵州遵义和广西隆林一带盛行。“甩秋”是用绳索悬挂在空中悬荡，青少年打起甩秋，前后晃荡，腾空而过，就像飞人一样。在特殊的社会历史背景下，仡佬族传统体育文化遗产的山地性特征反映了他们祈福和追求向往美好生活的民族思想及精神。

（二）宗教性特征

仡佬族的崇拜与信仰以其祖先为主，同时也崇拜山神、大树神和土地神等自然神灵，而有的地方受汉文化影响较早，部分仡佬族群众也信仰道教、佛教。仡佬族崇拜祖先，是他们心灵世界中最重要的一部分。他们的祭祀活动基本是通过农历腊月三十、正月初一、正月十五、三月三、五月五、六月六、七月十三、八月十五等节日进行。但是各地仡佬族祭祀祖先的方式各不相同，有明显的地域差异。自然神的崇拜则是以三月三祭山神和大树神为主，有的聚集地区祭“宝王菩萨”。仡佬族人相信世间万物皆有灵，认为祭祀它们就可以得到神灵庇佑。在仡佬族的民神崇拜中，家龛是用来供祀儒、释、道三教圣人的。打“秏子”，是务川仡佬族新年时候的一种民间体育活动。这种活动既有娱乐性，也带有宗教色彩。参加活动者多为少年儿童，有时也有成年人参加。人数最多时二十个，最少的也有七八个。一般是在正月初十至十五这段时间举行。打“秏子”的宗教性色彩，是因为活动本身表达了人们的思想信仰，反映了一种比较牢固的把希望寄托于神灵的意识。而每当年过古稀的老人大病初愈之后，亲人们就要聚集在堂屋跳“牛筋舞”，这是尊敬老人，向老人祝福的一种传统娱乐方式。牛筋舞是由大姑爷来主跳，女性亲戚都要来陪跳。主跳者背着一个仡佬人用竹子编制的蒸笼，内放一只空碗，右手舞动着三条长约一尺的熟牛筋。陪跳者围成一圈，每人手里各拿一根筷子，找机会敲响空碗，敲中者赢，主跳者接受惩罚，必须喝酒一杯。如果敲不中碗，筷子被主跳人用牛筋打掉，陪跳人也要罚酒一杯。双方忽前忽后，左躲右闪，场面紧张热烈。舞毕，主跳者把熟牛筋和新鲜牛肉，首先献给年纪大的老人，祝愿老人健康长寿，身体强壮，大家也共同举杯向老人祝福。这些仡佬族传统体育项目所体现的宗教文化色彩，其实也是仡佬人借助神灵来达到慰藉自身心灵的手段。

（三）普适性特征

普适性，是仡佬族民族传统体育经久不衰、日益丰富的根本原因。在仡佬族民族传统体育活动中，男女老幼均可参与许多运动项目。由于民族传统体育是各族人民在长期生产生活实践中发展起来的，其竞技性和健身特征就与人们的生产生活紧密联系了起来。其普适性特征主要体现为以下两点：

一是项目内容丰富，形式各异，其动作结构、技术要素、运动形式和运动量也各具差异，可根据个体需要选择适合自身的项目来锻炼。民族传统体育既可在逢年过节或庆典的时候进行，也可在平时生产生活当中进行，所以民众可以参与或者观赏。譬如打陀螺、打磨秋等，既可以是成年人玩耍，也可以是少年朋友游戏；也有小朋友喜欢的踢毽、玩娃儿龙和打金山银山等；还有成人的角力、智慧型的走五指及和尚棋等。在仡佬族聚居区，每到逢春节期间，“打磨秋”是一项传统的节日活动，参加者人数众多，包括一些青壮年妇女，呈现出一派欢乐气氛。

二是个体锻炼地点随意性，没有固定的场所。仡佬族传统体育活动部分起源于生产劳动和社会实践。因此，田间地头、住宅周边的坝子等，都是全方位的开放性的大舞台，可以随意性和应变性地转换空间，根本改变了体育活动的特定时空和位置，为更多的群众提供了参与条件。正是这种全景式开放性的场所，使不同族群与仡佬族的体育娱乐活动有着面对面的交流与接触，培养出了深厚的民族情感，扩大了群众基础，成为一种全民参与的群众性运动。如打“花龙”，“花龙”是用细小竹篾编成的小球，比乒乓球稍大，在里面装有一些碎碗片和一二枚铜钱或小颗粒石子，让它们相互撞击成声。打玩时，花龙坡上，两人一组，几十人甚至上百人聚集在平坦之地，不论男女老少都可参加。这种祥和互动的活动氛围，反映出仡佬族传统体育项目具有内敛性和包容性，也折射出仡佬族民族的和合精神特质。

（四）节日娱乐性特征

传统体育具有较强的娱乐性特征与传统的健康观，恰好符合了人们的节日诉求。与现代竞技体育相比，传统体育更偏重娱乐性和随意性。娱乐是人类在基本的生存和生产活动之外获取快乐的非功利性活动，包括生理上获得快感，更主要是指心理上得到愉悦。

仡佬族民族传统体育的娱乐性在于与音乐、舞蹈、游戏等文化艺术融为一体，具有优美的艺术表现形式和鲜明的民族特色。在长期的历史发展过程中，仡佬族形成了自己特有的传统节日。但由于聚居区的地域差异，各地节日也不尽相同。其中比较盛行而又极为隆重的节日有春节、拜树节、吃新节等，这些节日仍保持着明显的仡佬族民族特点，反映了仡佬族古老的文化遗俗。如在道真自治县三桥一带，正月间有玩“板凳龙”的习俗：两人一组共同支起一根板凳，在锣鼓声中，将板凳高举，在头顶上翻滚游荡，到一家家的院坝庆贺新春。而“高台舞狮”则是集娱乐、杂技、体育为一体的文娱活动。每到逢年过节或喜庆之日，道真、务川、正安一带的仡佬族都要表演高台舞狮，其表演者由狮子、猴子、笑罗汉组成，“高台舞狮”的“台”主要是桌子，即黔北农村最常见的摆在堂屋香龛前的大桌子。表演时将这些桌子层层叠起，一般七八张，多至十二张，有叠成“一炷香”（一张叠一张）的，有叠成“宝塔形”（下面几张桌子，上面逐渐减少），最顶上的一张四脚朝天。“狮子”是用竹子编成，糊上纸，挂上铜铃，披上鬃毛，眼眨眉动；口可张可合。狮皮用布缝制，饰以毛，尾部可摆动。

传统体育在娱乐享受和强身健体的同时，又是消除孤独与寂寞、拓宽社会交往、增进相互情感交流的“润滑剂”，使人产生积极向上、乐观开朗的心理状态。

三、仡佬族传统体育的文化功能

（一）文教功能

“文化只能是个人处于特定民族之中，经过各种方式教育而学会的能力，也就是说，文化与先天无关，它的延续不靠生理遗传，而是靠社会中一代代人之间学习模仿和教育示范。”

民族传统体育从产生到发展壮大，先天性地具有教育功能，在社会发展的过程中发挥着一定的作用。在现实社会中，仡佬族民族传统体育能够影响人们的价值观、伦理道德观、审美观以及行为模式。在生产劳动、节日庆典和日常生活中，人们利用肢体动作和身体行为传递信号、表达文化内涵，潜移默化地影响和教育下一代子民。

在人类发展历程中，仡佬族祖先用勤劳和智慧的双手，创造了灿烂的历史文化。长期的生产实践中，为了传播生产方式和生活经验，为了安排生产狩猎活动和分配生活必需品，为了最终的生存和延续历史，仡佬族祖先以付出生命代价来认知、了解和利用大自然，进而逐步掌握了相应的智慧能力，并在互相斗争中发现并改造，这才促使仡佬族传统体育文化的形成。在古代，仡佬族祖先居住在山洞中，他们一方面要从事生产劳动来获得食物，另一方面又要防御大型野兽的伤害，这就使得仡佬族先民需要利用工具来进行防御。所以就利用铁器打造了一种独特、方便的生产工具，一边是耙、一边是叉。耕作时用耙从事生产劳动，当野兽或外来侵害者侵扰时，则用叉作为防身自卫武器。后来，仡佬族已不需要面对野兽和外来侵害的侵扰，这种特殊而又方便的劳动工具逐渐变成了健身器械，劳动及自卫防身过程中的系列动作逐步演化，从而形成一套挡耙技术动作流传下来，随着时代进步和社会变迁，这套挡耙动作就成了现在比较规范且完善的传统体育项目。仡佬族民众通过挡耙活动的表演，既可以再现祖先的生产劳动场景，又可以展现传承现代民族体育活动，教育后代要牢记仡佬族祖先的艰苦生活，达到潜移默化的教育功能。

（二）社会传承功能

传承性是指民族体育文化在时间上传衍的连接性，即历史的纵向延续性。它是民族传统体育的一种传递方式。特定的社会关系和社会要求规定了人们对于文化遗产选择的自由度，也规定了先哲们对于先进思想资料进行诠释的性质。

传统体育是仡佬族文化的外在显现形式之一，民族文化常常可以通过传统体育活动来实现。仡佬族传统体育多能体现出这个民族与生俱来的“竹”的高贵品质和“合和”的民族精神。由于仡佬族大部分生活在云贵高原，受制于经济发展水平和文化教育程度，其传统体育成为仡佬族民族文化传承的一种重要方式。开展仡佬族传统体育，将传统体育中所隐含的民族习俗与心理价值趋向等进行有效的传承，可以达到有效传承民族文化的目的。

仡佬族自古属于农耕民族，主要是种植水稻。农业生产的重要时令，往往体现为各种节日。祭山、吃新、过年是仡佬族的三大传统节日，都要在庄严肃穆的祭祀之后举行盛大的文体活动。祭山一般在三月初三（也有的在三月首寅或首巳日）。祭毕，青年男女在山上进行对歌和其他娱乐活动。吃新节大多是在农历七月初七（少数在七月的第一个辰日）。仡佬年以腊月三十至正月初一为过年。过年期间，仡佬族群众要进行文体活动，主要以打磨秋、打鸡和打篾鸡蛋为主。打篾鸡蛋也称打竹球，据传，古夜郎时，仡佬族将其作为练兵的军事训练项目。随着社会发展，明清时期分为保窝蛋和打斗两种形式，现在比赛规则趋于完善，成为人们喜爱的娱乐项目。

仡佬族传统体育能强化对民族传统节日的文化记忆。文化记忆是一个民族或国家的集体记忆力，这是文化之所以保持民族性和地区性特点的根本原因所在。文化在时空中得到传承，必须通过文化的创造集体、受众集体来共同记忆，这种记忆往往具有相应的时机和方式。总体来看，人们通过节日、节令为主要传承时机，以活动、仪式为主要演示方式，对各自民族进行内在的文化认同和社会整合，以达到对外的文化公开和民族同化。就这个层面来说，仡佬族传统体育具有认识了解仡佬族先民生活与文化起源的现实意义。

（三）民族认同功能

王希恩把民族认同界定为社会成员对自己民族归属的认知和感情依附。仡佬族传统体育作为历史的积淀，在仡佬族社会中具有强大的生命力，它与仡佬族的生活环境、风土人情、民俗民风有着密切的联系。仡佬族民族传统体育是一种民俗文化，由于它的一些特性，创造了仡佬族内部的相互认同与和谐社会的价值。仡佬族传统体育是一种最易被本民族接受和认同的文化形式，注重培养人的身心健康和情感品质，成为仡佬族同胞与其他民族交流、增进友谊和增进团结的重要枢纽。仡佬族对于崇拜祖先和向往美好生活根植于人民心中，构筑成仡佬族人共同文化心理素质的一致性。其民间信仰祭祀文化承载着民族的生产生活理念，并赋予他们强烈的情感，升华为代表仡佬族的标志，形成常人易于辨别其他民族的特性，增强民族认同感，增进仡佬族的凝聚力，使仡佬族在适应新环境新时代下能够发展与传承。仡佬族的传统体育项目打篾鸡蛋、打欢喜团和高台舞狮等，不仅参与者人数较多，欣赏者更是“人满为患”，整个过程呈现出一片祥和、团结和热闹的场景。如高台舞狮表演时，一人扮“笑脸和尚”，一人扮猴，二人舞狮。先是罗汉、猴与狮子在地面、高台上相戏，作“雄鹰展翅”“燕子翻飞”“滚龙抱柱”“仙猴摘桃”“鲤鱼漂滩”“前空翻秀”“倒立人”等高难度动作。在“笑脸和尚”的逗引下，狮子上台，或直上，或绕台螺旋形攀升，到最高层时，就进行最惊险的“踩斗”，常常引来一阵惊叫，一阵掌声，一阵欢笑。仡佬族传统体育文化有助于民族性认同，通过体育项目的表演形式，与其他民族有了更多的交流与沟通，增进了各民族间的情谊和多文化的交往。

（四）个性补偿功能

新词语大词典中对补偿功能的解释为机体一定能力缺陷由其他高度发达的能力所弥补或代偿。

民族传统体育对人的个性发展的价值首先在于它的补偿性。在现有的信息化社会发展阶段，人们在工作范围内仍要消耗必要的体力和精力，对于具有自然属性和社会属性的个人来说，劳动不能是一种负担，而是个人发展的一种手段；另外，社会分工和工作职业的机械性、终身性还具有使人的个性碎片化的特点。而积极开展仡佬族民族传统体育活动可以使人从机械、单调环境中解脱出来，从而调节、摆脱、解脱和补偿由于劳动和工作所造成的枯燥感、疲劳感，使人的个性发展得到解放。同时，对个性发展的价值在于它的自主性，个体在民族传统体育活动中具有鲜明的主体性，不仅在民族传统体育活动时间里自主支配，体育活动的内容和形式都可根据自己的爱好、习惯、意愿与体育生活价值标准自由而定，寻求并建立起适合、适应自己需要的体育活动模式，促使人们将从民族传统体育的自主中开拓出发展个性之路。此外，对个性发展的补偿价值，在于它的丰富性，丰富多彩、形式各异的运动项目，以个体或群体的方式，通过与自然共处，与同类互动，达到需求感官刺激、追求自然宁静、体现冒险精神、检验自身能力、获得成熟感，结识新伙伴等满足个性发展之种种目的。无论是观赏，还是参与，民族传统体育都是通过感性的实践形式，使人们从中获得直接的感受和体验，这种体验对个性发展的作用比抽象理论要深切得多。

第二节 仡佬族传统体育文化的解读

一、仡佬族传统体育文化的内涵阐释

人类历史发展过程中，体育文化是一个动态过程，是整个人类社会文化的一个重要组成部分，而仡佬族作为我国的一个少数民族，其体育文化变迁过程，也凸显仡佬族的历史动荡与融合全过程。仡佬族传统体育文化作为我国体育文化的一部分，也具有体育文化的内涵。

（一）它是人类社会特有的社会实践活动

仡佬族在长期历史发展过程中，经历过多磨难和不幸；也就是人类从动物野性变成具有人性的过程。在这过程中，通过生产生活、宗教祭祀、军事斗争及教育传承等方式将动物的本能动作改变为人的自觉行为时，就形成了仡佬族人群特有的一种社会实践活动。仡佬族体育从它产生就具有目的性。体育目的是由人类和人类社会的需要决定的，任何人类社会的活动，无不以社会的需要和人类的需要作为其产生、存在和发展的依据。也可以说，人类的活动都是由需要而引起的，需要是人类一切行为的原动力，人类的各种行为则是为了满足才采用的方式。人通过自己的身体动作用于世界、认识世界、改造世界同时也改变人自身。人类在长期的社会实践活动中逐渐认识到身体运动对人类存在和发展的作用和意义，从而有目的有意识地创造改造了体育这一社会实践活动。体育作为人类社会的一种现象，是一种有目的、有意识的社会实践活动，体育是人类为了自身的存在和发展而自我选择的结果。

（二）它是由物质文化、制度文化和精神文化构成

仡佬族传统体育物质文化是仡佬族传统体育文化的根基，支撑、服务

于仡佬族传统体育制度、精神文化。它由仡佬族人民使用的体育场地、器械等基础设施构成，是可触及的物质实体，反映仡佬族传统体育基础设施状况。体育物质文化是仡佬族传统文化的物质基础，也是仡佬族传统体育活动开展的必要条件，更是影响仡佬族养成体育行为，培育体育理念的外在因素。制度文化是仡佬族人民在体育活动中形成一系列规范化要求，受规则制约及道德约束，让人们遵章守法，维护公正公平的竞争环境。仡佬族传统体育制度是仡佬族传统体育文化的保障层，为其体育文化可持续发展服务。广大仡佬族村民在传统体育实践中形成的组织机构、政策法规、活动规范等典章制度，折射出仡佬族传统体育的组织管理的程序。制度文化是组织与管理仡佬族传统体育活动，形成相关政策法规制度的依据，对仡佬族传统体育组织、体育活动具有规范、引导作用。精神文化层是仡佬族传统体育的核心层。它是由仡佬族村民在体育锻炼和对体育实践活动认识过程中长期孕育出的价值观、思维方式、认知心理等因素构成。它反映仡佬族人民参与体育实践的社会心理和意识。精神文化是建立在基础层的物质文化和保障层的制度文化之上，是两种文化层的升华。精神文化是仡佬族传统体育文化中蕴含着该民族的精神品质和文化特质，深刻影响着仡佬族人民精神世界和精神风貌，也是该民族精神的浓缩。

（三）它是以项目载体的形式存在

仡佬族传统体育文化是发展中形成不同的体育项目。在生产生活、劳动、军事和祭祀等活动中，先民创造出的体育项目，通过有形的身体肢体动作及动作技能和无形的个体意志、观念和社会时代精神反映出来。仡佬族传统体育文化反映出仡佬族的民族特征、规范人们的体育行为，影响着人们价值观念。

仡佬族的传统体育文化丰富而令人神往，传统体育项目主要有：高台舞狮、“狮戏”队、打磨秋、打“毛达”、踢毽子、顺风耳、牵羊摆尾、蒙瞎猫、抱鹅蛋、荡秋千、追“长毛”、丢窝儿、打金山银山、撵母猪窝、打陀螺、烤核桃、打篾鸡蛋、牛筋舞、傩戏、挡耙、跳海等。仡佬族传统体育文化由于所处自然环境、宗教信仰和战争等的影响，其表现形式也有所不同，根据它们的表现形式及功能来看，主要分为宗教祭祀类、竞技对抗类、技能表演类和嬉戏娱乐类四种类型。

（四）它具有运动、社会属性

仡佬族传统体育文化是一种文化现象。运动属性表现在仡佬族传统体育的展现是依靠身体肢体动作形态的动态变化及相关动作技能表现。

体育运动的运动属性主要考察体育运动对人体的影响和作用，其实质是通过体育之手段使参与主体有机体的各器官系统功能协调发展。它要求练习者努力记忆结构动作的方式、速度、幅度、节奏，还要求练习者在实际练习时通过重现动作之间的联系，以及完整技术动作的先后次序和外在形象，以联想和再生的方式在头脑中组成一整套正确技术动作的运动表象，准确无误地按照练习所要求的要领去训练。此过程甚至可以说是对人最原始自我本性的终极锤炼。体育运动创造出无愧于自身主体本性的物质财富（身体健康）和精神财富（心理健康）。

体育运动能使参与者体验快乐，欣赏者享受释放。体育运动为人们情感的伸展和不良思绪的排解搭建了一个尤为宽广的展示舞台，为人们提供了一个充分释放“人性”的空间，使人们某些攻击性的“内驱力”和“欲望”，通过运动手段得到安全而自然的释放。

社会属性在个体层面上，则为仡佬族自身发展过程与社会互动的过程；在群体层面上，则为与其他民族的社会发生关联互动的结果。

现代体育运动作为一种社会活动，必然要和其他文化形态进行交融和渗透，并通过这种交融和渗透而具有了较强的社会意义和社会功能的属性。其一，体育活动可有效地促进人的社会化进程。体育这种非语言手段为主的交往方式，为不同文化背景下的人们提供了更多的交往机会。其二，体育运动的社会交流表现为一种社会关系的交往。尤其是在国际交往活动中更为彰显。作为体育运动，最大限度地拥有人类无差别性、最少争议和歧见的国际性语言——肢体动作，吸引人类共同参与。正是以这种人类最大限度的无差别性的肢体动作语言为基础，才取得了对世界所有文明最大的包容性，使人们在这块特殊活动的领地里相互沟通和理解，促进了团体和个人的相互联结或社会的相互联结。体育运动已成为推动人类文明发展和交流的非常有效而重要的载体。体育运动作为一种积极的人类行为和特殊的社会文化现象，在推进生态文明、构建和谐社会的进程中，具有独特的作用。

二、仡佬族传统体育文化内涵的解读

仡佬族传统体育既是稳定的物质精神文化，又在历史环境变迁过程呈现出多元的差异。这种在保护传承渐进发展过程中，使得仡佬族传统体育文化有浓厚的文化内涵。

（一）精神内涵层面：包容和谐

在中国的语境里，包容应该归类于儒家“仁爱”的范畴，就是说，只有“仁”，才有包容。孔子把“仁”作为较高的道德原则、道德标准和道德境界。“仁”是儒家思想与道德伦理中的核心和基础，因此，包容，是儒家修身养性的首选。在现代的实用主义上，包容，应该是家庭和谐、社会和谐、世界和谐的前提，但，在现代的中国，包容十分脆弱，极容易被利益取代与破坏。

包容，即宽容、容纳，一方能容忍另一方在非原则问题上的不足或缺点，从而达到团结共事，和谐相处，从这个意义上来讲，包容的本质就是一种内在的活力和无形的力量，它能把人与人之间的远距离拉向近距离、拉向零距离、拉向亲和，进而使人际关系从根本上得到改善，亲如一家，做到在思想上相互沟通，情感上相互理解，学习上相互交流，工作上相互支持，能力上相互补缺，换位思考互相筑台，形成合力共创事业辉煌。然而，在当前的社会转型期，与包容相悖而引发的各种格格不入的矛盾和不良现象常有发生。

“和谐”包括“和”与“谐”，从字义上来讲，两者完全相同。

“和”在传统文化中是非常重要的概念，也是核心精神。“喜怒哀乐之未发谓之中，发而皆中节谓之和。”　“中”用得恰到好处，就能达到“和”。达到“中和”状态，就会“天地位焉，万物育焉”。在中国文化里，“和”是生命的本源。中国没有神造万物的理念，都是自然生存，天地阴阳之气达到“和”的状态，就会“万物生”。生命的维系也要达到“和”的状态，在养生理论中，破坏了“和”的状态，就会生病。

《论语》里也讲道，“君子和而不同”。“和”不是单一，恰恰是多元并存。相反、对立的力量达到平衡，就是和谐的状态。“和”不排斥“不同”，反而包容“不同”。中国传统文化中核心的内容就是相反相存，事物总是有两个方面。相反的事物相存，就达到了和谐的状态。

和谐的本质是平衡、协调，是互利互惠、共同发展的社会关系。

“和谐”既是价值观念，也是一种状态、一种目标。如何达到，就是需要“中”，掌握这种不过不及的标准和实践原则，要包容、相互尊重。

我们治理社会，要达到“和”的状态，就是要按照“中”的标准。荀子的《不苟》提出恰如其分是最好的，庄子的《刻意》提出人得自然而然，不能刻意去做。要达到“和”，就得避免“苟且”和“刻意”。治理国家也一样，不能为了政绩而去刻意否则就会造成最大的浪费。

中国作为一个文化认同的国家，就是互相尊重文化和习俗，不要试图去改变彼此。相互尊重才能相互并存，达到“和”的状态。

仡佬族传统体育受中国传统文化的影响，仡佬族崇拜祖先，奉祀蛮王老祖，认为万物有灵，故信奉多种神灵。清代渐习汉俗，崇奉佛、道、儒三教。佛教是世界三大宗教之一。佛，即觉者。佛教重视人类心灵和道德的进步和觉悟。道家以老子、庄子为代表。它崇尚自然，有辩证法的因素和无神论的倾向，主张清静无为、反对斗争；提倡道法自然，无所从容，自然无为，与自然和谐相处。中国儒家文化主张由内到外去驰求，通过成己成物，从内在发掘整个世界，这也形成中国传统文化的主体精神或基本精神。仡佬族传统体育文化也受到这三种文化的影响。仡佬族传统体育文化的精神内涵有别于西方体育那样过于注重“物质”“竞争”“超越”，它包含道、儒及佛家等深邃的思想内涵，形成了一种注重“和谐”“整体”“由外及内”实现道德升华的基本精神指向。

他们的祖先崇拜与自然神崇拜现象不论从现象或本质上看都是人与自然的协作关系升华为民族的内在精神，并通过一系列的节日祭祀活动达到人神共娱，亦即人与自然和谐一致的境界。这种自由精神的追求主要取决于该民族对人与自然关系的理解基点。仡佬族认为自然是无限大的，不要与自然为敌，要时时调节自己去与自然保持和谐一致。在与自然不顺应时采取一系列活动调整自己的行为，把自然视为是有神性和灵性的生命圣灵并加以崇拜敬畏和祭祀，使自己与自然达成某种协调关系。他们对自然的理解，其思维方法是拟人化内推法，以人本主义为中心去理解自然界的万事万物，推己及物，从自身出发，认为自然也如我一样，拥有意志。

仡佬族舞蹈有芦笙舞和踩堂舞等。芦笙舞是在节日时跳，踩堂舞则是仡佬族的一种丧葬仪式。跳踩堂舞必须在停放死者的堂屋中进行，表示哀悼和怀念。在安顺市黑寨、弯子寨和平坝县大狗场一带，还流行着一种地戏，一般在春节或吃新节和重大喜庆时进行。演唱的内容，多以古代故事为主。在务川、道真、正安、石阡一带的仡佬族中，还盛行“傩”戏。这种古老的戏，起源于古代人们以驱鬼逐疫为目的的傩祭，以后便发展成为傩舞和傩戏。

仡佬族体育娱乐活动丰富多彩，最为群众喜爱的有打“篾鸡蛋”、打“花龙”、打秋千等。黔北道真一带的仡佬族，每逢年节喜庆，均要表演高台狮舞。居住在广西隆林弄麻的仡佬族，一旦年过古稀的老人大病痊愈后，亲人们都要聚在厅堂跳牛筋舞，祝老人健康长寿。

（二）理念内涵层面：孝义忠勇

孝义解释为行孝重义。《新唐书・太宗皇帝》：“赐孝义之家粟五斛。”《宋史・孝义传・郝戭》：“聂事舅姑亦以孝义著。”明高明《琵琶记・一门旌奖》：“耀门闾，进官职，孝义名传天下知。”

忠勇解释为忠诚勇敢。《后汉书・李固传》：“自非博陆忠勇，延年奋发，大汉之祀，几将倾矣。”《新唐书・白居易传》：“度为人忠勇，可尝一面。”陈衍《元诗纪事・张玉娘》：“丈夫则以忠勇自期，妇人则以贞节自许。”柔石《二月》一：“城内的敌兵，见这边有这样忠勇的人，胆也吓坏了，他们自己逃散了。”

仡佬族传统体育文化的理念层面是重视民族文化的伦理价值和社会价值，把精神情感放在首要位置。因此，孝义成为体育追求的最高层次。仡佬族传统体育文化在表面浅显表现出直观的肢体语言动作，在其背后蕴含着仡佬族的道德思想和运动理念。牛筋舞则表现仡佬族人民孝敬老人，向老人祝福的随意动作。

尊敬老人是每个人必须履行的道德义务。作为一个晚辈，是否自觉履行这一义务，是人们对其进行评价的重要标准。凡是对老人有礼貌，虚心向老人学习生产和生活技能的人，总是受到人们的称赞，反之，便会受到指责或贬斥。仡佬族有尊敬老人的社会风尚，不少习俗如“跳牛筋舞”向老人祝福以消灭灾祸和出嫁女儿为老人养“祭父母牛”等，就反映着这一良好的社会风尚。以社会发展的程度来看，仡佬族社会尚处于以传统的农业生产方式为主要特征的阶段，这种生产方式决定了老人在社会生产和生活中的主导地位。代代相传的生产和生活经验，是仡佬族社会传承中最核心的部分。老年人在这些方面积累了丰富的经验，他们在仡佬族社会的生产和生活中担当着管理者和组织者的角色，处于非常重要的地位。不尊敬老人，不虚心向他们学习，年轻人就难于掌握生产和生活技能，也就难以在仡佬族社会中生存下去。

（三）功能内涵层面：自强坚韧

自强，汉语词汇。亦作“自彊”。自己奋发图强。出处：《楚辞·九章·怀沙》：“惩连改忿兮，抑心而自强。”

自强是一种精神，是一种美好的品德，是一个人活出尊严、活出人生价值的必备品质；是一个人健康成长、努力学习、成就事业的强大动力。自强是在自爱、自信的基础上充分认识自己的有利因素，积极进取，努力向上，不甘落后，勇于克服困难，做生活的强者。树立自强的目标有助于克服意志消沉、性格软弱，从而振奋精神，担负起时代赋予的重任。

坚韧，汉语词语之一，反义词是脆，坚是指牢固、坚固、强固有力而不易摧毁；坚韧指在遭遇身体及精神困难、压力时，坚持而不放弃的忍受力，即面对危险与灾难时精神的坚定、坚强的耐受力、勇气和后劲。

仡佬族传统体育具有文教、娱乐、代偿等功能。文教功能主要体现先民在学习体育项目并在表演时，所体现出的自强精神。高台舞狮的学习，不仅需要个体要有超强的胆识，还要有坚持不懈的努力练习，方能完成该项目表演。娱乐功能主要是仡佬族人民在祭祀祖先或其他节日中，表现出宣泄情感，追求内心的慰藉，体现出性格的韧性。我国传统文化讲“天行健，君子自强不息”。这追求的是一种敢作敢为、奋斗不止的拼搏精神，与仡佬族传统体育文化是一致的。仡佬族传统体育具有挑战自我、超越自我的角力、傩戏、高台舞狮等项目。这些项目能够充分挖掘和发挥人的潜能，看出“生”的力量，充分显示了仡佬族人民的智慧和勇敢，体现出对民族精神动力的完美追求。

价值观是人们关于客观事物和人的行为及其后果好坏的评价观点。每一个民族都有建立在自己的历史和传统上的价值观念体系，用以对客观事物和人的行为及其后果进行评价。

在现实生活中，仡佬族对人的行为的价值评价主要采用勤劳勇敢、诚实正直、聪明善良和循规守礼等尺度。一个人的行为，只要符合这些尺度，就被认为是一个具有健全人格的人，就是一个在仡佬族社会中可以信任和委以重任的人。勤劳勇敢是仡佬族的传统美德。“蛮夷仡佬，开荒辟草”的民谚，反映着仡佬族先民不畏劳苦、开山造田的英雄业绩。试想仡佬族的祖先，使用着非常简陋的工具从事生产劳动，没有勤劳勇敢、坚韧不拔的精神，是不可能在贵州开发史上占据如此重要地位的。此外，由于历史上反动阶级对仡佬族的民族歧视和压迫，使仡佬族被迫放弃良田沃土，迁居于条件极为恶劣的地方。贵州各地流传的民谣——“高山苗，水仲家，仡佬住在山旮旯”，是仡佬族居住条件的真实写照。仡佬族大多居住在高山多岩的地区，土质薄，水源缺乏，交通不便，求生不易，不付出艰苦的劳动，辛勤耕种和劳作，就不可能生存下去。正是这种艰苦的生活条件，锤炼了仡佬族勤劳勇敢的品质，使勤劳勇敢成为整个仡佬族社会评价人们行为的重要价值标准之一。

（四）动力内涵层面：开放创新

开放，多表示张开、释放、解除限制等含义，现代常见有开放政策、开放发展模式、开放式基金等。

开放，主要是指对外开放，对外开放是我国的一项基本国策；而在广泛意义上，开放还包括对内开放。改革开放是中国共产党在社会主义初级阶段基本路线的基本点之一，是我国走向富强的必由之路。

创新是指以现有的思维模式提出有别于常规或常人思路的见解为导向，利用现有的知识和物质，在特定的环境中，本着理想化需要或为满足社会需求，而改进或创造新的事物、方法、元素、路径、环境，并能获得一定有益效果的行为。

创新是以新思维、新发明和新描述为特征的一种概念化过程。其起源于拉丁语，有三层含义：第一，更新；第二，创造新的东西；第三，改变。创新是人类特有的认识能力和实践能力，是人类主观能动性的高级表现，是推动民族进步和社会发展的不竭动力。一个民族要想走在时代前列，就一刻也不能没有创新思维，一刻也不能停止各种创新。创新在经济、技术、社会学以及建筑学等领域的研究中举足轻重。

从本质上来说，创新是创新思维蓝图的外化、物化。

开放创新是面向知识社会的下一代创新，即创新 2.0 的重要特征。开放创新强调多主体的参与以及外部知识资源对于创新过程的重要性，并要求从内部和外部两个渠道加快技术研发和商业化速度，是如何能够借用别人的思维、方法、成果和方案结合到本身的项目中，降低科技和产品的研发成本和研发周期，带来更高的效益和利润指标。

仡佬族民族传统体育文化的发展史，可以看作是多个民族的文化交流史，也可以看作是对外开放的文化交流史。仡佬族民族传统文化的发展是具体的、历史的，也是多地域、多民族，而且是多层次的。仡佬族民族传统文化是西南地区、多个民族互相融合，在相互融合过程中，必然存在着互相的交流影响，而就是这交流互感，恰恰是中国传统体育文化发展的推动力。仡佬族传统体育文化的交流，有利于促进民族传统体育的融合，也正是在各民族生息繁衍和相互交流中，积聚了仡佬族传统体育发展的内驱动力。

第四章

仡佬族传统体育文化发展面临的困境

愈是民族的，愈是古老的、传统的，就愈是中国的、世界的，这个观点已经被越来越多的人承认并接受。当一些丰富的民族资源已经被邻省（如云南、广西等）广泛地用作旅游开发时，在文化历史悠久、民风淳朴的贵州，却还一直以她神秘和独特的民族文化吸引着外界的关注。近年来，一出“多彩贵州风”，在全国掀起了一波波既有深度又有广度的贵州民族文化宣传活动，一如国酒茅台，在新世纪的今天，一经时代的钥匙开启，那股清香与醇厚，沿着改革的大风，吹遍全国，吹向世界。当苗乡风情与侗族大歌大红大紫之时，仡佬族文化却还“养在深闺人未识”：这个贵州古老的民族，这个夜郎国的大王族，以她古老的传说、深厚的文化和独特的民风吸引着人们的强烈兴趣。深入历史和民间，我们在感叹其文化神奇和厚重的同时，也对流失的仡佬文化怀着深深的担忧。

仡佬族传统体育源于仡佬族先民的生产与生活，其植根于仡佬族悠远而厚重的文化沃土之中，是一种可传承的民族文化形式，并在其传承的过程中体现着自身的文化价值。

任何一种传统的体育文化都经历过一段漫长的发展历史，它在开始时与狩猎、御敌、生产方式、生存繁衍、宗教祭祀等群体、民族的社会生活有关，后来随着社会的发展，逐渐被群体或民族中的多数人所接受，并世代相传下来，成为一种在一定范围内对人们生活具有一定影响的比较普遍的文化现象。近几年来，经过民委、体育局、学校等相关单位的共同努力，挖掘和整理了部分濒临消失、消亡的传统体育项目，并获得优异的成绩。2010 年、2011 年 9 月，《仡佬族武术》分别在贵州省第七届民运会、第九届全国民运会中荣获银奖、铜奖；2014 年 10 月，《仡佬族推铁环》在贵州省第八届民运会中荣获铜奖。这些成绩的取得，对仡佬族传统体育的传承、发展起到了很大的推动作用。另外，遵义市各级部门也在近几年逐渐注重对仡佬族文化的挖掘与宣传，如每年农历七月中旬在仡佬族聚集的乡镇、村寨举行传统的“吃新节”活动，活动既包含了传统的祭祀活动，又包含了仡佬族文化的展演，无形之中传承着仡佬族优秀的传统文化。即便如此，通过调查了解到，目前仡佬族传统体育在贵州的发展现状令人十分担忧。由于当地经济、文化、传承方式等因素的影响，其发展还存在着以下几点问题：

第一节　传承方式的因素

年轻人不仅是民族传统文化的继承者、现代文化的接受者，还是将传统文化与现代文化有机地融为一体的实践者，他们是文化传承必不可少的主体。从目前的状况来看，大多数人比他们的父辈眼界开阔了许多，知识增加了许多，新思想和新玩意也多了许多，这一方面得益于少数民族地区推行义务教育，另一方面得益于大众传媒的逐渐普及。新中国成立以来，尤其是改革开放以后，大众传播媒介，如书籍、报刊、广播、电影、电视等开始在民族地区出现，这对人们接受现代文化有着潜移默化的影响。但是，在田野调查中我们发现，接触和接受现代文化观念越多的年轻人，对传统文化的了解就越少，对现代文化越是感兴趣的年轻人，对传统的依恋就越少。

但是，我们在贵州的一些地方却发现，不少年轻人不愿穿自己的民族服装、说自己的民族语言，不愿对外人说自己是少数民族。为什么两地之间会有如此大的反差？反复研究后，我们发现，对自己民族的文化价值缺乏认识，对本民族传统的审美价值观缺乏自信，在与主流文化的交往中怕被人瞧不起的担忧等因素是其深层次的原因。

当然，民族服饰的消亡并不意味着民族文化的消亡。不同的文化总是在交流中获得发展的，而这种发展的直接动因有时就是来源于文化的差异性，来自人们在发现差异后对自身文化的一种重新评价和重新认识。当人们生活的社会允许重新选择时，人们就会进行重新选择，文化的变化就开始了。当一种文化不能满足人们的需要，而他们面前又有另一种文化能满足人们日益增长的需要时，人们便很容易放弃逐渐不能满足他们需要的传统文化，而选择能够满足他们需要的文化。应该看到，人们接受一种文化，并不是在一夜之间就全盘接受，文化的变化往往是从服饰、语言、建筑等方面开始的。

但与此同时，我们更应该看到，因文化的差异性而导致文化的变异往往有两种结果：一种是外来文化的某些要素被传统文化所吸收，另一种则是传统文化被外来文化所同化，随着时间的流逝，传统的文化将不复存在。如果作为文化传承主体的年轻人们，没有足够的理由相信本民族的传统文化中具有现代意义和世界文化价值的文化精华，他们即使对本民族的传统文化充满热爱之情，也很难让他们理直气壮、充满自信，将传统文化的弘扬和发展作为己任。

贵州少数民族文化是自然经济时代的产物，无论人们的生产方式还是生活方式，都带有明显的农耕文化色彩。在自然经济条件下，这种文化无疑有其积极的意义。但是，自然经济条件下产生的民族传统文化显然很难适应现代化发展的要求，例如求同性的思维方式在贵州少数民族的传统社会中，是一种具有普遍意义并为社会和大众所遵从的思维方式，它对传承文化具有积极的意义。但是，这种单一的思维方式和现代求新、求异、求创造的思维方式不相适应；又如善良、朴实在贵州少数民族传统社会里是一种美德，它对建立人与人之间和谐的社会关系起着积极的作用，但在市场经济条件下，仅有这些显然已经不够；再如少数民族文化中有与自然和谐共处的天人观，但它只是一种由于科学知识缺乏和生产力水平低下而对自然的恐惧和依赖的产物，只是在一种被动的处境中理解人与自然的关系……这种文化传统仅仅为少数民族地区可持续发展的现代发展观的形成提供了很好的文化土壤，因此，民族传统文化必须在发展中注入现代要素。

但是，民族地区的现代化不能脱离传统文化，传统文化是民族的重要特征，是民族共同体生存和发展的重要条件。一个民族的传统文化，是该民族成员世代传承相沿的共识符号，是该民族共同体内聚和团结的象征，它是体现民族特点不可缺的要素，构建着民族的深层心理，联系着民族的过去和将来。传统文化的消亡意味着民族的消亡，因此，民族的发展只能建立在传统文化的基础之上，这是民族发展的需要，也是民族文化发展的内在要求。

少数民族的传统文化是长期积累传承的结果，它有机地存在于该民族的社会中，协调并维持着社会的平衡，对社会的发展有着调适、整合的社会功能，新的社会秩序、道德伦理的构建都离不开本民族的传统文化。因此，传统文化是我们建设和谐稳定的现代社会的精神动力。

经济问题的解决并不意味着民族问题的解决，不考虑传统文化的惯性而一味追求经济发展导致的社会稳定问题已屡见不鲜。因此，西部大开发中对民族地区经济社会的发展，必须充分考虑传统文化的传承与发展问题。完全抛弃传统和放任自流的做法，既不符合少数民族自身发展的需要，也不利于民族地区的稳定和发展。

历史已经跨入新的世纪，现代化浪潮一浪高过一浪，少数民族文化的变迁是不可避免的，也是必需的。但是，传统的不一定都是落后的，现代的不一定都是完美的。随着西部大开发的推进，少数民族文化的变迁还会来得更猛烈、更深刻。西部大开发对贵州少数民族文化的发展既是一次难得的机遇，也是一次严峻的挑战。一方面，随着大开发的推进，现代文化将越来越深入和全面地影响民族地区，为促进民族文化的开放和交流，增强民族传统文化的现代性，发展和繁荣民族文化创造了可能；另一方面，随着大开发的推进，民族传统文化与现代文化的冲突和矛盾将进一步加剧，民族文化的传承受到极大的威胁。在这种情况面前，如果处理不好，措施不当，势必将影响民族地区社会稳定和经济文化的繁荣。因此对传统文化中的积极因素进行保护和引导，是当前一项十分重要而不容回避的任务。

封闭的传承方式限制了其传承和发展。纵观历史，并不是所有的民族传统体育项目都能够得到传承和发展，现在流传下来的体育项目也是经历史淘拣、优胜劣汰保留下来的，应该说这些项目都是仡佬族优秀文化的代表，也是仡佬族人们生活方式、精神世界的外显。但是，当下由于传统封闭的传承方式使得这些体育项目面临着失传的危险。例如，在安顺西秀区湾子寨的仡佬族挡耙、棍术、板凳拳等由于技术动作多而繁、没有拳谱，其传承为言传身教的家族式、师徒式的传承方式，又受到传男不传女、传内不传外传统思想的限制，而且其传承人的年龄已高，很多技术动作已经遗忘或记忆不清、不全，习练者极少，湾子寨的仡佬族武术的传承和发展空间面临极大的困境。

第二节　社会发展的因素

当代世界是一个经济全球化、政治多极化、文化多元化的时代。科技的飞速进步和经济的繁荣发展，强烈地撞击了人们原有的价值观念。有人认为，在这样的冲击下，人类的许多游戏规则将会改变。美国学者尼尔·波兹曼在《娱乐至死》一书中指出：后现代社会是一个娱乐化的时代，电视和电脑已在替代印刷机，图书所造就的“阐释年代”正在成为过去。经济的发展，物欲的刺激和享乐主义滋生，使人们更加注重追求时尚、娱乐和休闲。就选取何种健身运动来说，人们更喜欢选择那些时髦的、有趣的、实用的、轻松的和有刺激性的体育运动项目。相对而言，诸如中国武术这样的体育运动却远离人们选择的视野。它需要“冬练三九、夏练三伏”“铁杵磨成针”的坚强毅力，它更需要克服枯燥、甘心吃苦的耐心。再加之，现代竞技武术的标准化、规范化忽视和远离了武术固有的攻防技击特点，使得武术拥有的人群越来越少，尤其在城市里，许多青少年把兴趣投注于外来的“跆拳道”“空手道”“瑜伽术”“踢踏舞”“健美操”等。有报道说，跆拳道已经把中华武术“踢”出了“都市时尚”。当然也有报道说，当国内的青少年热衷于跆拳道、瑜伽的时候，一批洋学生却津津乐道于中国功夫的“过招”。

谁也不会否认民族传统体育的文化魅力和价值功能，但在当今形势驱使下，民族传统体育如何传承、如何发展已成为亟待解决的严重问题。

乔晓光先生说：“一种文化的兴衰往往依赖于拥有这种文化的人数。”今天，中华民族优秀的传统文化正承受着多方面的冲击，也正在面临着流失。“陕北老婆婆手中的剪纸，肚里那些古老的花样已不再是村中女娃们热衷的东西”“陇东的皮影戏正在和电视作着顽强的抗争”“纳西古乐表演舞台上，老艺人的遗像一年比一年多”“靠口传记忆傩戏的老人们正在讨论明年谁来出演”？所有这些都会令热爱华夏民族文化的人们为之担忧。

还有，当韩国的电视剧裹挟着全球化的浪潮长驱直入的时候，而我们的优秀国产剧却相比之下显得尴尬冷清了许多，在收视率上难以与韩剧分庭抗礼。其中一个重要的原因是在韩剧中体现了鲜明的民族精神，渗透了中国传统文化的精神，找到了中韩文化交融的契合点，加上其真实的生活场面、浓烈的人情世态和真切质朴的表演，让中国的观众受到感染。“韩国是一个有着典型东方文化的传统国度，韩剧中所流露出来的风俗、人情世态和文化蕴涵，足以使人们真切地领略到东方文化特有的意味和无穷的魅力。从某种意义上来说，这也正是‘韩潮’在中国热起来的原因所在。”面对韩剧的风靡，我们却没有在深思之后发掘自己的民族文化内涵，反而东施效颦地克隆韩剧，创造着戏说剧的数典忘祖，涉案悬疑剧的弱智平淡和一系列荒唐蹩脚的青春偶像剧，显得不伦不类，使自己的民族文化陷入被动和流失的境地。令国人大感意外和大跌眼镜的是，据《文汇报》报道，在今年举行的复旦大学汉语言文字大赛上，夺得第一名的竟然是留学生队。这一结果不仅让评委们大失所望，也让许多长期从事汉语教学的教师感到十分的吃惊。虽然一次比赛的失利并不能代表水平的优劣，但目前汉语言文字在我们的大学生中没有受到重视，我们的年轻人倾心于国际化的时髦，更追求网络语言的新奇，对汉语的感情和驾驭能力表现出了令人遗憾的乏力。在成为时尚的“双语教学”的引导下，我们的民族母语逐渐向应试教育妥协以及母语文化的严重流失，也已经成为不争的事实。

全国政协委员、中国民间文艺家协会主席冯骥才在“两会”期间接受采访时所说“民间文化的传承人每分钟都在逝去，民间文化每一分钟都在消亡”。目前我国非物质文化遗产的现状令人担忧，有许多中华民族传承已久的口头与非物质文化遗产正在逐渐走向消亡或者已经消亡。

相对封闭的社会文化环境，是贵州少数民族传统文化能够在代与代的传承中保持其稳定性、完整性、延续性，并在整个社会发展中呈现出再生特性的客观条件。随着现代化特别是西部大开发的推进，随着交通设施、通信设施的建设和完善，随着商品经济向纵深发展，少数民族地区在过去由于地域和时空的限制以及历史原因造成的社会生活和文化生活的相对封闭性被打破，文化传统对于社会成员文化选择的唯一性被打破，社会成员对文化有了更大的选择空间，文化的稳定性将受到冲击。与此相连，传统文化的稳定性和完整性也受到威胁，当社会成员接受有别于传统文化的文化时，传统文化便出现变异的特征。这种变异发生在少数社会成员身上时，传统文化依然能保持其稳定和同一，这种变异一旦发生在大多数社会成员身上时，传统文化便失去了它原有的稳定性和绝对的权威性，文化传承就会面临威胁，传承链在某些环节就会出现断裂。文化的变迁是不可避免的，但是，在现实生活中我们发现，不仅一些落后的东西逐渐被先进的东西所代替，一些优秀的文化遗产也面临逐渐消失的危险。

现代文明的冲击使其生存空间受到极大的挑战。随着社会经济国际化、全球化的不断发展以及城镇化不断向边远山区村寨的推进，现代网络、影视文化和西方体育文化快速的传播与普及，在各仡佬族村寨的居民生活方式与生活理念发生了很大的转变，现代的各种娱乐方式也进入各村寨。当前，西方体育文化已经成为他们的主流体育文化，如田径、篮球、足球、羽毛球、乒乓球等项目。其参与练习的人数占有相当大的比重，西方体育中的平等、竞争、休闲等运动健身理念也已日渐深入民心，仡佬族传统体育生存空间受到了极大的挑战。

民族体育文化，是一个民族传统文化中的显性特征，也是一个民族区别于他族的表层符号，是族群内部自我认同的一个桥梁与纽带。由于仡佬族文化的形成不仅受到所处自然地理环境的制约和影响，而且还受到不同时期、不同历史形态下的政治、经济等因素的影响。今天的仡佬族文化，正是继承了其原有的传统文化，也叠置了周围诸多民族的文化特征，从而形成民族文化。而长期以来，由于仡佬族在历史处境的弱势地位，被追赶到深山野箐之地求生存，没有文字记录他们的生活历程，因此，张济明先生在调查仡佬语时就发现，仡佬族有30多万人是用汉语或其他民族语言交流，他们不会说自己的母语，只有不到1万人能用本民族语言交流，还有1万多人只会说一部分母语。其体育的状况也相类似，他们所进行的体育项目，大多数在其他民族中也有类似的项目，在文化表达与解读上，大多融合了多种民族民俗文化，而无法清晰地显示出仡佬族自我文化的特殊性和精神内涵。

第三节　文化层面的因素

（一）文化转型的影响

文化转型的实质是指特定时代、特定民族或社会群体中主导性文化模式的新旧转换过程。综观由经济转型所导致的文化转型现象，我们不难发现它往往是伴随着生产方式的转变，生产力水平中商品经济成分增加，市场经济体系的不断完善而发生的。当下中国伴随改革开放之后的经济迅速发展、人民生活水平的提高，与市场经济和现代社会观念相关的文化思潮迅速冲击着整个民族文化系统，成为正在延伸的中国近代第二次文化转型，并逐步形成了与现代生产方式相适应的价值体系和认知方式等文化体系。

第一，在少数民族社会发展进程中，狩猎、牧业、渔业、运输等传统生产方式是其传统社会的经济基础，少数民族传统体育与其民族的生产活动紧密相连，既源于生产劳动过程，又是对生产劳动生活的一种补充。如仡佬族的扭扁担、抵扁担、打毛达等都是围绕生产劳动而展开的少数民族体育活动。改革开放后我国由封闭式传统农业型社会向开放式现代化工业社会转型，生产自动化、分工明确、生产效率大大提高，其生产、生活方式与传统社会相比具有显著差异。在这种背景下，仡佬族传统体育依托的传统劳动生产方式逐渐消退、消失，导致民族传统体育文化受到了较大的冲击。

第二，在市场经济的影响下，少数民族地区经济的迅速发展，传统的思维方式和思想观念被完全打破，少数民族人口大规模的外出打工带来的人口流动性，市场经济与商品意识的增强，使得人们经济收入有了很大改善。少数民族地区经济、文化的快速发展加快了人们的生活节奏，生活水平得到了较大的提高。在经济利益驱使下少数民族地区人们不再满足于原来的精神和物质追求，人们无暇顾及自身民族文化的发展，导致许多少数民族传统体育文化缺乏传承。

第三，随着现代奥林匹克体育文化以现代通讯和信息技术为手段的全球化发展，体育竞赛已形成全球化趋势。体育文化的传播不受地区、民族、宗教、政治、经济、语言等社会因素的影响，以一种全球公认的身体语言影响着整个世界。体育的职业化发展，体育赛事越来越频繁、越来越精彩，比赛中科学技术的使用，以及人体生物力学和运动生理、生物化学等学科发展使得现代体育越来越科学化。因而在我国中、小学体育课上西方现代体育便成为课堂的主要教学内容，少数民族传统体育项目极少作为教学内容在体育课上传授，甚至于在少数民族地区，很多青少年都十分喜爱现代体育运动项目，使我国少数民族传统体育文化在学校的传承受到较大冲击。

第四，纵观我国各民族地区，无论是传统的祭祀活动或是大型的礼仪活动中常有的舞蹈、角力、竞技等，都包含了少数民族传统体育的因素，而这些也正是我国少数民族传统体育文化的源头之一。而这些少数民族传统体育在社会历史发展进程中大多与各少数民族的宗教崇拜和信仰紧密联系在一起：如原始社会的狩猎舞、娱神舞等，都是原始人崇拜神灵的一种舞蹈；又如仡佬族的傩戏、高台舞狮、牛筋舞等。但随着世俗化社会的发展，人们的社会价值观念由于“现代化”发展产生了巨大变化，部分少数民族传统体育文化失去了宗教、超自然现象的信仰依托从而也逐渐淡出人们的视线。

（二）文化模仿的影响

发端于 19 世纪的中西文化的接触和碰撞，的确在很多方面已经和正在形成对中国传统文化的挤压。近一个世纪以来，世界体坛在一步步地被西方体育占领，无论是运动内容、形式，还是世界范围内体育价值观的形成，都深深地打上了西方体育的烙印。特别是以西方体育为主体的奥林匹克运动，更是借助其理想的感召力，组织实施的科学化、世界推介的强势化等优势，极大地加快了西方体育的传播。尽管我们的民族传统体育在与西方体育的初次接触、碰撞中，也有过捍卫民族传统体育的积极行动，如发生在20世纪初的“土洋体育争论”，但最终的结果还是接纳了西方体育，并在近一个世纪的发展中，确立了西方体育在中国体育中的主导地位。以至于我们的民族对体育的认识，更多地倾向于发端西方的“奥林匹克运动”和西方的运动项目。

我们所有的运动项目的选择和开展大多推介的是西方体育内容，我们的所有竞赛程式全部移植西方竞技体育模式。以奥林匹克运动会为蓝本的全运会选择的运动项目近乎全部是西方体育项目，大学生运动会、农民运动会也是如此，就连地方体育竞赛的内容和方式也大多是西方体育项目的运动会；我们的学校体育发展，无论是教学内容的选择还是教学条件的标准化，无论是教师所掌握的技能和知识还是评判教师优劣的评价标准，无论是大学的运动竞赛还是中小学的运动竞赛，大多都以西方竞技体育为内容；我们的民族传统体育项目在西方体育的不断渗透和扩张的过程中，渐渐地成为文化传统被“封存”。更为可悲的是，我们的少数民族传统体育运动会也效仿着西方的竞赛模式在开展，在发展和创新的民族传统体育项目（包括武术）方面，我们没有自己选择从传统起步进行创新，而只是在竞赛体制和程序化上选择了西方体育的程式，真正意义上的创新只是效仿而已。

我们的民族传统体育，在一代代以接受西方体育为主要内容的教育过程中，逐渐使当代社会的主流人群对它的认识和体验变得陌生。原本有着深厚群众基础的民族传统体育，原本情系民族情感的民族传统体育，原本流淌着民族文化血脉的民族传统体育，在西方文化、西方体育文化的影响下，群众基础、民族情感、民族血脉正在逐渐被经济的发展、物欲的刺激和享乐主义的滋生蚕食自己的生存土壤。追求时尚、娱乐和休闲成为当今人们趋之若鹜的首选，就选取何种健身运动来说，人们更喜欢选择那些时髦的、有趣的、实用的、轻松的和有刺激性的体育运动项目。许多青少年把兴趣投注于外来的“跆拳道”“空手道”“瑜伽术”“踢踏舞”“健美操”等，外来体育文化已经充斥了我们的城市中心地区。民族传统体育的泛道德性和倾向及其农业文明特征，使其面临着前所未有的挑战，民族传统体育的文化性格受到了怀疑，丧失了大批的信徒。正如乔晓光先生在他的《活态文化》一书中指出的一种文化的兴衰往往依赖于拥有这种文化的人类。今天，中华民族优秀的传统文化正承受着多方面的冲击，也正在面临着流失。民族传统体育在一个多世纪西方体育的挤压下，也正走向这样的沼泽地。这是一个苦痛、忍让、仰慕和模仿的过程，也是对文化的无奈、自卑、反叛的结果。

第四节　宣传及保护层面的因素

对贵州来说，立体的地理环境、立体的民族分布、多民族文化的存在是其社会的基本特征。在历史发展的长河中，各民族创造、发展和形成了各自极富民族特色的文化。历史上，这些与汉文化相比呈现异质、多样、分散特点的民族文化，在相对封闭的环境下，一方面，按照既有的文化传承方式和运行机制世代传承和发展；另一方面，由于小聚居、大杂居的民族分布特点，各种文化又在民族交流和相互影响中不断发生着变化，不过，这种变化是渐进的、局部的，属于同质文化的一种变化。即使在清代前期大规模改土归流和抗日战争那样的历史时期，异质文化对贵州少数民族文化的影响，仍然只限于一种边际涵化，从未达到广面涵化的程度。

20 世纪末期的现代化浪潮对中国传统文化的冲击，是中国历史上前所未有的。在这种冲击下，贵州少数民族文化受到的是现代文化广泛而深入的影响。这种影响以经济的形式进入，以文化交流或异质文化之间的冲突、对抗形式表现出来。由于这种冲突和对抗是在较短时间内以突发的形式展开的，难免引起许多历史传承性的断裂。我们在探讨贵州少数民族文化传承方式的时候，已经明显地感觉出这种历史传承性断裂的存在和它的种种表现，如一些少数民族旧有传统的逐渐消失、文化传承运行机制的运转不灵、传统文化的整合功能逐渐弱化等。当前，在现代化进程不断加快，尤其在西部大开发的战略开始实施之际，贵州少数民族文化的传承更是面临着一系列生死攸关的问题。

目前，贵州省少数民族体育的大型活动是每四年一届的贵州省少数民族传统体育运动会、全国少数民族传统体育运动会，活动周期长、比赛次数少，大多都以突击式训练为主，缺乏常态化管理。市、县级少数民族传统体育运动会等基层大型活动几乎为零，有些项目根本就没有参加比赛或演出的机会，只有在每年仡佬族吃新节上才有一次演出的机会。缺乏常态化的宣传和保护，无疑对于其发展来说也是一个不小的阻力，使其想进一步扩大其传承群体也变得步履维艰。

十一届三中全会，吹响了改革开放的号角，我国社会建设转入以经济建设为核心的新的时期。经济建设的不断深入，也使得人们的生产、生活方式发生了巨大变化，大量青壮年走出家门，到经济发达的地区从事工作来提高自身的生活水平。远离家乡，脱离了原有的文化生活环境，原有的生活方式必然受到一定的制约而改变，环境变化及社会发展，也使他们会适应新的环境学习新的文化，他们的子女，随父母打工到新环境，就完全接受的是新环境及其文化的影响，这样，仡佬族传统体育在仡佬族青少年中影响越来越弱，青少年对民族传统体育的了解越来越少，传承与发展在传统体育表演较少的环境中也就后继无人、渐渐被人遗忘，生存空间越来越窄，民族记忆越来越弱，越来越不利于传统体育的发展。

那么仡佬族体育是否没有发展的可能了呢？回答是肯定的，有！他有着广阔的社会空间。仡佬族民族传统体育项目是祖先留下来的文化遗产，是历史不可复制的记忆，要使这些宝贵财富得以延续和传承下去，首先要让人们了解仡佬族体育文化的产生及其所承载的文化内涵。

第五章

仡佬族传统体育文化发展对策

现代化是世界历史背景下贵州少数民族地区发展的必然选择，这不仅是少数民族地区经济社会发展的需要，也是民族文化发展的需要。为此，贵州少数民族的现代化就包含了两个不可偏废的方面，即经济社会的现代化与民族文化的现代化。理论是行动的指南，少数民族地区的现代化只有借鉴了其他国家和地区的现代化经验并立足于自己的实际，将现代化的实践建立在传统的基础之上，才能将落后的现实变为后发的优势。为此，必须建立新型的发展观，用面向未来的可持续发展观和人文价值导向去指导现代化实践。少数民族地区经济社会发展的相对滞后和少数民族传统文化的脆弱性决定了其在现代化进程中国家和政府支持的必不可少。少数民族干部是少数民族地区现代化实践的领导者和组织者，他们是连接政府和群众的纽带，是现代化蓝图的绘制者和实践的指挥者，他们的素质对少数民族地区的现代化实践起着重要的作用。人民群众是历史的创造者，少数民族地区无论是经济社会的现代化还是文化的现代化，都需要广大少数民族群众的积极参与。因此，少数民族地区的现代化除了要依靠国家和政府的积极支持和作为指挥者和组织者的少数民族干部的素质作保障外，还需有群众的广泛参与，需要广大群众的科学文化素质和人文素质作保障。贵州少数民族文化是多元一体的中华民族文化的一个有机的组成部分，不论是它的传承和发展，都离不开与母体文化的互动与融合。

现代化是贵州少数民族地区发展的必然选择，但是，由于诸多因素的制约，民族地区的现代化进程举步维艰。世纪之交，党中央做出了实施西部大开发的战略决策，这对推进西部民族地区和西部少数民族的现代化进程无疑是个千载难逢的历史机遇。

在西部大开发中贵州有两个最大的资源，一个是生物多样性的资源，另一个是文化多样性的资源。由于大自然的报复给人们留下了太多的深刻教训，因此，制定大开发的战略时，我们对生态环境的保护有了清醒的认识，其表现是把生态保护作为大开发战略的主要内容之一。相比之下，我们对贵州文化资源的价值，对少数民族文化的脆弱性仍然缺乏深刻的认识。一些民族地区由于对少数民族文化的脆弱性缺乏认识，在实际工作中往往只将民族文化作为带动旅游业和当地经济发展的手段，忽略了对民族传统文化的保护。如果对这个问题缺乏清醒的认识，随着西部大开发的推进，我们的民族文化流逝的速度就会加快。

民族地区的现代化不能以牺牲民族文化为代价，因此，应该在西部大开发中高度重视对少数民族的文化遗产的抢救性保护。建立文化保护的理念，是贵州现代化建设和实施西部大开发战略中所必须要坚持的原则。一个人只有认识自己，知道自己是谁，从哪里来，才能明白将向何处去，一个省区也是这样，如果不认识区域文化的发展过程，就难以把握未来的走向。在探讨贵州少数民族文化传承方式和运行机制的过程中，我们深深地感到文化保护的重要性，其中一个原因，就在于贵州少数民族文化虽然有着顽强的生命力，能够历经千年风雨光彩不减，但是，它又有其脆弱的一面，有难以承受来势猛烈的现代文化冲击的一面。

第一节 仡佬族传统体育文化的脆弱性

从现代化大潮冲击下的时代大背景来看贵州仡佬族传统体育文化，我们不难发现，这些文化十分的脆弱。

这种脆弱性首先是由于其文化的特点决定的，贵州仡佬族传统体育文化虽然与多元一体的主流文化共生共荣，但它的产生发展和传承都是在一种相对封闭的自然和社会环境下进行的，它依然是一种处于边缘性质的弱势文化。这种特点决定了它在文化的交流和接触中，很难和处于强势的主流文化进行较量，民族传统体育项目的迅速消失说明了这个问题。项目传承不完善，其文化是以活的形式存留在人们的头脑中（如项目表演技术及祖传绝活），沉积在民族的语言中（如民族的历史等）。而且，由于没有或少有文字，民族精神文化的许多东西就有赖于物质文化（如建筑、服饰等），甚至有赖于自然界的某些具体事物，如“神山”“神树”“神石”等。这些在特定的区域内有其特定的文化含义的物质和自然的事物，有赖于无形的文化解释，而这种解释是看不见摸不着的，是最容易发生变化的，是在经济开发中最容易被破坏的。

从文化的传承方式这一角度来看，仡佬族传统体育文化的脆弱性突出表现在各种传承方式、传承媒介的局限上。

贵州仡佬族传统体育文化传承，大多是口语传承和非语言传承，而很少借助文字传承。在教育落后、人的科学文化素质较低的少数民族传统社会里，口语传承具有最为便捷、最容易为大众接受、覆盖面最广的优势。但是，在它具有一定保密性的同时，也有传承内容的失真性、失传性和与不同语种的文化交流困难的问题。而这种弊端在一对一的传承中最容易显现，例如，仡佬族的高台舞狮项目，就是因为大多数时候都是以一对一的方式，借助面对面的语言及技术动作传承来进行，因而对传者的依赖性很大。当传者突然去世，或传授的技艺无徒可收时，他所拥有的这门技艺就有可能失传，这种情况在贵州少数民族社会中已时有发生。显然，仅仅借助语言作为文化传承的媒介无论在继承民族优秀的传统文化方面，还是和外来文化交流方面，都有着极大的局限。

除了借助语言媒介外，仡佬族传统社会中的二对多、多对多的传承，还借助一些带有民俗性质的非语言媒介，这些非语言媒介大致可以分为四种类型，即人们的饮食起居等行为举止，如音乐、舞蹈、绘画、仪式、巫术等活动，服饰、器具、信物等，建筑物和人赋予其传说意义的自然景物等。前两种属于人体自身所做的非语言媒介，后两类属于人借助于物体所做的非语言媒介。

正如我们在前面对多对多的传承中所分析的那样，在类似礼仪和习俗的文化传承活动中，并没有严格意义上的传者和承者。大家共同进入一个情景，共同参与和表演，共同观赏和感受，交流是默契的，每个人都是按传统习惯行事，不须任何的说明。每个人既是主动的又是被动的，形象、直觉、情感是沟通的桥梁。就其功能而言，它重申了既定的社会关系、等级秩序、行为道德规范和群体的理想。而所有这些重申，都隐藏在五花八门的仪式后面，通过仪式来感化社会成员，加强社会群体凝聚力。这种媒介的传承方式，虽然在民族心理的结构和各种文化要素的传承上有其独到的积极作用，但是，由于习俗礼仪是因袭的，它的含义往往随着时间的流逝变得模糊不清，最后丧失了其文化传承媒介的功能，容易流变为没有文化内容的形式。同时，由于极少通过文字这种较为先进的媒介来实现文化传承，因此，它必然有不利于对外进行交流（外来人只能知其然而不知其所以然）的一面，并有传承的文化内容容易失真的局限。新中国成立后，在党和政府的关怀下，专门为少数民族创造了民族文字，实行了双语教学。但由于种种原因，少数民族文字的推广工作难度很大，不少地区，特别是边远贫困地区的少数民族，其文化传承主要还是依靠传统形式。

此外，仡佬族传统体育文化的脆弱性还表现在，一旦具有独特优势的现代文化大举到来时，容易在族众中引发对民族传统文化的认同危机。

仡佬族传统体育文化就其性质来说，还属于农耕文化的范畴，而农耕文化所主张的田园牧歌式的生活方式，与现代文化的工具性质所带来的物质产品极大丰富、人们的欲望空前膨胀、注重感官享受的现代生活方式有着天壤之别。现代文化由于其包裹着巨大的物质成就和经济跃迁而显示出其优越性和先进性。这种文化一旦进入少数民族的生活领域，急于想摆脱贫困的少数民族在功利性意识的驱使下，很容易忽略现代文化可能给民族的发展带来的负面影响而认同现代文化，从而导致民众对传统文化的认同危机，导致传统文化的“断裂”。随之而来便会在社会成员中产生超越社会经济发展水平的价值观念的滋生和蔓延，表现出与社会现实相脱节的对社会经济、政治及生活方式的过高期望，以低的经济发展水平实现高消费的生活方式，用理想去裁剪现实，极易导致社会不满情绪，对社会的稳定构成极大的威胁。

第二节　呼唤文化保护的意识

法国前文化部长马罗尔曾说过这样一句话："21世纪的发展无非是文化的发展。"这个判断明确地提示了21世纪经济、社会发展与文化发展的相关性及依赖性。事实上，文化对于发展的作用，早已在国际上引起了越来越广泛的注意，各国舆论不仅强调文化的发展，而且注意到文化多元性发展的重要性。1998年3月，联合国教科文组织在斯德哥尔摩召开的"文化政策促进发展"政府间会议，就文化多样性问题达成了共识。同年6月，19国文化部长在渥太华举行的国际文化政策会议，也强调了在全球化和技术革新的时代中的文化多元意识。

一系列与文化多元化有关的国际会议的召开说明，随着全球经济发展一体化趋势的加剧，和由此引发的文化交流、碰撞和磨合，必然有赖于对人类文化多样性的理解和认识。人口、资源、环境等固有的经济与社会可持续发展优先领域需要文化的全面介入，以解决在发展中有关价值、观念、道德、制度、教育、科技等方面的问题。

文化是民族的灵魂，文化对于发展的作用是不容置疑的。自然界的生物因其数量在迅速减少而唤起了人们对生态的保护意识，因为人们知道，生态的多样性正是自然界具有永久生命和活力的所在。但是，人们对文化的认识就不如对自然的认识，过去，人们甚至企图消灭文化的多样性。其实，正如生物界的活力来自生物的多样性和丰富性一样，人类文化发展的历史也向我们揭示了这样一个事实：文化的多元化促进了世界文化的发展。古人云："泰山不厌其尘所以有其高，东海不让涓流所以有其深。"中国文化之所以博大精深，源远流长，关键原因在于有宏大的包容性。如唐代盛世，是因为其包容了波斯文化、印度文化（佛教文化），并与中原文化融为一体，所以才有其文化发展的辉煌。

要在新的历史时期维护文化的多样性，就必须树立文化保护意识，在贵州，尤其要树立保护少数民族文化多样性的意识。这不仅是使贵州文化在将来的发展中因其多样性而富有生机和活力而做一件有意义的事情，也是贵州为中华民族文化的发展提供更为广阔的空间、对世界文化宝库的丰富、对人类文化的发展做出贡献。仡佬族文化作为贵州多样文化的一部分，也秉承保护的原则。

有效地保护仡佬族的优秀传统文化，首先必须有正确的指导思想和明晰的保护原则。

在西部大开发中，对仡佬族文化要做到保护与开发共举，扶持与引导同步，要树立以“以保护促开发，以开发促保护”的指导思想，不能用牺牲仡佬族文化资源的做法来换取短期的经济效益，更不能竭泽而渔对文化资源进行无度的开发，任何放任自流的办法和强制的措施都是错误的。

要做到这一点，首先作为带领少数民族脱贫致富奔小康的决策者和领导者要对此有清醒的认识。在调查中我们发现：有些领导者由于对这个问题缺乏清醒的认识，在一些决策和具体的工作中，往往将仡佬族地区的群众能够住上与汉族农村群众一样的砖木结构的房屋，穿上城市里流行的时髦衣物等，视为领导少数民族走向现代化取得的成绩而沾沾自喜；而一些地区的少数民族群众，也以不穿民族服饰、不说民族语言为光荣。其实，这些都是对民族文化资源的巨大价值缺乏认识的表现。

领导者要有战略眼光，对仡佬族文化的资源价值要有清醒的认识，在经济活动和文化开发活动中要有文化保护意识。对渴望现代生活方式的少数民族同胞，要对他们进行耐心细致的说服工作，要让他们清醒地认识到，保护民族文化传统并不是反对少数民族向现代化迈进，而是主张他们在现代化过程中尽可能地用自己独特的文化形式和文化语言去体现和表现。如果工作很难做，要做好规划和建设，让传统文化有一个良好的生存和发展的文态环境。

仡佬族在服饰、饮食、民居、生产、婚姻、丧葬、节庆、娱乐、礼仪等物质方面和精神方面的喜好和习惯是仡佬族政治经济和文化的反映，又是具有民俗文化特征的各少数民族传统文化的活载体。它在不同程度上反映着各民族的生活方式，连接着民族文化的历史传统，蕴含着深层次的民族意识和民族感情。因此，尊重仡佬族的风俗习惯、保护好仡佬族的文化传统，是仡佬族地区在现代化过程中所必须引起充分注意的一个重要问题。这个问题处理得好不好，不仅会影响民族感情，还会影响民族地区经济的发展，影响民族地区的现代化过程中的社会稳定和文化繁荣。

中国共产党是中国各族人民利益的代表，对各少数民族的风俗习惯历来采取尊重的态度，新中国成立以来，党和政府通过各种法律和法规，保护少数民族的优秀文化传统，把“保障少数民族权利和尊重少数民族的风俗习惯”列为地方各级人民政府的职责之一。根据党中央的政策，新中国成立近70年来，贵州省历届党政领导都十分重视少数民族文化的保护工作，制定了许多尊重少数民族风俗习惯的具体措施和办法。

例如，根据国家有关民族节日的政策精神，贵州省人民政府对少数民族的主要节日都规定了放假办法，为他们提供节日活动场地，并对节日供给予以保证。对少数民族在婚丧方面的特殊情况，也制定了一系列变通办法和优惠办法。

为了照顾少数民族喜欢佩戴银饰的传统习惯，国家专门拨出黄金白银供应民族地区。1979年金银价格提高后，国家又做出决定，对专项供应加工少数民族金银首饰的金银配售价格不变，供应少数民族的金银首饰价格不变，从而保证了少数民族在金银首饰上的特殊需求。

贵州省的苗族、布依族、侗族、水族等少数民族历来有佩带银饰的传统习惯，对银的需求量较大。为了管好用好民族专项用银指标，更好地组织生产和供应，贵州省民族事务委员会、贵州省商业厅、中国人民银行贵州省分行联合发布了《贵州省少数民族专项用银管理试行办法》，对全省少数民族专项用银指标的分配原则和办法、固定产销关系、提高产品质量等做了详细安排。保证了根据不同地区不同民族的特点，按照专款专用的原则，在统筹兼顾、合理安排的前提下，做好分配和使用，使国家照顾的白银真正供应到少数民族群众手中。

实践证明，国家在法律法规和政策上的做法，切实保证了在实际工作中对少数民族传统风俗习惯的尊重，保证了少数民族文化传统的延续和发展。但是，实践也向我们揭示了这样一个事实，对少数民族风俗习惯不尊重，必然给民族关系造成隔阂。1958年以后的一个时期，极“左”思潮盛行，少数民族的风俗习惯受到冲击，得不到应有的尊重。在“文化大革命”中，党和国家的民族政策受到践踏，一些地方限制过民族节日，限制少数民族穿戴民族服饰，甚至有将少数民族生活方式当成是“资产阶级生活方式”，将传统的民族歌舞视为“异国情调”而加以禁唱禁演。

民族文化的优秀部分，在市场经济大潮的冲击下，是可以通过引导和扶持进行保护的。面对现代化浪潮冲击下许多文化传统正在迅速消失的状况，仡佬族采取了一系列办法，挖掘、整理、扶持和发展了民族民间传统体育。

在对待少数民族群众通过传统节日集会，进行民族传统文化传承的问题上，仡佬族文化部门采取了“尊重、配合、引导、丰富”的八字方针。所谓尊重，就是尊重兄弟民族的风俗习惯，爱护兄弟民族的民间艺术；所谓“配合”，是指文化、体育等部门为群众集会增加活动项目和新内容；所谓“引导”，就是因地制宜、因势利导，通过扶持、提倡和鼓励健康的群众文化活动项目，抵制和消除活动中迷信、落后的成分，从而使健康的群众文艺活动成为集会活动的核心内容。每当节日来临，各族群众可以在歌台、舞场、芦笙坝、踩鼓坪自由活动，也可以参加不同项目的比赛，还能够观看专为赶会群众展出的图片、书画、美术和演出的歌舞、戏剧以及放映的电影等。州和县的民族、文化、体育等部门曾多次在节日集会期间举办不同规模和不同项目的汇演，从而开阔了各族群众的眼界，给他们的文化活动提供了交流、学习和借鉴的机会。

除了明确的指导思想外，政府的引导性介入，也是仡佬族地区实现少数民族文化保护的有效手段。这方面他们的做法很多，如举办全州性的民族文艺会演，让每一次会演，都起到交流经验和检阅、提高、培训农村文艺骨干队伍的作用。会演使数百万群众大饱眼福，这些文艺节目，有不少已通过舞台、广播、电影、电视或书报被介绍了出去，为全国和世界人民所青睐。

如今，配合党在不同时期的宣传重点（如法制、计划生育、五讲四美、劳动致富、打击经济领域犯罪活动等）编演的文艺节目、文艺作品和资料绝大部分出自这些人的手中。目前，省内外其他艺术形式也在通过交流演出，通过电影、图片和书刊，越来越多地在自治州各县广为流传。这些活动丰富了群众的文化生活，也在影响着当地民族艺术的发展。

这些活动的开展，不仅带动了民间自娱性活动的广泛开展，而且也激发了年轻人向老年艺人求教的积极性，从而扩大了民族传统文艺传承人的比例，也带动了一些县、区、乡、村集资修建永久性的赛歌台，维修了芦笙坪，重建或维修了鼓楼。这些活动，是对民族文化遗产的抢救、整理和宣传，它不仅强化了各族人民理直气壮地开展民间文艺活动，修复、保护民族文化的稳定心理，强化了各族人民的自豪感、自信心，而且也调动了他们在继承祖先文化遗产的基础上，创造具有民族特色和时代精神的新型民间艺术，不断丰富和发展了本民族的文化。

另外，从国外的实践来看，立法对传统文化的生存和发展进行强制性的保护，也是一条行之有效的途径。

第三节　仡佬族传统体育发展对策

一、挖掘和抢救是民族传统体育保护的首要任务

文化的现代化在贵州仡佬族现代化过程中是一种历史的必然，但文化的现代化并不意味着文化的民族性消亡，更不意味着彻底抛弃传统。在强势经济与强势科技为基础的现代文化扑面而来的形势下，如果实行文化的虚无主义，将导致民族地区经济社会发展呈现依附性发展的可能，民族文化的发展有可能出现发展的“空心化”，一系列社会问题和民族问题将随之产生。

以工业文明为主体的现代文化虽然是先进的，也并非完美无缺。现代文化的根本特征是理性，在西方现代化的早期阶段，科技理性增强了人类征服自然的力量，带来了经济和财富的巨大增长，而人文理性则使人类改变了社会文化环境，由“人的依赖性”过渡到“人的独立性”。然而，随着现代化的进一步发展，科技理性逐渐取得社会发展的主体地位，并把人文理性远远抛在后面，从而造成了科技理性与人文理性的对立。在某种意义上可以说，现代化带来的问题和所提供的机会一样多，当以工业化为基础的科学文化给人类带来巨大物质财富的同时，又使人类失落了自己的内在价值和人文关怀，一部分人中的享乐主义、拜金主义、精神颓废、道德

沦丧便是表现。少数民族文化的发展离不开现代文化形态的构建，但这并不意味着对现代文化实行完全照搬的拿来主义。现代文明中的负面效应提醒我们，对现代文化必须进行认真审视，采取有选择的方式吸收与融合。

传统是从过去沿传至今的东西，它构成了社会结构的一个向度。传统的并非是完全落后的，贵州仡佬族民族文化作为低水平农业社会中的产物，整体上对以工业文明为基础的现代文化是排斥的，但它也有许多东西是现代文明已经失落而今天人们感觉不能缺少的，例如在处理人与自然的关系中朴素的天人合一观，在处理人与人关系中的互助风尚，在生活中勤劳、质朴、讲求实际以及热爱故土、团结一致等美德。虽然他们的这些文化观念和文化传统是朴素的，但在这些朴素的文化观念和文化传统中所蕴含的人与自然的和谐、人与人的和谐、人与社会的和谐、人自我身心内外的和谐等主张，却为解决现代社会的许多社会问题和文化困惑提供了智慧。当人们对现代文化进行反思并将人与自然的和谐、人与人的和谐、人与社会的和谐、人自我身心内外的和谐等作为人们诗意安居的价值理想时，我们千万不能因为仡佬族民族文化需要进行现代化而将这些主张和谐的文化传统弃之门外。而应对这些在十分朴素的意义上与现代文化的最新主张不谋而合的文化精神加以弘扬和提升。

仡佬族民族的发展不可能脱离传统文化而进行。如果把民族地区的现代化建立在完全依赖外来资金技术和外来文化的基础之上，把共同的经济目标同仡佬族民族的文化环境相割裂，那么，这样建立起来的现代化目标只是建在空中的美丽城堡，成为一种完全依靠外力支撑、缺乏稳定性和自我发展能力的虚假的发展和进步，在寻求仡佬族民族发展时只会以失败告终。

当前，我们正在实施西部大开发战略。建立开放交流的经济，它要求打破地区、各民族间封闭的壁垒。社会的开放，必然会淡化狭隘的地区意识和民族意识，增强国家意识和中华民族意识。各民族之间的频繁交流，必然增进各族之间的相互理解、认同和接近，并导致文化的传播和相互借鉴，各民族经济文化上的差距将缩小，最终将使各民族的文化整合成一个为所有民族认同的崭新的文化模式。这个文化模式既不是纯汉族式的，也不是仡佬族民族式的，而是在集中各民族文化精华的基础上，吸取国外先进文化精华后形成的。这种模式的可贵之处在于，它绝不会使某个民族丧失其独特性，本民族的文化精华将长期存在并影响其他民族。

构建崭新文化的过程，也是贵州仡佬族民族发展的过程。毋庸讳言，作为中国传统文化的贵州仡佬族民族文化，因其是在相对封闭的环境中造就的，是一种具有强大的抗拒现代工业文明的文化、惰性的文化，一方面在少数民族地区发展中这种文化必须变革；另一方面，着眼于民族地区的发展，又需要从传统文化中获得民族精神。既要引进现代化，又要凭借传统文化内蕴的精神动力来完成社会变迁。问题在于，在传统文化中精华、糟粕往往不能截然分开，往往总是糅合在一起的。因此，少数民族地区发展在对现代文化中的发展模式、发展目的、发展手段进行重新审视的同时，还须对少数民族传统文化进行鉴别和评价，进行继承和发展。少数民族传统文化大体可分为三类：一类是优秀的传统文化。对此我们必须发扬光大，大力提倡。一类属于中性的传统文化，在现代化过程中，这些传统文化可能已经失去了旧有功能，但只要对社会进程不产生负面影响，我们也应该加以保存、开发和利用。再一类就是那些在现代化过程中已经成为绊脚石的传统文化，对此，应该给予扬弃。

在保护与传承过程中，首先需要体育工作者对仡佬族传统体育进行文献查阅和田野调查研究。在此过程中，需要对这些传统体育项目进行分类、分层次，采用不同方式进行保存。对于那些有历史价值，但在现实和将来社会不能存在和发展的，也不能人为抢救和推广的体育项目，要采用现代技术，使之影片化，以数字化和档案化的储存方式，保证体育遗产的永久保存。

二、仡佬族传统体育文化传承与发展的必然选择——从自发走向自觉

在过去相对封闭的自然社会环境中，贵州少数民族文化的传承在很大意义上处于一种自发的状态。如今，这种自发过程在现代化浪潮的冲击下受到了严重的影响，民族文化的传承面临严重的威胁。如果听之任之，民族传统文化将迅速流失、消亡，民族文化的发展将会出现空心化的特点。这不仅会对民族文化的发展产生极为不利的影响，而且会引发一系列的社

会问题和政治问题。因此，改变少数民族文化传承的自发状态，通过引导使之走上自觉的传承道路，贵州少数民族传统文化才能在现代化过程中得到弘扬和发展，贵州多民族省份所具有的文化多样性的优势才能长久保持下去。

要将贵州少数民族文化传承的传统自发状态引导过渡到自觉状态，是一件关系到少数民族发展是否具有恒久的文化动力、关系到少数民族发展千秋大业的工程。在经济相对落后、贫困面仍较大的贵州少数民族地区实现这一目标，并不是一件容易的事，它需要多方共同努力才能在实践中取得成效。

在我们看来，至少需要三个层次的共同努力。

政府层次：贵州少数民族文化的脆弱性决定了政府层次在少数民族文化传承和发展中的重要性。

在贵州郎德苗寨，看到了这样一幕：一位对苗族刺绣很有兴趣的游客想买一些苗族绣片，但当他兴致勃勃地翻看了苗族妇女递过来的绣片后，却十分失望。他说："这些绣品与传统的苗族刺绣相比，简直太简单了。不仅刺绣的技法不能反映苗族刺绣的传统工艺，就连图案上的苗族文化气息也不够浓厚。"当他在一位妇女的篮子中发现一小块已经发旧的绣片时，顿时睁大了眼睛说，他需要的就是这种绣片。在这位妇女的家中，她拿出了一件绣衣后告诉客人，想要哪块她就剪哪块，只要价格合适就行。一番讨价还价，这位妇女的母亲留下的绣衣的袖子上两块美丽的绣片被 120 元买走。远道而来的客人很高兴，因为他买到了真正的苗族传统刺绣，那位苗族妇女也很高兴，120 元对她来说毕竟可以办许多事。

西江千户苗寨和郎德苗寨都是贵州省苗族文化传统保存较为完好的地区。但从实地考察的情况来看，就苗族传统刺绣这一传统工艺，同样也面临着人在手艺在，人亡手艺失的局面。当看到这些令人痛心的现象，我们显然不能像有些居高临下的研究者那样，抱怨这些身兼文化传承重任的人们目光短浅、不懂文化的价值。其实，我们在这里之所以要举这些例子，是要想说明，作为政府在文化传承和文化发展中具有不可缺少的重要作用。就像在贫困地区要求老百姓不要砍树，要为子孙后代着想一样。当他们的温饱问题没有得到解决时，尽管不少地区的文化传统是主张爱护自然及山山水水的，但为了解决肚子问题，他们仍然不得不砍树。只有国家政府实行一定的经济投入，保证了人们的生存问题后，贫困地区实施可持续发展战略才能真正实现良性循环。少数民族的传统文化又何尝不是这样，如果没有国家政府从少数民族文化可持续发展的战略高度对传统文化进行一定的投入，在市场经济大潮的冲击下，很难在根本上阻止急于想改变贫困落后面貌的少数民族地区人们的急功近利行为。

作为政府，不光要制定一些文化政策，对少数民族地区传统文化的传承和发展提出要求，还要想老百姓之所想，急老百姓之所急，制定的政策才能有的放矢，才能得到群众的支持和认可，也才能行之有效。有这样一种观点：目前应先解决吃饭问题，把有限的资金用于经济建设，等温饱问题解决了再来解决文化问题，这种观点在许多民族地区甚至成为政府行为的指导思想。但是这种观点的持有者显然对少数民族文化的脆弱性缺乏了解，对少数民族传统文化在现代文化的冲击和影响下的迅速而广泛地流失缺乏清醒的认识。在实地调查中我们发现，结果是显而易见的，当人们温饱解决了，想起来要发展传统文化时，已经太迟了。所以，条件艰苦的少数民族地区的经济良性发展离不开政府在政策和资金上的支持，文化脆弱的少数民族地区文化的可持续发展同样也离不开政府在政策和资金上的支持。

政府有关部门要从财力上支持仡佬族传统体育文化的保护与传承。仡佬族传统体育文化遗产属于公益产品，对其进行保护与抢救需要大量的经费，加上仡佬族居住极为分散，导致仡佬族传统体育文化遗产的保护与发展就更艰难。因此，政府要从财力与政策上加强对该类非物质文化遗产的支持。一方面，政府要从财政上给予支持，通过多种渠道筹集资金用于仡佬族体育文化遗产的保护与传承，如对老艺人的生活给予适当的物质支持；另一方面，政府要以较为宽容的态度来对待原生态的文化遗产，尽力营造一个宽松和谐的社区乡土教育场景。

以参加贵州省民运会、全国民运会的比赛为契机，加大各级政府的重视程度，增加仡佬族传统体育方面的经费投入，改善相关的运动场地、设施和器材。组织开展市、县级仡佬族传统体育活动或体育比赛，充分利用网络、新闻媒体等手段，加大赛前宣传力度，招商引资，寻求社会赞助和企业支持，以减轻地方财政的经济压力。

领导干部层次：我们这里所指的领导干部，是指那些在少数民族地区担负着制定该地区经济文化发展决策和实施决策的领导干部。解决温饱问题是少数民族地区的领导干部首要的也是最重要的工作，少数民族文化给少数民族地区经济发展带来的促进作用，让许多领导干部认识到了少数民族文化的经济价值。但是，仍有一些少数民族地区的领导干部，由于有关文化发展的理论素养不够，往往只看到少数民族传统文化的经济价值，很少能够在自觉的层面上，看到弘扬民族传统文化对民族文化发展的文化价值以及对中国文化的丰富和多样性可能做出的贡献。因此，在政策的制定和实施上，很难有一种超前的目光和长远的规划，只是将少数民族传统文化作为促进经济发展的一条途径和一种手段，只是在经济目标的驱动下，对民族传统文化实行一种较低层次的展现和再现，缺乏对文化传承和文化发展本身的关注，“文化搭台，经济唱戏”便是这种思路的集中表现。不能否认，在由当地政府主办的各种各样的以文化为名、经济为目的的这样或那样的节庆中，对宣传贵州丰富的少数民族文化资源确实起到了不可低估的作用。但是，我们也不能否认这样一个事实，这些文化活动尽管规模越来越大，数目越来越多，但却由于组织者和策划者对少数民族传统文化的精髓在理性上缺乏一种清醒的认识和明确的目标，因而只注重少数民族传统物质文化的展现和再现，忽略了对物质文化背后文化理念和文化精神的展现和弘扬。各种活动在第一次接触给人以新鲜感之后，以后便呈一种似曾相识之感，致使少数民族传统文化在各种有组织的文化交流中缺乏永久的魅力。

我们不能责怪这些工作在少数民族地区的领导干部，他们往往就是土生土长的少数民族。他们热爱自己的文化，他们有热情有干劲，为了把家乡建设得更加美好，他们带领大家艰苦奋斗。他们接受过系统的现代文化教育，但是，有关民族传统文化的发展和进步的理论的相对缺乏，导致他们在设计、指挥、实施少数民族文化的传承和发展的实践中力不从心。因此，对工作在少数民族地区的领导干部进行有关民族文化发展和实践的理论培训，是关系到少数民族传统文化是否能够传承和发展下去的重要一环和必不可少的一步。没有他们在文化传承和文化发展问题上的自觉，很难有少数民族文化灿烂的明天。

领导干部要利用媒体，对仡佬族传统体育文化进行持久的宣传。目前，少数民族传统体育项目大都只在该族群内有一定的知名度，只有在举办少数民族传统体育运动会或节庆活动时，才在相对较小的范围内宣传，当活动结束后很快就销声匿迹了。而不像现代大型体育或大型文体盛会那样，有常态的宣传机构和持久的宣传时间，呈现多层面、立体式、覆盖面广的宣传阵势，真正做到了家喻户晓，人人皆知。因此，对仡佬族传统体育文化也要利用电视、新闻等多种媒体进行广泛而持久的宣传，让这些传统民族体育项目为包括仡佬人在内的全贵州、全中国甚至全世界人民所广为知晓。

拓宽宣传途径，在民间开展多种表演活动或竞赛利用网络、电视、宣传墙、展板、宣传栏等多种现代化手段，积极拓宽宣传渠道，在各县、区的基层，尤其是乡镇和民族村寨，大力宣传习练民族传统体育的基础知识、健身功能和价值。尤其在仡佬族集中的乡镇、村寨，加大对仡佬族传统体育的宣传力度，使人们认识到传承和保护仡佬族传统体育的必要性和紧迫性。利用吃新节、过年等大型的民族节日开展多样的具有浓厚民族特色传统体育表演活动或竞赛，传承和弘扬仡佬族传统体育文化。

群众层次：人民群众是历史的创造者，人数众多的少数民族群众是丰富多彩的少数民族文化的创造者、承载者和传承发展者。他们是实现民族传统文化的主体，没有他们的积极参与，不论多么美妙的蓝图，都只能是政府和干部们的一厢情愿。因此，在少数民族传统文化的传承和现代化的过程中，必须充分调动广大少数民族群众的积极性。要调动他们的积极性，除了要晓之以理、动之以情外，还必须从广大群众的实际利益出发，让他们在对文化的传承和弘扬的过程中，得到实实在在的好处。正如我们在前面所讲的那样，贵州少数民族传统文化之所以在开放的社会环境下，在现代文化的强烈冲击下迅速流失，最主要的原因之一，就是传统文化已经不能满足社会成员在眼花缭乱的现代生活方式的影响下，对物质和精神的新的需求。正如我们在郎德和西江调查中所了解的那样，出售绣片的目的是出于经济上的考虑，传统工艺中只学最简单的手艺也是经济上的考虑。年轻姑娘们希望的是卖些钱，到市场上去买些漂亮的衣衫；媳妇和老人们希望的是卖些钱，为孩子上学挣些学费，为家中添置一件电器或其他什么……如果我们在制定少数民族地区文化的发展战略和实施方案时，不考虑群众的渴望和需求，不让传承、弘扬、发展民族传统文化的愿望深入人心，少数民族文化的发展就会因缺乏群众的支持和参与而失去源源不断的动力。

贵州少数民族文化是存活在广大群众中的文化，广大少数民族成员对自己的传统文化有一种天然的热爱之情。这一方面为传统文化的传承和发展提供了良好的群众基础，另一方面也对传统文化的变革形成了心理层次上的强大阻力。只要我们将这种群众基础朝着好的、有利于民族传统文化的继承和发展的方向发展，民族传统文化的传承和发展就有了希望。而要做到这一点，就要让群众通过受教育，通过传承文化和发展文化而受益，从而在自觉的层面上成为民族文化传承和发展的真正主体。

在学校教育中推广和传承仡佬族传统体育文化。国家教委颁布的《全国普通高等学校课程教学纲要》中明确提出了“吸取世界优秀体育成果与继续弘扬我国民族传统体育相结合”的要求。这就要求体育学者要运用现代体育科学的理论与方法，对优秀的民族传统体育加以改造与创新，并对之进行教材化处理，培养师资，让这些民族传统体育活动进入学校的体育教育，从而促进民族地区的学校体育教育的发展。仡佬族体育项目打“篾鸡蛋”早在2001年年初便进入到贵州黔北地区一些学校，效果明显，这既丰富了学校的体育活动，又很好地传承与发展了少数民族传统体育文化。

从2004年开始，省民委等有关部门出资100万元用于少数民族体育基地建设。省政府办公厅转发了《关于加强少数民族体育工作的意见》，同时，省民委、省体育局、省教育厅印发了《建立贵州省少数民族体育训练基地的方案》，对基地的项目设置、工作目标、创建条件和管理办法及申报评定等方面提出措施，成立贵州省少数民族体育基地领导小组和相关机构，启动和展开了贵州省少数民族体育基地建设工作。据了解，经省民委、省体育局、省教育厅及省少数民族体育基地领导小组已组织人员对全省九个市、州、地，贵州民族学院进行实地考察和评估，全省10个综合基地6个单项基地于2004年11月16日正式挂牌。

在实践中以学校教育传承为途径，以少数民族体育基地建设为平台，将优秀的民族传统体育项目引入课堂，走继承—创新—发展相结合的道路。例如仡佬族的挡耙、仡佬族棍术、仡佬族板凳拳就具有极强的代表性，将其引入学校的体育教学之中，既丰富了体育教学的课堂内容，又传承和弘扬了仡佬族传统体育文化，长此以往也能形成自己独特的校本课程。

我们不能不看到，以美国为代表的西方文化，目前仍然呈现一种强势文化——麦当劳、牛仔裤、摇滚乐、西方大片……无孔不入，潜移默化地影响着我们青少年。当然作为时尚文化，或者作为文化交流是无可非议的，但是长此下去，我们丢弃的将是自己的文化传统。这危险所带来的后果是不可估量的。

“民族精神是一个民族的生命力、创造力和凝聚力的集中体现”“一个没有深厚文化底蕴和强大文化竞争力的民族，很难说是一个有希望的民族”。

回眸 20 世纪，既是飞速发展的时代，也充满了悲惨与矛盾。环境污染、生态危机、物欲横流、身心失调、人格分裂、战争与恐怖主义时刻都在威胁着人类的生存。1992 年，1 575 名科学家发表了一份《世界科学家对人类的警告》，开头就说“人类和自然正走上一条相互抵触的道路”。1998 年 1 月，全世界的诺贝尔奖获得者在法国巴黎开会时发表宣言：“如果人类要在 21 世纪生存下去，必须回到 2 500 年前，去吸取孔子的智慧。”日本学者沟口雄山先生强调，应将“中国思想中作为深厚的传统而积蓄下来的仁爱、调和、大同等道德原理作为人类的文化遗产向全世界展示出来”。诚如甲申文化宣言中所指出的：“中华文化注重人格、注重伦理、注重利他、注重和谐的东方品格和释放着和平信息的人文精神，对于思考和消解当今世界上个人至上、物欲至上、恶性竞争、掠夺性开发以及种种令人忧虑的现象，对于追求人类的安宁与幸福，必将提供重要的思想启示。”中国文化注重“自强不息”的进取精神和“厚德载物”的宽容品格，这对中华民族传统文化的延续起了至关重要的作用，它把每个中国人紧紧地联结在一个社会网络之中，形成了超强的凝聚力和持久的生命力。

时尚是一种流行，但未必持久。当我们看到跆拳道、空手道等外来形式的武技进来的时候，重要的是我们不能丧失对武术的自信。武术中深邃的文化意蕴和丰富的技术内容，不仅对本民族，对世界人类都具有久远价值和深刻意义。

中华武术作为一种运动形式、一种体现中华文明的身体文化，即中华武术可以让习武者从运动中体悟、感受中国文化的进取精神、宽容品格和灵便智慧。每一个真正接触了中华武术的人都会有所感触。我们的武术工作者、武术研究者应当坚持不懈地、不断地揭示出武术对人的文化意义和教育价值，从而，武术才能在健身、防身、修身等多方面显示其综合功能和魅力。尤其需要跨学科、跨门类的专家积极参加。此外，我们还应在传统的基础上进行创新，去创造传统。因为传统绝不只是过去的东西，它应当是由过去延续至今，流淌不断的东西。丧失创新精神去继承传统，只能是一种僵化的、没有生命力的传统。

武术工作者要适应时代的步伐，对传统技击术进行改革和再创造。在改革、创造的过程中，我们不仅要有自信，而且还应该有费孝通先生生前所提出的“文化自觉”，即应当深刻地看到武术还有不足的一面；必须承认无论在形态上、方法上、观念上，武术还有不少落后的东西。用一种辩证的观点来看，它又需要外来文化的沟通、交流乃至冲击。今天，西方文化涌入中国，跆拳道占据都市时尚（也不是坏事），恰恰引发我们去思考、去改革、去创造。

强势文化也好，外来文化也罢，它们的到来对中国传统文化的发展是一个促进。民族传统体育是否拥有强大的生命力，关系到它对人类的贡献程度，关系到中华民族的文化魅力，国家有责任保护民族传统体育，也有义务把优秀的民族体育推向世界。

三、仡佬族传统体育发展的途径

（一）仡佬族传统体育的产业化发展

仡佬族民族文化以十分丰富的形式对应于仡佬族群众的一切创造性活动，并以思维方式、意识形态、风俗习惯、情感方式等体现自己的价值理想。因此，在对仡佬族传统文化进行分析和鉴别时，尤其应该保留那些有利于民族和谐、民族昌盛和各民族共同进步的内容。只有扬其长、弃其短，才能完成现代民族文化的构建。仡佬族传统文化中的优秀部分，是我们今天致力于少数民族地区现代化建设和实施西部大开发不可缺少的宝贵精神资源，必须充分发挥它的作用。

仡佬族优秀传统文化中所蕴含的民族精神，是团结各族群众兴黔富民、建设贵州的强大精神力量。仡佬族民族文化中的许多具体内容，从各民族的价值观念、思维方式和生活方式中，我们已经清楚地感觉到他们的爱国主义、集体主义、艰苦奋斗精神的广泛存在。这些民族精神不仅是团结各族群众奋斗的旗帜，也是最具凝聚力的思想意识，是发展民族经济，奔向现代化所迫切需要的一种崇高的道德情操。在西部大开发中，尤其应该继承和发扬仡佬族民族文化中的这些精华，尤其需要教育仡佬族人民特别是青少年，把自己的命运和祖国的命运联系起来，抱着对国家、对民族、对家乡的强烈的责任感，去投身于现代化建设的滚滚洪流。

仡佬族民族都充满了强烈的集体主义精神，这是在长期的历史发展过程中形成的。在地理、历史、社会等条件的制约下，仡佬族民族的社会生产力都十分低下，只有靠集体的力量才能战胜客观世界中的种种困难，集体主义的道德观念便在千百年的民族社会中凝结而成。仡佬族的古歌和传说故事，无一不在颂扬集体的力量，无一不在赞美、维护民族集体利益和为集体献身的精神。

在来势猛烈的现代化浪潮前，仡佬族的集体主义精神显得尤为宝贵。当今世界，在市场经济负面效应的影响下，日常社会生活中的许多传统美德已经受到严重挑战，个人主义、利己主义、损公肥私的恶劣表演俯拾皆是。面对这种情况，我们尤其需要充分发挥仡佬族传统文化精华的作用，尤其需要继承和寻找仡佬族文化中的爱国主义、集体主义等民族精神，将它提高为各族群众在西部大开发中的自觉认识。用它来加强民族团结，维护社会稳定，营造安定团结的政治局面，推进贵州省尤其是少数民族地区的现代化步伐。

仡佬族长期生活在高山峡谷、条件恶劣的穷乡僻壤，历史上长期受封建王朝与地方统治当局的歧视与欺凌。封闭的环境、险阻的交通，使他们的生存之路变得十分坎坷。为了生活，为了民族的发展，各族群众在与大自然的斗争中劈山修路、垦荒造田，造就了自强不息、吃苦耐劳、艰苦奋斗的美德。苗族、布依族、侗族、土家族、彝族、水族等各族人民，都有一种不畏艰险、崇尚俭朴的品质。人民在长期的社会实践中，为征服自然、改造环境形成了一套自己的人生哲学：一切都要靠自己去努力，去争取。艰苦奋斗成了人们遵从的美德。

仡佬族传统文化中的艰苦奋斗、自强不息的精神，历史上曾经在各民族性格的铸造和文化心理的形成方面发挥重要的作用，在致力于民族地区现代化的今天，这种精神更加珍贵。一个地区、一个民族内部发生的自主性变化，内在的发展能力是一个民族不断进步的基本活力，是发展和繁荣的基础。一个民族的自我发展能力是综合性的，是在经济、文化、人口、资源、环境和社会协调发展中形成和体现的。这就要求仡佬族地区少数民族群众在西部开发的进程中，抓住机遇，发扬艰苦奋斗、自力更生的精神，不断增强自我发展能力，为各民族共同发展、共同繁荣和振兴中华民族的宏伟大业做出应有的贡献。因此，我们应该充分地利用它，使它转化为全体贵州人实施西部大开发战略中的强大动力。

另外，仡佬族在千百年来的发展中逐步形成、发展和完善起来的制度文化，如寨老制、乡规民约等，也是我们在社会转型、文化变迁过程中实现民族地区社会稳定和文化发展的文化遗产。对此应该进行积极的开发，一旦这些旧有的文化传统与时代的发展需求结合起来，将会焕发出更夺目的光彩。

毫无疑问，仡佬族传统文化中的优秀内容还有许多，不论在文学、艺术、历史、科技等方面，各民族都有丰富的历史积淀。所有这些，经过认真的整理、研究、扬弃之后，都可以在民族地区的开发和现代化建设中发挥难以估量的作用。

传统文化是传统社会留存下来的历史遗产，现代化是传统社会向现代社会转变的过程，因此，传统文化的存在和现代化的过程都是不可避免的。今天，贵州少数民族传统文化与民族地区现代化的关系，就是少数民族传统社会向现代社会转变过程中，民族文化遗产对该过程产生的作用与这一过程对民族文化遗产的需求状态的关系。可以肯定地说，在少数民族经济发展的过程中，各民族的传统文化都是无法回避并将产生作用的因素。

仡佬族有着自己的文化传统。譬如：仡佬族一年之中要过两个年节，一个是春节，另一个是仡佬年。仡佬年在农历三月初三过。届时要准备鸡、酒、肉、饭等敬奉山神或秧苗土地。认为敬了这些神就会庆吉平安。供品用过以后，就在山上或寨门前聚食。当地仡佬族人民叫作过年，俗称仡佬年。春节的时间和习俗大致与汉族相同，但有“喂树”的特殊内容。“喂树”又被称为“祭树”或“拜树”，起源于仡佬族信仰万物有灵的古树（大树）崇拜。农历三月，春山明媚，春雨融融，春燕归来，万物复苏，是春耕生产的关键时刻，也是仡佬族祭山的日子。祭山一般在三月初三，也有的在三月首寅或首巳日。仡佬族敬雀节是石阡仡佬族世代流传下来的一种综合性民俗活动，是每年的农历二月初一。敬雀节是仡佬族先民开荒辟地建立家园时，敬奉雀神的崇拜活动。农历十月一日，是仡佬族的传统节日“牛王节”。居住在贵州仁怀、遵义一带的仡佬族，又称之为“敬牛王菩萨”或“祭牛王”。每到这一天，当地仡佬族人民便要杀鸡备酒，点香燃烛烧纸线，在牛厩门前敬牛王菩萨，祈愿它保佑耕牛身躯健壮，无病无灾。仡佬族的经济发展必须以这种传统为背景。仡佬族的民间传说：仡佬族崇敬竹子、宝王菩萨、田母、金角老龙王救始祖、吃虫节、无字棋、赛竹三郎。仡佬族的民间祭祀：祭祖、祭祀大典，“清明”祭祀、朝山祭、新年祭祀等。仡佬族的民族艺术：傩戏、高台狮舞、美术、舞蹈、民歌、铁画、踩堂舞、音乐和乐器。仡佬族的传统文化如历史文化遗迹、民族民间工艺、生产技术与经验、民风民俗等，都可以成为民族地区经济发展的资源要素，这就是仡佬族民族地区的开发必须坚持经济发展与文化进步同时并举、两翼齐飞的原因所在。

当前，体育与经济相互介入和渗透，两者的互补互用给体育事业和体育市场带来了新的发展机遇，民族传统体育正朝着与市场经济相适应的产业化方向发展，从而成为保护与发展民族传统体育的有效途径。仡佬族拥有包括体育文化资源在内的文化资源，可以将具产业化意义的民族传统体育项目与仡佬族文化资源乃至整个西南文化资源相结合进行综合开发，成为旅游业经济效益新的增长点。从体育产业的角度出发，将一些成型的传统体育项目融入民族文化综合体中，使其科学化、规范化，而对那些还没成型、没成规模的项目，增强其娱乐性、竞技性、健身性。

“没有文化的旅游是苍白的旅游”，作为以旅游业发展为支柱产业的遵义市来说，更应将本地区优秀的民族文化资源融入旅游开发之中，使其人文性更加深厚，彰显出丰富的民族文化资源。因此，积极开发仡佬族传统体育资源，不断深入挖掘、整理独具特色的传统体育项目，将一些具有健身性、观赏性、娱乐性较强的传统体育项目融入秀丽的自然风光之中，结合奇异的民俗风情，在风景游览区、度假村、民族村寨展开表演活动，吸引、组织、邀请游客积极参与表演活动，使游客玩在其中，乐在其中，既宣传、传承了仡佬族传统体育文化，又提升了当地旅游的文化内涵。

（二）仡佬族传统体育的路径化发展

1. 民族地区地域文化旅游开发路径

结合自然景观资源优势，开发打造仡佬族传统体育文化旅游品牌，是尊重老百姓生活需要，改善民生，也是部分民族传统体育发展的有效途径。自然景观、民俗风情、活动形式是不同群体选择旅游时着重考虑的因素，人们对不同景观、民俗风情产生浓厚兴趣，更想切身参与来体验仡佬族传统体育的乐趣。借助民族地区自然景观资源优势，选择一些娱乐性、趣味性、观赏性较强的民族传统体育项目，开展富有民族特色、地方风情的民族传统体育活动，邀请游客参与进来，让他们在感受到自然山水风光美的同时，还能领略到极富特色的民俗风情，这样既发展了旅游文化事业，又宣传、推广了仡佬族传统体育文化。各地区政府部门要为自然景观、民俗风情、仡佬族传统体育的结合开发创造条件，政策上给予支持，并发动社会力量积极参与，积极督促媒体通过文化包装进行宣传造势，以吸引更多游客的眼光，使之成为富有民族特色的文化旅游品牌。

仡佬族传统体育文化源远流长，各种形式的体育活动是仡佬族传统体育产业化发展的重要资源，其内容丰富，形式多样。这些民族传统体育项目从不同角度反映了各民族生活环境、民族特征、审美情趣及生产劳动等一系列民族文化特征，具有浓郁的观赏性和娱乐性，为仡佬族传统体育的产业化提供了广阔的前景。随着我国市场经济的逐步发展与完善，仡佬族传统体育活动所包含的社会影响力也被人们所重视，其潜在的市场商业价值也正得到开发利用。体育产业部门根据市场需求，已开发出很多仡佬族传统体育产业，但受人们的认识水平与社会发展条件的限制，还局限于小规模人群和局部地区。很多极具开发潜力的仡佬族传统体育产业还未形成，因此这就需要仡佬族传统体育产业进行充分的宣传与推广，凸显少数民族传统体育的品牌价值，从而开发出多样化的产业形式，例如：(1) 专项型仡佬族民族体育旅游产业，是指以仡佬族体育活动为龙头的旅游产业，利用仡佬族体育节庆旅游、仡佬族体育旅游探险等进行，仡佬年、敬雀节、漂流、攀岩等就属此类；(2) 综合性仡佬族体育旅游产业，是指将仡佬族民族体育旅游与仡佬族民族生态旅游、仡佬族民族风情旅游等结合起来综合开发的旅游形式，民族风情园就属此类；(3) 仡佬族民族传统体育的文化产业，充分利用仡佬族民族传统体育文化资源优势，发挥其教育宣传作用，创办仡佬族民族传统体育博物馆、仡佬族民族传统体育文化商品等；(4) 仡佬族民族传统体育文化服务产业，将仡佬族民族传统体育项目引入健身会所，修建仡佬族民族传统体育场馆等。

2. 地域民族情感培养与教育路径

仡佬族传统体育要扎根于我国现代社会中，离不开学校教育，只有通过学校教育，进行辐射，才能扩大群众基础。学校教育可促进学生对民族传统体育文化产生自知，进而形成充分自信，并最终达到自觉。我们要积极利用现有的国家政策，大力开展仡佬族民族传统体育文化教育。一方面，有选择地把一些适宜进入高校开展的民族体育项目纳入到学校体育专修和选修课中，体育院校民族传统体育系要根据社会需要，在专业设置、课程设置、教学内容安排等方面进行改革创新，要承担培养民族体育指导员、民族体育基层科研与教育工作者的任务。各地方院校要根据本地实际情况，有针对性地选择一些优秀的本土体育项目，作为校本体育课程开发，培养学生本土文化情怀。另一方面，积极开发中、小学体育教育资源，特别是一些少数民族地区和贫困地区，要积极地把一些本土优秀体育项目选纳到体育课程中来，既可以减轻学校经济负担，又可帮助学生形成民族个性。同时，要积极对学生进行民族文化灌输，要让学生能区分哪些文化是应该继承的，哪些是与社会发展格格不入的。要积极开展校园仡佬族民族体育文化活动，着力打造校园民族文化氛围。

学校体育对仡佬族民族传统体育文化的传承与发展具有重要意义，是仡佬族民族传统体育传承与发展的重要途径，学校体育对仡佬族民族传统体育的理论和训练等方面的研究，都会促进仡佬族民族传统体育文化的发展。而现今我国少数民族传统体育被列入各级各类学校体育教学内容的仅有武术、毽球、舞龙、舞狮、导引养生等，有必要在少数民族地区学校因地制宜，积极吸收和开发本地区本民族丰富多彩、活动性强、趣味性高、教育内涵突出的传统项目，作为学校的特色课程。如遵义地区的务川县民族中学已将仡佬族打“篾鸡蛋”项目列为学校的必修体育课程，收到了良好的教学效果。近几年来，全国少数民族体育运动会的大力举办，一定程度上推动了少数民族传统体育活动在部分中学和高校的开展，如珍珠球、板鞋竞技等项目，这些项目既保留了民族特色，也对部分技术、规则进行了合理的改造，经过改编后其健身性及科学性等方面获得了很大的提高。另外，仡佬族民族体育项目本身蕴含独特的文化性与民族性，对学生的思想具有教化功能，其本身超越了单一体育健身的意义，对学生了解民族文化，加强民族认同感并传承和发扬民族传统文化具有很大的促进与激励作用。

3. 地域文化庆典与保护路径

仡佬族民族传统体育项目都是在岁时节庆中开展的，这些活动受时间限制明显，但它的历史传承性及在空间上的发展具有更大的活力与生命力，不但能使当地民俗风情能持续沿袭下来，而且还能对民众起到一定的休闲、娱乐效果。各级政府部门要积极介入，鼓励、支持当地群众开展岁时节庆活动，通过节庆日，开展一些传统的由官方举办的民族传统体育活动，或政府主导、社会赞助的非官方举办的民间体育活动。这样既可促进民族传统文化传播，还可规范民族传统体育的发展方向。

仡佬族许多民族体育项目已纳入到了不同等级的非物质文化遗产保护体系当中，借助民族传统体育文化遗产申报之机，组织各种力量对民族传统体育进行运用与推广，为全民健身和休闲服务。仡佬族的傩戏于 2008 年被列为第二批国家级非物质文化遗产。仡佬族矮人舞、仡佬族踩堂戏、花灯戏、仡佬族傩戏、仡佬族高台舞狮、仡佬族打篾鸡蛋等项目于 2007 年被列为第二批省级非物质文化遗产名录。仡佬族滚龙戏、赤水独竹漂、游氏武术等于2009年被列为第三批省级非物质文化遗产名录。仡佬族高台舞狮、仡佬族打篾鸡蛋、独竹漂、仡佬族抱蛋、仡佬族打欢喜团、五马棋、余庆龙灯、仡佬族傩戏、黔北花灯、矮人舞、仡佬族踩堂舞等于2006年被列为第一批市级非物质文化遗产代表作名录。谢坝仡佬族滚龙戏、游氏武术被列为2009年遵义市第二批市级非物质文化遗产名录。温水小手拳、仡佬族推屎耙等被列为2014年遵义市第三批市级非物质文化遗产名录。运用现代化的科技手段，将成果资料进行数字化信息技术处理。及时组织力量做好对本地区民族传统体育开发、运用研究工作，包括对民众的引导和鼓励，对一些民间艺人的资助和扶持等，“开发就是对非物质文化遗产保护工程的拓展”，在民族传统体育文化遗产申报中，保护传承人、培养传承人、开发教育资源、开展竞赛娱乐活动、出版书刊与影像制品等，都是我们要考虑的内容。

现代奥林匹克体育文化借助现代通讯和信息技术得以全球化发展，并对仡佬族民族传统体育文化形成冲击已是不争事实，但与此同时也为仡佬族民族传统体育文化的发展提供了新的机遇。现代科学技术的出现从信息上把世界各地连为一体，色彩斑斓的现代科学技术已不带有人种和地域的特征，且扩大了人与人、民族与民族、国家与国家之间的联系，这一趋势必然导致仡佬族民族体育文化的共适性不断增大。仡佬族民族传统体育所富有的民族性、区域性、娱乐性以及独特的文化艺术审美价值和人文内涵是现代体育不具备的，仡佬族民族传统体育以其动作表现形式和内容的原生性、附加民族服饰和道具的新奇性等，都给人们较大的视觉冲击和心灵震撼而受到了普遍追捧与欢迎。借助2008年北京奥运会的举办，仡佬族民族传统体育将逐渐释放其魅力，扩大其影响，必将吸引全世界的目光，利用这一契机也通过现代通讯和信息技术对仡佬族民族传统体育文化进行大力宣传，让全世界更多的人们认识和了解它们，同时也促使民族、民俗文化工作者及旅游开发者对其进行挖掘、创新与推广弘扬。

在过去相对自给自足封闭式的仡佬族民族地区，民族和家族式伦理道德控制在社会生活中起着重要支配作用。现在随着我国政治、经济、文化的转型和发展，法治建设已成为一项基本国策，并强调把所有的社会活动纳入制度化和规范化轨道，用制度建设来解决所面临的问题并进行组织管理创新。现代奥林匹克体育文化就表现出了高度的制度化和组织化，如国际奥委会、各种国际单项体育组织都有着规范的组织管理与制度规范。而我国少数民族传统体育项目除了武术等少数项目有专门的项目管理中心外，大多数项目没有直接的部门进行规范与管理。我国的少数民族传统体育项目种类繁多，除了部分入选各级民族运动会的项目具有一定的竞赛与表演规则、规范外，大多处于一种无规范的状态，更不用说得到有序的规范化和制度化管理。要发展和繁荣少数民族传统体育，不能单纯依靠民族传统、宗教伦理等手段，必须通过制度的建设与完善，才能使少数民族传统体育文化在社会转型时期获得新的动力。

（三）仡佬族传统体育的数字化发展

1. 确立仡佬族传统体育数字化发展的规范依据

一是在相关法律法规中增加有关仡佬族传统体育数字化保护的条款，确立民族传统体育数字化发展的地位。民族传统体育属于文化遗产的范围，目前我国在文化遗产保护方面的法律法规主要是《体育法》《非物质文化遗产法》，但这些法律法规中有关民族传统体育的针对性条款很少，民族传统体育的法律地位尚未确立，民族传统体育的数字化保护更谈不上重视。因此，应根据仡佬族传统体育国际化发展的现实需要，完善相关法律法规，通过单项条例等形式明确“民族传统体育”的概念和法律地位，把数字化保护的内容写入其中，通过专门的法律法规保障确立数字化发展的地位。

二是制定规范化标准，同时鼓励国外先进数字技术的引进和应用。数字化保护的规范化标准对于推动仡佬族传统体育国际化发展中数字技术的运用至关重要，通过规范化的标准来推动数字化的实施是发达国家体育文化传播的共同举措。其包括民族传统体育的数字化采集、资源数据库建设、数字化标准规范等一系列可操作性的标准，这些标准是我国各地民族传统体育数字化发展具体实践的参考和依据。此外，为推动仡佬族传统体育的国际化发展，中央及地方政府应从国际体育文化发展的趋势出发制定针对性的对策，倡导和鼓励各级单位采用数字技术发展民族传统体育发展，同时鼓励引入国外显见的数字技术。为确保仡佬族体育数字文化产品拥有足够的生存发展空间，在国外数字产品或技术的引进中应设置一定的“限制原则”，通过适度的准入政策规范技术引进。

2. 提高数字技术利用率，建立仡佬族传统体育基因信息库

当前，我国政府正在大力推进信息化国家发展战略的实施，信息基础设施不断完善，信息技术和手段不断丰富，社会信息化各项指标逐步与国际社会先进水平相接轨，为仡佬族传统体育国际化发展中数字化的推进提供了良好的支撑。随着我国现代科学技术的不断发展，数字技术基础设施逐渐完善，但由于民族传统体育与西方体育文化在数字技术使用中仍存在严重的差别及不平等，因此，在推动仡佬族传统体育国际化发展的进程中，要积极引入数字技术，并提高数字技术在民族传统体育发展中的应用，提高数字技术利用率，充分发挥在新媒体及新技术领域的先进优势，向技术要效益，向技术要效率，巩固并完善体育文化数字传播体系，促进仡佬族传统体育的国际化发展。

提高民族传统体育发展中数字技术利用率的目的，是建立仡佬族传统体育的基因信息库。第一，可加强对仡佬族传统体育的科学论证，从浩瀚的民族传统体育信息中提炼可以促进民族传统体育坚守和传承的基因信息的核心因素，通过对这些因素科学、客观地评估与分类，以保证仡佬族传统体育文化的 DNA 在国际化道路上能够正确传播与传承；第二，采用数字化技术对民族传统体育的基因信息进行识别与抽取，可采用的数字化技术如模式识别、人工智能等，需要采集民族传统体育的起源与发展情况、地域属性、区域文化、典型项目与典型动作、时代特征等文化基因信息，在此基础上进行矢量化表示，建立仡佬族传统体育基因信息的优质矢量数据集；第三，是基于语义特征、图形特征等技术建立一种快速、准确的图像图形检索方法，以达到准确检索、高效调用民族传统体育基因信息的目的，使仡佬族传统体育在国际化道路上焕发活力与生命。

3. 构建多重资源网络平台，推动仡佬族传统体育的有效传播

在数字时代来临的今天，体育国际化需求对于信息的传播方式、速度及广度等提出了更高的要求，显然传统的印刷媒介已经无法适应体育国际化的发展。由于数字技术集高效率、合法性、工具性等诸多特点于一体，数字信号使体育文化超越了国界、体制、制度和文化等方面的限制，能实

现无障碍、标准化的传播，这是传统传播手段所无法比拟的。对于仡佬族传统体育而言，依靠数字媒介的表征成为必然的选择，这就要求仡佬族传统体育在国际化进程中采取有效的数字信息技术，丰富表征载体，以创造符合大众感官的高质量的体感符号和视觉符号。

为此，国家应统一标准建立规范化的民族传统体育文化数字库，由国家体育总局统一规划，文化部、国家民族事务委员会等多部门密切协调，并充分调动社会参与，建立起国家层面的相对完备的民族传统体育数字信息化的综合数据源，将碎片化的民族传统体育资源聚合在一起，实现数字化、可视化的建模，建立起生动再现、立体重构的数字化民族传统体育资源体系，既有助于实现民族传统体育的保护与传承，同时又方便查询。另外，建立起特殊民族传统体育资源库体系，我国一个历史大国和文化古国，几千年的文明使得我国民族传统体育资源异常丰富，不同时期、不同民族、不同地域都有各自鲜明的民族传统体育资源，应建立起反应不同时期、不同民族、不同地域的数字化民族传统体育资源体系，实现民族传统体育国际化发展中的特色文化的传承。此外，应提高数字技术在有关仡佬族传统体育的传媒、赛事数据统计、影视、动画游戏以及科研等方方面面的应用，并以电视、电脑、通信设备等为终端形成了数字体育系统，全方位地向世界传播中国民族传统体育。

4. 提高仡佬族传统体育的数字标准化水平，克服传播中的语言障碍

影响我国民族传统体育国际化竞争力提升的根本原因其实就在于民族传统体育虽然拥有丰富的资源，但是数字化标准水平低下，使得这些丰富的资源并未转化为能提升其竞争力的资本为我们所用。在数字时代，我国民族传统体育国际化发展重要的一环就是提高数字标准化水平，从而促进民族传统体育文化资源的转化能力，将中国民族传统体育文化的丰富资源转化为能提升国际化竞争力的经济资本、社会资本和文化资本。民族传统体育资源向资本的转化效率与体育文化的社会认可程度息息相关，西方体育文化的社会价值已经得到国际社会的普遍认可，而中国民族传统体育文化的社会价值还需要进一步提升，要在现行的国际制度和规范下发展仡佬族传统体育，通过规范化和标准化来获得国际化的“合法身份”，进而通过媒介传播和舆论塑造获得国际社会的认同。在这一过程中，数字化技术

具有毋庸置疑的合法性，在我国民族传统体育国际化身份的获得与获得国际社会认可的过程中发挥着重要的作用，而社会认同是促进民族传统体育资源向体育资本转化的重要动力。

此外，在我国民族传统体育国际化发展的制约因素中，语言上与国际的对接是所面临的所有数字鸿沟中最为主要的，提高民族传统体育数字化标准水平的关键就是要将民族传统体育文化与国际接轨。要提升民族传统体育语言的标准化，克服汉语“低标准化以及规范化”的缺点，实现汉语和国际主要通用语言之间的对译，实现各种媒介领域广、无差别的传播要求。与此同时，随着全球化的不断发展，人们的价值选择日益丰富，对于“创新性”和“独特性”文化的倾向性选择日益凸显，仡佬族传统体育在国际化发展中应借助数字技术手段，通过各种文化的有机融合，赋予仡佬族传统体育新的文化内涵，这是塑造中国独特民族传统体育国际竞争力的重要举措。此外，要加强传统体育视觉传播形式的创新，借助手机媒体、互联网、动漫等新传播形式，将产业的主题、模式等转换为直观图像，大力提升相关数字化产品的竞争力。

5. 强化仡佬族传统体育国际化发展中数字化保护的智力支持

首先从仡佬族传统体育国际化发展、数字化发展的需求出发，在高校层面加大对此方面人才的培养，培养民族传统体育国际化发展所需要的交叉复合型人才。仡佬族传统体育在国际化发展中的数字化保护，所需要的人才是一种跨越传统文化和数字化技术的复合需求，因此要培养一批既懂传统文化特别是民族传统体育文化，又掌握或具备一定数字化技术的人才，这类人才既要有丰富的理论知识，又要有具备较高的数字化实践经验，支持民族传统体育国际化发展中的数字化建设。

其次加强数字化视阈下仡佬族传统体育的国际化发展研究平台。以遵义的高校和科研院校为依托，借鉴国外民族传统体育保护技术规范体系成功经验，建立起地区民族传统体育资源数字化保护的实验平台，并密切联系地方政府、民族事务委员会等积极申报民族传统体育资源数字化项目，以项目立法的形式对民族传统体育进行数字化处理。

（四）仡佬族传统体育的社会化发展

“中国近百年的文化演变过程，是一部充满文化冲突的历史，一切历史的冲突，主要是导源于中西文化的广泛接触。”近代以来，伴随着中国近代的衰弱，连带地重新编码了中国文化的心态，我们的国人深深地陷入了一种文化自卑之中。这一点在东西方体育文化的交流中体现得尤为明显，我们在对待民族传统体育立场的问题上始终处于两难的境地，如同鸡肋，食之无味，弃之可惜。我们总认为民族传统体育不是一种具有独立形态的、体系健全的体育体系，我们总是用西方体育的标准和眼光来看待我们自己的民族体育，用西方体育的模式和评价标准来衡量我们的民族传统体育，经过这样的框定、改铸、剪裁的结果，我们的民族传统体育不仅面目全非，而且完全失去了我们自己所特有的存在价值和意义。一个多世纪以来，随着奥林匹克运动这一特有的以西方体育为主要内容的世界性体育的急速发展，我们的民族传统体育不得不在世界体育文化快速实现体育文化“基本一体化”的进程中，特别是在我们的经济、政治等一系列社会问题发展选择中出现“部分西化”倾向的环境中，“洋体育”与“土体育”的较量基础完全开始失衡。亲和西方物质文明的同时，我们的国民也开始亲和了与西方物质文明相伴的西方体育，就连西方社会认为只有少部分贵族可以参与的高尔夫球运动，现在也随处可见。也许就是这样的盲动，导致了我们民族传统体育在一个世纪的发展中，失去了回归主流文化领域的可能。民族传统文化不仅积淀着一个民族和国家过去的文化创造和文明成果，而且也蕴含着它走向未来的可持续发展的文化基因。面对全球化的浪潮，我们如何在世界舞台上保留住自己的位置，“如何整合自己、健全自己、发展自己，而不是消灭自己，这就需要有中国传统文化的根基”。民族传统体育作为民族文化遗产，它弥漫于整个社会的存在，在中国文明史上扮演着重要的角色，承载着丰富的历史信息，成为中国5000年文明的一种象征。对民族传统体育发展而言，我们首先要树立它是民族文化重要组成部分的坚定信念，确立民族传统体育是民族文化的重要遗产这一坚实的理念，并且坚信民族传统体育同样具有鲜明的普世性。在漫长的历史发展长河中，民族传统体育已经形成了具有深厚文化底蕴的、成为体系的、具有浓郁民族风情的、种类繁多的民族传统体育项目。

但遗憾的是，由于其传承方式、产生地域的限制和影响，其中的一些项目基本上处于自生自灭的状态，甚至仡佬族传统体育项目在没有受众者的情况下，如同断线的风筝随风消逝，不复存在了。面对着仡佬族传统体育这样一种存在和继承的危机，我们决不能让自己的文化损失在我们这一代人手里。仡佬族传统体育作为人类文化的重要遗产，自有它的特殊功效和价值，正如冯骥才先生在接受采访时所说的那样“民间文化是中华民族精神和情感的重要载体，是民族亲和力和凝聚力的核心”，民族传统体育也有此类价值和功效。因此，作为中华民族传统体育的原创民族，我们不但不应忽视它的存在意义，而且还应发挥我们之所长，充分利用仡佬族的民族传统体育资源，积极构建民族传统体育现代化发展之路。

仡佬族传统体育现代化发展的实现，是传统民族体育的必由之路。中华民族传统体育面临多元开放的现代体育，必须大踏步地走向世界体育，并与这个多元化体育文化进行对话、沟通，在沟通对话中达到互相了解、互相包容，进而形成传统体育的现代化意义上的改良和传统继承。这不仅对仡佬族传统体育的现代发展，而且，对于弘扬民族文化、张扬民族精神都具有一定的理论指导意义和实际应用价值。构建仡佬族传统体育文化现代化发展模式，应该立足于仡佬族传统体育的现代社会意义的追求和改良，其最终目的是追求民族体育文化现代意义上的实现。在当今世界一体化，信息全球化的今天，仡佬族传统体育要振兴，实现其现代化，就必须解决好继承与发展，民族化与世界化、区域化与国家化、个性化与规范化、精英化与大众化等一系列的矛盾与冲突。

中华民族的传统体育只有在民族性的基础上的世界化，即在保持民族文化特色的基础上才能实现走向世界的目标。民族的东西只有民族化了才具有世界意义，如果失去了民族化，就没有世界意义了。地理环境是民族传统体育赖以产生和存在的必备条件，必然受到区域性的限制。这一点既为仡佬族传统体育的开展提供了独特的地理、人文、社会与心理环境，同时也为仡佬族传统体育在更大范围内推广带来了困难。所以在仡佬族传统体育的发展中，政府既要给予积极的扶持、指导和干预，在全国范围内推广，又要充分考虑各大体育项目对地理环境的依赖性。同时，由于仡佬族传统体育项目种类丰富而庞杂，不可能也不必都走向精英化的发展模式，更多的项目要走向大众化的发展轨道，发挥其在全民健身活动中的作用和价值。不可否认，仡佬族传统体育的文化价值和愉悦身心、群体整合等功能令世人瞩目，但因其缺乏完善的体育竞赛规则，不便于量化统计和判别胜负名次，因而影响着中国体育文化的对外传播。所以，怎样既能保持民族传统体育的优秀独特成分，又能吸纳其他民族的符合社会发展的先进因素，做到规范性和个别性的统一也是我们需要加以认真解决的问题。如上所述，仡佬族传统体育在其现代化的过程中，存在种种的矛盾和冲突，只有对种种矛盾和冲突进行理性的分析与思考，加以认真地研究与综合论证，才能使仡佬族传统体育在继承与革新中，理顺各种错综复杂的关系，顺利实现仡佬族传统体育的现代化。

文化学理论认为，文化具有两重性，具体表现在文化的时代性、民族性与文化的普遍性。在仡佬族传统体育文化的系统内，它的两重性亦是非常鲜明的，我们应当对仡佬族传统体育两重性建立正确的认识。由于我们国家民族组成的多样性，不同区域的民族传统体育项目，其发展的要因应归属于不同民族集团的人的民族意识和社会生活状况及其变革。汉民族与少数民族由于聚集地区的不同，社会发展的不平衡并受本身的生产方式、自然环境、历史发展阶段以及民族文化传统等的制约，因而产生和出现了形式和内容各异的民族传统体育项目。而这些个性明显的体育项目，在其发展形成的过程中，又不断地受到中华民族中外来区域和其他民族文化的影响，所以形成了仡佬族传统体育的内容呈现出既受中华民族整体先进文化和社会发展的影响，呈现出共同发展的时代性，也表现出本地区、本民族固有特质和生产生活方式与水准的体育文化特征。所以说，我们在体育全球化的发展进程中，对于仡佬族传统体育的两重性的认识，对于我们更好地分析发展它在当代和未来社会发展过程中的时代性、民族性和普遍性，是非常重要的。

同时，仡佬族传统体育在体育全球化的发展过程中的发展，我们不可能以主观的意识支配和制止体育的全球化发展，来营造发展仡佬族传统体育的环境和空间，我们应该承认全球化进程中的体育全球化发展是一种历史的必然。在西方体育全球化发展与仡佬族传统体育的发展中，如何处理好全球化背景下的体育文化的多元一体化问题，处理好仡佬族传统体育内部的多元一体化发展问题，已经成为我们发展仡佬族传统体育亟待解决的关键问题。

对于文化的多元一体化的理解和认识，文化界已经形成了广泛的共识，即文化存在本身的多元化。在文化上，所谓“多元化”不是仅仅表现为具体文化形式和风格的多样化，而是实质性内容——坚持主体、坐标和取向之间的异质性、异向性。众所周知，人类文化一直呈现出以民族主体形式为代表的多元面貌。不同民族、国家、地区甚至行业的人们各自是自己特殊文化的主体，彼此之间不能够完全归结和替代，这是一个普遍的、基本的历史事实。

就体育全球化与民族传统体育的发展来看，尽管在过去的100年里，民族传统体育深深地受到西方体育的影响，以至于不少人认为，民族传统体育在本民族生存的环境中，在20世纪末快发展到了被西方体育“殖民”的境地。但我们也应看到，在100多年的中华民族传统体育与西方体育的碰撞、互动和融合的过程中，已逐步实现和体味出它的世界性和全球性历史，它的生命的延续和在世界范围的传播及普及（尽管程度不高），仍有着自身的内在的发展逻辑。即使是在当今西方体育全球化程度非常之高的时代，民族传统体育受到来自各方面的挑战，它仍有存活的理由，尽管它不可能重温曾经有过的“蜜月”，但它仍能够在我们的文化生活中占据一席地位。

这样的发展结果，正体现出体育发展的多元一体化的现实。就像竞技体育的飞速发展，并不阻碍群众体育发展一样，竞技体育发展空间增大的同时，群众体育不会因此而失去和缩小自身的生存环境。因此，我们应该承认传统，但我们不能守旧；我们应该承认民族传统体育发展中的一体化进程中的革新和改良，但我们也必须认可一体化是建立在多样化基础上的发展。尽管，民族传统体育发展中的多样化是不可更改的，但民族传统体育在体育全球化进程中一体化也是无法阻挡的。多元一体化的民族传统体育的继承和发展是历史的选择。

文化不是僵死的，而是发展的。文化自身的两重性，决定了文化发展中总是有变与不变两个方面。对于仡佬族传统体育的理解和认识，我们必须认识到我们所处的环境已经远远地有别于过去，今天的民族传统体育的发展是在体育全球化的文化发展环境之中。如果我们仍坚持传统所设定的固有环境，并顽固地实施传统意义上的发展，我们的视角就会变得毫无生气和僵死，我们的研究就显得毫无意义。今天的仡佬族传统体育发展，我们应该承认它自身所带有的原时代性、地域性和民族性的内容，会随着时代的变迁、地域的转移而发生变化；在与不同文化的交流中、在异质文化的影响下，它也会改变其内容和形式的。如傩戏从祭祀到表演方式的演变，打飞綄变为打篾鸡蛋，这就是我们应该认可的“变”。但文化又是稳定的、延续的。在不断的发展变化中，文化中具有普遍性的内容会在发展中保存和延续下来，成为贯穿整个发展过程的基本精神、基本特点，形成文化的传统，这就是我们应该追求的不变，就像奥林匹克运动的精神和理想是亘古不变的一样。追求仡佬族传统体育发展中变与不变的统一，实现仡佬族传统体育本身“其具有普遍意义的精神和内容是不变的，其具体内容和形式则是变动不居”的目的。

文化的发展其实质是原创文化在实现文化当代性的变迁，这就是文化学者所阐述和证实的“文化具有变迁性”。文化变迁其实质是将原创文化融入现时社会中，并与现时社会的发展背景、外来相关文化进行全面的或部分的接触与碰撞，进而在接触与碰撞过程中形成鲜明的现代社会意义和价值对比，从而实现仡佬族传统文化的当代转型与变迁。这一过程其本质特征，应该是文化筛选的过程。我国的民族传统体育项目种类多达977种，由于我们国家和民族发展历程的特殊性，民族文化在过去的历史时期较少地与外来文化进行交流和碰撞，原创文化的含量在民族体育中的成分仍占有较大的或者说是决定的因素。因此在如此庞大的民族传统体育项目中，负载不同民族、地域文化特色的现实也就成为历史的必然。在众多的民族传统体育项目里，可以说它的传统成分往往是决定性的，不论是运动过程中所体现的文化内涵、运动形式、运动器材和运动场所以及参与运动的主体，都或多或少地保留着封建的、不科学的或与现代社会发展不适应的成分。而这些成分存在，从现代意义上来讲是不合时代和社会发展潮流的，是民族传统体育现代转型和发展的障碍，是民族传统体育文化中的糟粕。所以，发展仡佬族传统体育，实现现代意义上的民族传统体育发展，就必须坚持文化发展过程的筛选原则，“取其精华，弃其糟粕”。

文化的筛选，实现现代文化意义上的变迁，对于我们来讲不是所有的民族传统体育文化都能够在同一个时期发展成为理想的现代文化或者世界文化。尽管，文化的全球化趋势越来越明朗、越来越迅速，但文化的融入和变迁是需要环境和时机的。仡佬族传统体育的现代化发展，是建立在一定基础上的，是由原创文化本身的现代价值所决定的。所以，我们的筛选必须坚持“古为今用”的思想，坚持文化发展的先进性特质，划清文化遗产中民族性精华同封建性糟粕的界限。只有这样，仡佬族传统体育文化的发展，才能够保持其旺盛的生命力。

第六章

仡佬族民族传统体育展望

丰富多彩、形式多样的仡佬族传统体育，伴随着各民族前进的步伐，已从高山峡谷、边陲村寨、大漠草原走向中华大地。在经济、文化进一步发展和繁荣的现代，有些项目已走出国门，冲向世界，逐渐成为世界人民的财富。

第一节　民族传统体育在现代社会中的发展

一、民族传统体育的挖掘、整理、研究、提高

1949年10月，当时的中央人民政府副主席朱德在一次全国体育工作会议上明确指出："要广泛地采用民间原有的许多体育形式。"（《新体育》杂志1950年创刊号）为了推动发展民族传统体育，于1953年在天津举行了"全国民族形式体育表演及竞赛大会"（后来被认定为第一届全国少数民族传统体育运动会）。继后的多届少数民族传统体育运动会，大大地促进了对传统体育项目的挖掘和整理。

1981年9月，全国少数民族传统体育工作会议在国家体委和国家民委

联合下召开了。该会议决定，对少数民族体育工作，采取“积极提倡，加强领导，改革提高，稳步发展”的方针。以此，各个不同少数民族地区采取相关的措施，对各自民族传统体育进行了更为系统的调查、整理、改进工作，产生一批优秀的民族传统体育项目。例如20世纪80年代初期，北京、河北等地的一些满族教师和干部，整理发掘了86个满族传统体育项目，其中“采珍珠”源于满族青年男女在河水中采捞蛤蚌劳动之余的一种娱乐游戏。他们把“绣球”比作蛤蚌里面的珍珠，往箩筐里面抛投，并且有人阻止其他人向里面投入。后来经过挖掘、整理和改进，已经成为一种规则完善、具有浓郁趣味的民族传统体育项目，并列为全国少数民族传统体育比赛正式项目。还有，1984年，毽球是在“古为今用”“改革提高”方针下开发民族传统体育的成功尝试。它是国家体委组织相关专家整合古代蹴鞠、花毽与现代足球、排球、羽毛球运动的特点而改造成的。再有，侗族的抢花炮，在限制比赛时间、修改竞赛规则、完善炮台设置等方面进行改革后，更突出了竞争性和趣味性，从1986年起被正式列为全国少数民族传统体育的比赛项目。

通过访问、调查、座谈、研讨会、论文等多种形式，专家、学者和知名人士对民族传统体育进行了全方位的挖掘、整理及研究，出版发行了大量的文献资料和书籍。如《气功精选》《武术科学探秘》《中国武术文化概论》《中华民族传统体育志》《武术学概论》《太极拳全书》《武术理论基础》等，还创办了《中华武术》《气功》《围棋》《中国毽球报》等一批有影响的专业期刊、报纸等。据统计，目前，仅武术图书就出版了7000多万册。一些传统体育通过科学的整理、加工、提炼而获得了新生。此外，还创编了一批具有实用性、健身性和强体功能的新拳种和健身术。譬如：简化太极拳。另外，在“批判地继承”原则指导下，对有些传统体育项目加以改造，来提高其科学化水平。如蒙古族的“那达慕”，在剔除了封建习俗、增加新时代内容后，使具有草原风采的民族传统体育文化向世人展露。还有傈僳族的“东巴跳”，经过对内容的提炼与改造，摒弃封建文化糟粕，弘扬健身和艺术价值，现已成为民族节日、祭祀、婚俗的一项独具一格的民族武术活动。对民族传统体育的挖掘、整理以及在内容和形式上的提炼革新，使其不断得到完善，更好地适应新时代的要求，更为群众所喜爱。

二、民族传统体育的发展阶段

民族传统体育在人类历史的各个时期，对民族的繁衍与进步起着重要的促进作用。但由于历代封建统治阶级对少数民族的歧视和压迫，使得民族形式的体育活动无法得到真正的发展。另外，大多数少数民族生活在偏僻的山区或边疆地区，交通闭塞，经济落后，文化教育水平低下，使少数民族传统体育缺乏物质与精神基础。由于各少数民族受封闭的自然环境和保守的自然经济的影响，使传统体育处于本族、本寨活动的封闭状态，并带有与巫术相结合的宗教色彩，其发展也极不平衡，有些民族传统体育处于自生自灭的自然状态。

随着新中国的成立，在党和政府的亲切关怀下，民族传统体育才迎来了新的发展机遇。经过近 70 年的发展，民族传统体育已基本趋于成熟和完善。这一发展过程可分为三个阶段。

（一）由封闭向开放的发展阶段

传统体育传承的封闭性是中国封建文化的伦理特色所决定的，与中国的宗族制度有着内在的联系，具体表现为血缘化倾向和区域性两个方面。

中国以血缘为纽带维系的宗法制度，具有悠久的历史。农耕稳定的生活适合于血缘家族的世代延续，因而在自然经济的条件下，这种倾向性更为明显。如武术，其师徒之间的关系常常是父与子或者翁与婿。血缘化倾向导致各门派在技艺上的千差万别，形成独特的传统和风格，并在各门派之间相互保密，处于“祖传秘诀”的封闭状态。

传统体育也具有非常明显的区域性传承，如新中国成立前的武术界就显然以“南派”与“北派”表明不同的区域，使武术这一传统体育项目形成了完全不同的风格。

新中国成立以后，党和政府为增进民族团结、繁荣和发展民族体育，除由国家举行全国性少数民族传统体育运动会外，各少数民族自治区、州、县也举行本区域的民族传统体育运动会，将各民族和单个村寨原来独立生存的传统体育相互展示、相互交流、相互学习和相互借鉴。随着时代的进步，各民族经济发展，交通改善和文化教育水平提高，民族传统体育在日益增多的民族文化交往中逐渐由封闭、保守的状态向着开放状态发展。

（二）由自然性向规范性的发展阶段

20 世纪 80 年代，民族传统体育进入了较系统的挖掘、整理、研究和发展的时期。在取其精华、去其糟粕、推陈出新原则指导下，一部分有价值、有影响的传统体育项目完善了表演、竞赛规则（如武术、龙舟、珍珠球、打陀螺、赛马、抢花炮、射弩等），使民族传统体育由自然状态逐步向科学化、规范化方向发展，并使其从单一民族文化发展成为各民族人民共同享有的文化财富，适应了人类文明进步的潮流。

（三）由低层次向高层次的发展阶段

我国民族传统体育进入 20 世纪 90 年代后，迈向了由低层次向高层次发展的阶段。

1991 年 11 月，第四届全国少数民族传统体育运动会对民族传统体育的改革和发展提出了明确的目标，即“更具有民族风格、地方特色和时代精神，更能为群众所喜闻乐见，更有利于发扬传统和便于推广”。从此，独具特色的中国传统体育开始走出国门，面向世界。首先，是在 1990 年北京举行的第十一届亚运会上中国武术被列为正式比赛项目，并成立了国际武术联合会。1991 年在内蒙古举办了“国际那达慕大会”，向世人展露了具有草原风采的民族传统体育文化。其次，毽球、龙舟、风筝、围棋等项目的国际性表演和竞赛日渐增多，呈现出前所未有的发展趋势。

民族传统体育的发展进入高层次的具体体现是，普及与提高、群众性与专业性、传统体育与现代体育、民族性与世界性实现了有机的结合。随着社会的发展，传统体育在国内已更加深入人心，在国外已引起各国人民的极大兴趣。在国内外一些大型民族体育活动中逐步向世界各民族开放，并融会于世界文化长河的洪流。这种由低层次向高层次的发展是民族传统体育在现代社会中的必然趋势。

三、现代民族传统体育的交流与传播

民族传统体育的兴盛，象征着我国各民族的繁荣、兴旺。发展民族传统体育不仅关系到民族体质的增强，而且关系到民族平等和尊重民族风俗习惯的问题。因此，党和政府在重视发展民族传统体育的同时，提出了“民族体育与现代体育比翼齐飞”的口号，并制定了“积极提倡，加强领导，改革提高，稳步发展”的民族体育方针，从而大大地推动了民族传统体育的交流与发展。

全国少数民族传统体育运动会，是民族传统体育进行交流活动的最高形式。除第一届全国少数民族传统体育运动会是在20世纪50年代召开外，第二届至第六届均在20世纪80—90年代举行，而且在规模、参赛人数、比赛项目和表演项目的设置上均是一届比一届提高。在1954—1981年的27年间，虽然没有举行全国性的少数民族传统体育运动会，但在1959年举行的第一届全国运动会和1975年举行的第三届全国运动会上，都将一些少数民族传统体育项目列为竞赛或表演项目。近十几年来，一些省及省以下的少数民族自治地区也举办过多次各具特色的传统体育运动会。1991年5—7月在上海举办的“首届中华民俗风情大型游艺会”，有20多个省、市、自治区的34个民族演示了自己民族的舞蹈、服饰、体育娱乐和竞技等，其中属传统体育竞赛的就多达数十个项目。正是在运动会的推动下，各少数民族传统体育活动得到了空前的发展和快速提高。

除此之外，武术、气功、龙舟、风筝、围棋等，曾多次举办过国际比赛和国际交流大会。武术、龙舟的洲际或国际组织的建立，也促进了中国民族传统体育的对外传播，为让世界了解中国做出了巨大的贡献。

武术是传统体育国际交流最为频繁的项目。1982—1995年成立的武术国际组织有：

（1）1985年，欧洲武术联合会。

（2）1986年，南美洲武术联合会。

（3）1987年，亚洲武术联合会。

（4）1990年，国际武术联合会。

其间，中国武术的国际赛事有：

（1）1982 年，南京中国武术国际邀请赛。

（2）1984 年，武汉国际太极拳、剑邀请赛。

（3）1985 年，中国西安第一届武术国际邀请赛。

（4）1986 年，中国天津第二届武术国际邀请赛。

（5）1987 年，第一届亚洲武术锦标赛在日本举行。亚洲武术联合会决定此后每两年举办一次。

（6）1988 年，第一届中国国际武术节在中国杭州—深圳举行；第三届国际武术邀请赛在杭州举行，并增设武术散手擂台赛。

（7）1990 年，北京第十一届亚运会将武术列为正式比赛项目。此后的 1994 年日本广岛第十二届亚运会和 1998 年泰国曼谷第十三届亚运会上武术均为正式比赛项目。

（8）1991 年，北京举办第一届世界武术锦标赛；在马尼拉举行的第十六届东南亚运动会上武术被列为正式比赛项目。

（9）1992 年，东亚运动会武术比赛在上海举行；第二届世界武术锦标赛在马来西亚举行。

（10）1995 年，第三届世界武术锦标赛在美国巴尔摩市举行；首届国际武当武术擂台赛在武汉举行。

另外，围棋、龙舟、风筝等传统体育项目在国内外也都得以广泛开展。1982 年 3 月，国际围棋联盟在日本东京成立。影响较大的国际围棋赛事有：“富士通”“应氏杯”“中日擂台赛”“IBM 世界快棋公开赛”和“欧洲围棋锦标赛”等。龙舟运动在澳大利亚、日本、英国、美国、加拿大以及东南亚一些国家都有开展，并设立了专门的组织。比较有影响的国际龙舟比赛有：香港国际龙舟赛，厦门、福州、北京国际龙舟邀请赛等。

综上所述，新中国成立后，民族传统体育在党和政府的关怀和指导下，得到了前所未有的发展。在挖掘、整理、研究、提高方针指导下，民族传统体育项目得到进一步丰富和完善，完成了组织建设，正确处理了继承、改造、创新与发展的关系，并通过举行各种形式的运动会和活动，增强了各民族之间的相互了解、相互学习和相互促进。随着各民族人民经济文化水平的提高，少数民族传统体育项目在技术水平上也逐步得到了提高，这对进一步弘扬民族文化，发展传统体育将起着重要的促进作用。事实表明，民族传统体育已成为我国各族人民体育文化生活中必不可缺少的重要组成部分，并已逐渐成为整个人类所共有的财富。

第二节 仡佬族民族传统体育的继承与改造

仡佬族民族传统体育是在特定的自然条件下和社会历史背景中形成的，具有鲜明的民族性、历史性和地域性。各民族在珍视本民族传统体育的同时，又都力图取得民族体育文化的进步。作为传统体育文化的一种载体，民族传统体育本身必然是精华与糟粕共存，在对精华部分继承的同时，剔除其糟粕也是必需的。但对传统体育的改造必须慎之又慎，应该注意尊重民族感情和习惯。因此，继承与改造都应沿着它自身原有的方向，维持原有的形式。对传统体育的改造，主要是价值转变，也就是重新认识，确立传统体育在现代社会生活中的独特价值和作用，并且尽可能用现代科学理论对其各种功能做出科学的解释。

一、仡佬族民族传统体育的挖掘与整理

仡佬族是我国西南地区一个世居的古老民族，其历史源远流长，可以追溯到遥远的古代。从历史文献记载中，可知道仡佬族的称谓形成大致经历了濮人、僚人、仡佬等阶段。仡佬族在其演变的过程中出现了许多具有民族传统特色的体育项目，如高台舞狮、打磨秋、打篾鸡蛋、踩高杆等，这些体育项目的出现和形成彰显了仡佬族人民勤劳勇敢、刚毅顽强的民族精神。但是由于当今社会西方竞技体育的全球传播和奥运会项目的激烈刺激，人民可以参与的体育锻炼项目多元化，导致我国传统体育的发展呈现出停滞甚至消失的现象；加之时代的变迁和生产生活方式的改变，大量青壮年外出打工和城镇化的快速发展，仡佬族民族传统体育被陌生化、边缘化。在文化大繁荣、大发展的背景下，需要对仡佬族民族传统体育进行挖掘和整理，这对仡佬族民族传统体育的保护和传承显得尤为重要。

（一）挖掘和整理仡佬族民族传统体育的现实意义

仡佬族民族传统体育运动作为中华民族传统文化的一个部分，反映出仡佬族民族传统体育文化价值观，承载着仡佬族文化的传承与发展方向。对弘扬仡佬族勤劳朴实、坚强勇敢的民族精神有着重要的意义。

1. 文化传承力

“仡佬族民族传统体育是指仡佬族在一定范围内开展的、具有浓厚的仡佬族民族文化色彩和特征的传统体育活动”，它反映着仡佬族这个古老民族的历史、文化、习俗和宗教信仰，同时也记载着仡佬族人民的人情世故、民族性格、伦理价值观、民众心理等。如仡佬族传统体育活动“高台舞狮”，在逢年喜庆的日子，道真、务川、正安一带的仡佬族都要表演高台舞狮，以示吉庆。高台舞狮也叫“狮戏”，是融体育与杂技为一体的文化体育活动。该项目源于“目连救母”的神话故事，反映了仡佬族人民不畏艰险、战天斗地的民族性格。仡佬族作为中国的少数民族，在长期的劳动生活中创造了独特的体育形式，这些融戏剧、体育于一体的体育活动绚丽多彩、世世代代传承，成为仡佬族人独有的民族文化特征。仡佬族民族传统体育中处处体现着中华文化，它记载着本民族的风俗习惯、人际关系、民族性格等。

不论在哪一个时期，民族传统体育都以其独特的风格成为体育文化的重要构成部分，仡佬族作为中华民族中56个民族中的一个少数民族，在其发展的过程中开创了许多具有民族特色的体育文化，使体育文化宝库变得多姿多彩。对仡佬族民族传统体育的挖掘和整理既是继承又是丰富中国民族传统体育文化。

2. 民族凝聚力

我国是一个多民族的国家，在风俗习惯和文化活动上存在着很大的差异，中华民族向来都是“礼仪之邦”，各民族人民在漫长的历史发展中结下了深厚的友谊，共同生活在中华民族这个统一的大家庭中。但由于社会的变迁和历史发展的种种原因，以及各民族之间不同的生活习惯和宗教信仰，还存在一定程度的民族矛盾问题，从这方面来说，对少数民族传统体育的挖掘整理具有很强的意义。每个民族作为中华民族这个大家庭中的一个群体，都具有相同文化和信仰，为了让每个民族紧密联系在一起，增强民族团结意识，就必须用一种有效的方法和手段使各民族发生联系，进行交流，对不同的文化进行取长补短。这就通过不同类型的民族传统体育进行交流融合，达到凝聚民族力量的目的，最终实现民族大家庭的和谐统一。在全国第五届少数民族传统体育运动会上仡佬族具有民族特色的“高台舞狮”“滚山珠”获得二等奖的殊荣，通过以项目表演的形式来展现仡佬族的民族特色，使世界认识到了具有少数民族乡土气息的传统体育文化。通过少数民族传统体育运动会把仡佬族和各民族聚集在一起，加深了各民族间的相互了解，对民族地区传统体育文化的弘扬和促进民族团结有着重要的社会意义。

3. 全民健身性

新中国成立后，党中央提出“锻炼身体、增强人民体质”的号召，各级党政十分重视。民族传统体育具有丰富多彩的运动项目，有儿童体育活动项目、青少年体育活动项目、中老年体育活动项目，能满足各个年龄段的体育需求，并且大多都以轻松愉悦的气氛出现，加之所需场地器材简易方便，在任何地方都可以开展，所以深受广大民众的喜爱。随着我国居民生活水平的提升和办公条件的改善，人民参与体力活动减少，工作群体易出现各种职业病，参加体育活动逐渐成为人们闲暇时的重要活动内容。挖掘和整理仡佬族民族传统体育项目使其大众化、普及化，进入到人民的日常锻炼中，这是迫切需要解决的问题。如仡佬族的“丢窝儿”“打金山银山”等属于少儿游戏，“踩高杆”“打篾鸡蛋”等属青少年体育活动，“角力”“荡秋千”“牛筋舞”等不仅适合中老年也适合青年群众，男女老少都可以参加，真正符合我国全民健身运动普遍开展的要求和增强全民终身体育健身意识。仡佬族民族传统体育的健身方式为全民健身活动的开展提供了丰富多彩的练习形式和方法，这对我们的挖掘整理有百利而无一害，所以对其进行挖掘和整理工作显得非常必要。

4. 学校推广性

随着当今社会的快速发展和人才竞争的激烈性，学生的学习压力日益加重，体育课就成了学生释放压力的有效途径。但由于受到现有教学模式和教学内容的影响，学校的体育课的大多教学项目都具有竞技性的特点，不仅单调乏味，还显得枯燥无趣，学生体育锻炼的积极性得不到有效激发，导致许多学生甚至厌倦体育课堂。1995年国务院颁布了《全民健身计划纲要》标志着我国社会体育进入了一个全面发展的新纪元，民族传统体育项目进入中学的课堂，如我国的传统项目武术、健身气功等被列入各地方的校本教材。民族传统体育项目成为中学课改的重要内容。

由于传统体育项目的健身性和娱乐性深受学生的喜爱，许多枯燥无味的竞技体育项目开始逐渐退出体育课堂。贵州属于高原地带，少数民族居多，许多民族地区学校由于场地和器材的限制，给体育课堂的教学带来一定的影响。仡佬族传统体育项目种类繁多，不受场地器材的约束和限制，组织形式和内容丰富，具有较强的娱乐性和健身性，正好符合国家培养全面人才的要求。如“踩高杆”“打篾鸡蛋”“扯你过河来”等。踩高杆是用两根两米多的竹竿，在下端五寸至一尺高的半腰绑上一根尺许的竹竿，呈半丫形，人站在丫上，手足同时提起走步，看谁走得快，互相追逐戏耍，还可跳高杆舞，很有乐趣。这些传统体育项目不仅有益于学生体质，在培养学生反应能力、平衡能力和力量素质等方面也有着积极的作用，更重要的是能够传承仡佬族民族体育的和谐精髓，使民族传统体育的发展和继承后继有人。对此方面的挖掘整理工作将成为学校体育教材改革的重要突破点，结合素质教育全面发展的要求，在学校开展仡佬族民族传统体育教学，能促进学校体育与民族传统体育的有效接轨。

（二）挖掘和整理仡佬族民族传统体育应遵循的原则

1. 突出民族特色的原则

仡佬族民族传统体育的生命力在于它自身所具有的民族特色，在其发展的过程中它之所以经久不衰，是因为它独特的民族性和丰富的文化内涵，与仡佬族人民的生产和生活方式相协调。所以在挖掘整理工作中应以保留民族特色为核心内容，使之在适应生产和生活条件、现实社会文化的基础上，再去丰富它的内容和形式，达到传承仡佬族民族传统体育的目的。

2. 坚持“扬弃”的原则

我们对待仡佬族传统体育项目，要取其精华，去其糟粕。一个国家的民族传统文化在传承与发扬过程中要坚持批判性，不能眉毛胡子一把抓，不然就失去了挖掘与整理的意义。仡佬族民族传统体育多起源于仡佬族人民的生产生活、宗教信仰、民俗文化中，其中不乏很多不能适应社会发展的原始的、落后的封建迷信色彩的东西，存在着一定的局限性，传统的东西不仅要看到它的正面价值同时也要看到它的负面影响，所以在继承和发展的过程中要取其精华，去其糟粕。对此，在挖掘和整理仡佬族民族传统体育项目的过程中必须坚持“扬弃”的原则。

3. 坚持与世界接轨的原则

把民族传统体育项目推向全世界，发扬光大中国传统文化。我国是一个文明古国，其文化和历史源远流长，孕育出很多优秀传统文化，民族传统体育就是其中的一种，如我国的传统项目武术，其健身价值和精彩绝伦的表演技术不仅得到国人的认可还得到全世界的赞赏。仡佬族民族传统体育具有巨大的发展潜力，其中有很多项目竞技性和表演性特点突出，都比较适合推广，与世界接轨，走向世界竞技表演舞台。

二、仡佬族民族传统体育的继承与发展

仡佬族民族传统体育在“古为今用”的原则下，得到了有效的开发和推广，究其原因就在于批判地继承了仡佬族民族的文化特质，使我们在继承和发展仡佬族民族传统体育项目时，就能深深地感受到仡佬族远古的生活气息，从其投足、举手、服饰、道具，就能区分出所属的民族，通过其表现形式和内容，就能使我们对仡佬族的历史有所了解。

仡佬族民族传统体育不是对古代传统体育的简单回归，也不是对世界体育的单纯皈依，它是统一的现代世界体育的有机组成部分。仡佬族传统体育项目在一定的历史阶段得以产生，也随着社会的发展而发展。只要是以传统的文化特征为核心，并与民族的现实生活和文化状况相协调，就必然会具有其民族特色，这是我们继承与发展民族传统体育的前提和依托所在。

例如高台舞狮，是仡佬族的一种传统习俗，仡佬族人民的在春节或重大喜日子都要舞狮助兴。狮子被称为百兽之尊，形象雄伟俊武，被誉为百兽之王，给人以威严、勇猛的印象。人们将狮子当作勇敢和力量的象征，

认为它能达到驱邪镇妖、保佑人畜平安的目的。因此，仡佬族民间对舞狮有一种亲切感，把它当成威勇与吉祥的象征，并希望用狮子威猛的形象来驱魔赶邪，取狮子威严以镇压或以示威武的形象，以祈望生活吉祥幸福，万事平安。

高台舞狮源于庆新春的花灯和酬神祈福求子的愿灯，在其发展过程中经历了花灯、狮子灯、扑地狮子灯、高台舞狮四种形态演变过程。按照内容来看，表演顺序依次为第一部分是“孙猴子”与狮子出场表演、第二部分是“孙猴子”与“笑和尚”高台表演和狮子高台表演、第三部分是狮子平台表演。传统原创动作有50余个，譬如“太公钓鱼”“黄鹰展翅”“宝塔冲天”“猴子捞月”和“下岩摘桃”等。在演出的时候，一般要用六七张“大桌子”来直叠搭台，最多的时候可叠十二台，并且最上一张桌子要倒放，整个高台一般7~10米，最高可达12米，演员要在12人左右。常常伴奏有唢呐、大鼓、小鼓、钵、书铰、钩锣、马锣等声音，一台完整的高台舞狮表演通常持续3小时左右。它是云贵高原一大独特奇观，相比于南方广东的南狮以及北方的狮舞，仡佬族人小、巧、灵、险的高台舞狮，具有十足的观赏性和创造力。这既是杂技与武术的融合，也是胆识与技巧的挑战，仡佬族民族文化借助高入云霄的狮子，展示出雄健彪悍的一面！在时代产生、形成和发展的特定时间、空间特点及当时的文化背景因素，高台舞狮凝结了不同历史时期仡佬族人民的精神和智慧，表现出仡佬族独特的思维方式、行为规范、审美观念、心态模式和价值取向。又如在春节期间，仡佬族的文体活动开展有打篾鸡蛋、磨磨秋、抱龙蛋、打鸡等。但现代的春节，在继承传统文体活动的基础上，增加了文艺演出、体育竞技、物质交流等新内容。但这一活动是对继承传统文体活动内容上的充实和形式上的扩展，是仡佬族传统生产方式、生活习惯、民族文化和性格的体现。再如打篾鸡蛋，这一传统体育项目不仅得到了很好的继承，而且得到了长足的发展。现代的打篾鸡蛋活动是在清除了迷信、愚昧和不健康内容的基础上发展起来的，但传统的习惯（如仪礼、崇拜等）仍得以继承和延续，“打篾鸡蛋”已经成为仡佬族人民庆祝节日和喜获丰收时必不可少的一项特色的民族体育活动。同时，政府部门已将这一娱乐项目系统地整理加工并进行推广普及，“打篾鸡蛋”现已成为全国民族体育运动会的表演竞赛项目，以现代竞赛组织的方式走到了世人面前。在仡佬族当地村村寨寨都随处可见，成为小朋友、青少年经常组织开展的一项业余娱乐体育项目和各中小学校运动会的主题节目。

三、仡佬族传统体育的改造与提高

民族传统体育的生命力在于其项目的民族特色，在现代文明社会高速发展的条件下，如何使传统体育消除各种陋习，在改造中不断提高，使其更加合乎社会的需要和时代的发展，可以说是仡佬族传统体育工作所面临的任务。

（一）革除陋习 冲破旧俗

仡佬族传统体育是在仡佬族独有的历史传统和文化背景下产生、发展的，这就决定了仡佬族民族传统体育在流传与形成过程中，免不了泥沙俱下、鱼龙混杂。悠久的历史也带来了根深蒂固的陋习，其表现主要有两个方面。

1. 传承中的封闭、落后与保守性

传承中的封闭性是中国封建文化在传统体育继承中的主要表现形式，与中国家族制的血缘关系有着密切的内在联系。如武术各门派的师徒关系，多是由血缘亲情相互联系的。这种血缘化的传承导致了各门派之间的相互保密和封锁，所谓“祖传秘诀”“传子不传女”等，均是传统武术在传承中封闭性的产物。

仡佬族传统体育文化是在长期民族融合过程中形成和发展的，封建的经济基础和政治制度决定了它的落后性与保守性。仡佬族民族传统体育作为封建社会意识形态的组成部分，为维护西南地区社会的稳定，就必然要全力维护等级观念、权力意识、奴性心理，因而仡佬族传统体育文化的保守性，维护了它的落后性。反之，等级观念、权力意识、奴性心理这些传统体育文化的落后性又强化了它的保守性。因此，落后与保守是相辅而行并互为因果的关系。如果不能看清或不承认传承中的这种落后性和保守性，就不能分清民族传统体育文化中的精华与糟粕，有碍于传统体育在继承中发展，在改造中提高。

2. 浓厚的封建迷信色彩

传统体育的迷信色彩主要表现在尊祖师的习俗上。由于长期的封建统治，人们的行为规范时时受到封建社会“仁、孝、忠、悌”等伦理道德的束缚，祖师的宗法万古流传，否则就是大逆不道。因而，传统社会习惯于把许多传统体育项目的创造、发展，不是归功于神仙道人，就是归功于封建统治者，如黄帝发明了蹴鞠、尧舜发明了围棋、达摩创造了少林拳、张三丰开创了武当派等。这些迷信玄虚之说历代相传，且愈演愈烈，使本来朴素自然的传统体育，如武术、气功等，变为神秘莫测、玄而又玄的东西。究其原因，可以从两个方面进行分析。一是佛教、道教等宗教的渗透，使传统体育与教义、教规、法术、神仙挂上了钩，成为宗教修炼或宣教布道的手段；二是受封建愚昧思想的影响，人们对解释不了的某些项目的道理，就只能感觉神秘莫测了。二者的结合强化了传统体育的神秘性，而对越是神秘的东西就越深信不疑，由此而形成了不少的清规戒律和给祖师立牌位等习俗。由尊师祖，又演变为各种不同的禁忌、祈祷和祭祀仪式，导致墨守祖宗章法之风，这种浓厚的迷信活动，显然不利于传统体育的健康发展。

建设具有现代民族特色的仡佬族民族传统体育，必须更新观念，革除陋习，冲破带有不适合于现代文明社会的旧俗。要在继承中弘扬民族传统体育文化，在改造中提高传统体育的档次，从而使传统体育从各种陈旧的陋习中解脱出来，向着更高层次的方向发展。

（二）提炼精华　改造提高

革除陋习，提炼精华，改造提高，是现代民族传统体育工作者应担负起的职责。在仡佬族民族传统体育项目具体内容的扬弃和完善中，我们既要考虑到现实的文化氛围中民族成员融合在传统体育项目中诸多因素的外化表现，不能随心所欲地改造，又要考虑到，在今天的社会文化环境下，在很大程度上还需要在具体的工作中加深对传统体育从内容到形式的认识深度。对那些远远落后于时代和民族精神风貌的东西进行淘汰，继承有利于民族发展和振奋民族精神的传统体育，并对其提炼、改造、倡导，使其发挥出更好的社会效益。

在提炼精华、改造提高方面，打篾鸡蛋是最具代表性的典型例子。

打篾鸡蛋是仡佬族优秀的传统文化之一。据说在古夜郎国仡佬族先民就是将此运动作为练兵的手段之一。打篾鸡蛋不仅有精湛多彩的技战术，而且富有深远的文化内涵。“打篾鸡蛋”的比赛场地很简便，一般有两种玩法：

第一种，分成人数相等的两队，每队4~8人。在比赛场地中央画一条中线或横置竹竿，以界为“河”。常见的玩法有“过河”“换窝”“进缸”“盘子”“呆子”等，如：玩的时候，双方队员可以用手拍、托、推、扣，也可以用脚踢。如果“篾鸡蛋”碰到了手足以外的身体或打不过河，则为失败。如果“篾鸡蛋”在本界内落地，对方可以越过河界占领落点的地盘。以将对方赶出全部地盘为胜。

第二种，不分队伍，人数也不限制。先由指定一人将“篾鸡蛋”扔到远处，众人随着“篾鸡蛋”奔跑过去抢夺。抢到者又往另一方向扔。以谁抢到“篾鸡蛋”次数多为胜。

虽然现在“打篾鸡蛋”只是一个表演项目，但是它不仅具有民族性、观赏性，还有很强的对抗性。以其浓厚的民族特色反映了仡佬族丰富的民族文化内涵，更以积极的风貌体现了仡佬族人民团结协作、勇于拼搏的精神。近年来，通过不断改进，其规则也日渐成熟。

毽球是一项古老的民间传统体育活动，自20世纪80年代以来，广大毽球工作者根据毽球的运动特点，通过大胆的改造使得该运动变得充满勃勃生机。现代毽球运动提取古代蹴鞠和花毽踢法之精华，结合现代排球、羽毛球等隔网运动之特点，推出新的运动项目——毽球，这一改造与提高，为开发民族传统体育做出了成功的尝试。

打“毛达”也是仡佬族经过改良而形成的体育项目。“毛达”类似当代的羽毛球。球的制作是用一节寸许长，小拇指粗细的竹筒，内插三五片雄鸡毛，每片鸡毛用剪刀在主筋两边剪成锯齿形，以减少羽毛在空中的阻力，保证“毛达”在击飞时稳而快。拍子用木料制作，类似乒乓球拍，仅“把”略长些，二人对打，比赛规则与打羽毛球无二。

新中国成立后，随着时代的发展和人民生活水平的提高，那些陈俗陋习已被革除。仡佬族体育项目以弘扬中华民族传统体育文化为基础，更真实全面地反映了民族的时代精神风貌。另一些传统体育项目，经过提炼改造，进一步弘扬了其健身和艺术价值。

第三节　现代仡佬族民族传统体育的发展趋势

现代仡佬族民族传统体育在长期的社会发展过程中，逐步形成了自身的特点，作为民族传统文化的一部分，潜移默化地影响着各民族人民的观念、行为和生活。在经过长期的挖掘与整理、继承与改造、发展与提高之后的民族传统体育，正朝着社会化、科学化、生活化的方向发展。在党的“平等、团结、进步、繁荣”民族政策的指引下，民族传统体育已由封闭和自然状态逐渐向规范化和高层次方向转化，进入稳步发展的新时期，它为民族的繁荣、兴旺所做出的贡献将永载史册。

一、仡佬族民族传统体育文化的发展趋势

我国是一个由56个民族组成的统一国家，各民族传统体育项目在相互交流中，不仅受到本地域民族人民的喜爱，而且由于其功利性或健身、娱乐等原因，而被其他民族所借鉴。有的项目是直接借用，有的项目是经过提炼，改造了原来的内容之后，再以新的形式流传于各民族之间。随着社会的进步，民族间的交往日渐频繁，同一种传统体育活动在各民族内部和不同区域间的差异将会逐步缩小，我们绝不能因突出“民族特色”，将现存流行于多民族间的传统体育项目（如武术等），按独立存在的多个民族进行内容和形式上的抽取复原，再独树一帜。因为现在许多传统体育在内容和形式上是浓缩了多个民族的历史、文化、心理、审美等因素的综合表现，是已进化了的外化形式。

在中华民族整体体育文化背景下的各民族传统体育特色，以众多的传统体育项目所特有的风格和形式的相互区别而形成丰富多彩的多元文化形态，而各民族所共同创造的体育文化在相互沟通方面，已是一种走向和发展趋势，所以，民族传统体育的挖掘、整理、研究、提高不能背离这个方向。在纵向发展的同时，应促进民族传统体育的横向交流和传播，形成以

地域关系和民族关系相结合的传统体育文化圈，这个“文化圈”的扩大，有利于各民族体育文化的发展，有利于民族传统体育活动在内容、形式上的创新和各民族之间的广泛开展。

现代体育大都是民族体育顺应社会发展的过程中发展起来的，即使是以现代竞技体育为母体的奥林匹克运动，最初也是由各个民族传统体育项目演化才发展到今天所具有的各个项目和规模布局。仡佬族民族传统体育，在社会发展过程中也随着我国社会现代化进程而发展变化着。

（一）政府加大扶持力度

仡佬族民族体育具有十分独特的地区性民族文化特色，是我国民族文化遗产的重要组成部分，其当地民族体育的传承和发展离不开政府的支持与保护。为更好地促进仡佬族民族体育的传承与发展，政府要加大对当地民族体育的扶持力度。具体来讲，一是要求有关政府部门对民族体育的发展以及重要性有一个全面而深刻的认识，在认识到其文化意义的同时更要看到当今发展民族体育对促进全面健身的重要现实意义，以给予仡佬族民族体育以应有的重视与地位。二是通过相关鼓励、扶持政策的制定来对仡佬族民族体育未来的发展方向进行适当的引导，以促进黔北仡佬族民族体育的良好传承与发展。三是加大对仡佬族民族体育相关基础公共设施的建设速度，在财力、物力、人力等方面提供强有力的支持，同时还要加大对仡佬族民族体育资源开发的力度，加强对优秀民族体育的保护、整理、挖掘和利用。

（二）与学校体育互动发展

仡佬族聚居地地处偏远地区，经济相对落后。从现有仡佬族少数民族地区学校体育教育现状来看，由于经济水平的制约限制现代竞技项目的开展。这需要寻找适合当地的校本课程的开发。2001 年新课程改革提出赋予学校合理而充分的课程自主权，为学校创造性地实施国家课程、因地制宜地开发学校课程，为学生有效选择课程提供保障。将仡佬族传统体育文化作为校本课程与民族地区学校体育结合起来，不仅可以使学校体育多样化，打造民族地区学校体育特色，而且对继承和发展少数民族传统体育文化具有积极作用。同时仡佬族存在着大量内容丰富、形式多样，对场地、器材要求低且承载仡佬族传统文化的仡佬族传统体育。伴随着社会、经济、文化发展的全球化和现代化进程的延伸，仡佬族人民的社会生活方式也在发展改变，许多仡佬族传统体育随着社会发展逐步远离仡佬族山寨，面临着消失和失传的危险，继承与发展也就成为问题。在这种状况下，这就迎合仡佬族民族传统体育与学校体育的互动发展。

（三）与当地特色旅游互动开发

随着旅游业的发展，仡佬族聚居地的地方旅游逐渐发达，社会主义市场经济体制逐渐深入，导致仡佬族传统体育由自娱自乐的古老封闭形式逐步向消费化、市场化过渡，于是，把仡佬族传统体育项目与地方旅游项目结合吸引游客的方式逐渐兴起。在一些旅游景点当地居民不但提供一些传统体育项目表演而且还与游客互动，在游客的参与中不仅放松心情同时通过民族传统体育感受了仡佬族的民族文化。以仡佬族祭祀节日活动为平台，发展“乡村旅游”促进经济发展。这被当作一种资源用来发展地方经济，时下“文化搭台，经济唱戏”是最流行的一种发展地方经济的模式，这种经济发展模式不仅在主观上推动了地方经济的发展，而且在客观上也保留、继承和发扬了地方传统体育文化。随着社会主义新农村建设的不断深入和发展，仡佬族传统体育作为民族传统文化的一种存在形式，也正在借助这种发展地方经济的模式，充分发挥着自己的“经济”角色。

（四）服务于社会主义新农村建设

仡佬族传统体育文化来源于生活，并流传于广大农村，具有传承性、宗教性和艺术性、娱乐性和健身性、节日祭祀活动的欢庆性和交流性、原始的教育性等功能，深受仡佬族地区人们的喜爱。在构建社会主义和谐社会、全面建设小康社会的时代背景下，仡佬族聚居的广大农村地区，正在普遍开展“四在农家”创建活动。目前，“四在农家”已成为影响力较大的全国新农村建设模式之一，它为欠发达、欠开发地区建设社会主义新农村找到了一条新路子。在“四在农家”创建活动中，仡佬族传统体育文化扮演着重要的载体作用，一些传统体育项目，如打篾鸡蛋、抢花炮、打磨秋、“跳海”、踢毽子、打鸡毛球等，已成为人们休闲娱乐的重要手段，人们在生产、劳动的间隙，积极参加民族传统体育活动，在提高身体健康水平和民族人口素质的同时，也丰富了仡佬族地区农村的业余文化生活，从而为农村的经济发展提供了更完善的生产力，为建设社会主义新农村奠定了基础，顺应了“富在农家、乐在农家、学在农家、美在农家”的时代需求。

二、仡佬族民族传统体育独特价值的研究更加深入

（一）仡佬族民族传统体育的文化价值

仡佬族民族传统体育作为传统文化的组成部分，其独特的价值将进一步被揭示出来并得到充分的肯定，但它负载的某些过时的文化含义（封建迷信等色彩）将被摒弃。仡佬族打篾鸡蛋和踩堂舞等，不仅在健身、养身上发挥着重要作用，而且具有远远超出体育范围的文化意义和实用价值。而作为传统体育重要组成部分的仡佬族民族体育，在新的历史时代仍然保持着旺盛的活力。说明仡佬族民族传统体育作为传统文化的重要组成部分在现代社会的存在价值。

仡佬族民族传统体育的文化价值一般体现在静态和动态两个方面。静态文化价值是浸透着社会历史的精神产物，它与各个历史时代的精神文明背景直接相关。动态文化价值是传统体育仍然活跃在现实生活中的一种文化现象，这种文化现象可以从传统体育与民俗的关系中得出结论。民俗是由于各民族的居民生活在不同的自然环境，经过长期的生产和生活，逐渐形成了仡佬族民族特色的性格及民间的传承习俗。无论是属于物质生活的风俗习惯，还是属于精神生活的风俗习惯，都是社会不同发展阶段的物质生活的产物，同时也是民族意识、民族心理素质的一个组成部分。所以，民族风俗一旦形成，便成为一个民族的习惯势力。民俗的存在和发展并不是孤立的，它与物质文化形态和精神文化形态的变迁有着密切的联系，而且具有丰富的文化内涵。它不仅体现了仡佬族人民的智慧和创造，同时也为仡佬族人民提供了精神文化和娱乐的方式。节日民俗中的传统体育是民俗的一种独特的表现形式，具有非常浓厚的民族文化色彩。除全民性的节

日之外，仡佬族民族中还流行着许多的节日，这些节日民俗随着社会的发展往往与人们的生产活动、纪念活动、社交活动和文化娱乐活动及民族之间的相互影响有着密切的关系。虽然各民族的节日民俗从时间上、纪念意义上、活动内容上不尽相同，但把传统体育作为节日民俗的一项重要活动内容却是相同的。如仡佬族的“春节”、仡佬节、敬牛节、敬雀节和祭山节等。在民族传统文化广阔背景上层现的民俗与民族传统体育，往往是相互融合、相互促进的。

随着仡佬族人民生产和生活的发展变化，民俗中的体育活动也必然随之变化。有的传统体育继续存在，依旧受到各民族人民的喜爱，有的则随着某些民俗的消逝而在现实生活中被中断活动，这乃是一种正常的现象。但大多富于民族特色的传统体育，却不因为民俗的消逝而失去健身、娱乐、审美的价值，即使是在孕育、产生民族体育的基础和环境消亡之后，作为一种定型的传统体育，还能在相当长的时间里留存在人们的文化生活中，构成传统体育赖以发展的依托，而不会因为现代文明的冲击而失去其存在的意义。为此，在挖掘、整理、研究民族传统体育的同时，应注意对民俗学的研究，因为民俗为整个民族所共有，并渗透在各民族人民的现实生活中，具有广泛的群众性和深刻的社会性。只有妥善地继承和发展这份宝贵的文化遗产，才能更深刻地了解仡佬族民族传统体育文化的内涵和独特的文化价值。

（二）仡佬族民族传统体育的健身价值

“打篾鸡蛋”作为一种娱乐项目，最早出现在《溪蛮丛笑》中：“仡佬土俗，于岁节数目，人赴野外分两队，各以五色彩囊豆粟往来抛接，名飞紽。”飞紽，即“篾鸡蛋”，是用柔韧的楠竹或金竹细篾编制而成的，形如鸡蛋，小的如拳头，大的如足球。

有实心和空心两种，实心“篾鸡蛋”内塞稻草或碎布旧棉，空心“篾鸡蛋”内装铜钱或石粒，一般重量不超过 250 克。“篾鸡蛋”的外面涂有各种颜色，像一个个彩球，用以往来抛接娱乐。“打篾鸡蛋”不仅需要机智、灵巧的动作配合，还能锻炼人的力量和速度。

随着社会文明的不断发展，人民生活水平的不断提高，人类的价值观念、思维方式、行为和生活方式等将发生巨大的变化，作为与人们直接发生密切关系的体育也必然会面临一场从指导思想到理论、方法上的革命，这场革命将围绕着人类健康的主题而展开。众所周知，目前世界上广为流行的几十种竞技项目并不能代表人类的整个体育，也不能满足现代社会条件下人们强身健体的需要。要使体育不仅成为少数竞技天才的世界，而且能成为广大人民锻炼体魄的广阔天地，民族传统体育是最有效的方法和手段，也是达到这一目的的最佳途径。

三、仡佬族民族传统体育的科学化、规范化发展趋势

科学化和规范化是中华民族传统体育发展的主要方向。仡佬族民族传统体育随着社会的发展，经过“扬弃”把这份遗产继承下来并融入我国现代体育之中，作为我们建设有中国特色的传统体育的基础和条件，是历史发展的必然趋势，同时也是历史发展的客观需要。

现代社会的进步和文化的发展，为用科学的理论与方法指导仡佬族传统体育的普及和提高，用科学原理对传统体育进行整理和提炼创造了有利的条件。因此，我们要以未来仡佬族民族传统体育发展的眼光，从人类总体的发展趋势中研究仡佬族民族传统体育，并从仡佬族民族传统体育文化的发展中，构建新的理论与方法，以指导和确定仡佬族民族传统体育的发展战略。

仡佬族民族传统体育的科学化是走向成熟的标志。在继续挖掘、整理、创新、提高的同时，应该做好传统体育项目的分类，依据田麦久的项群理论分类法，竞技体育可划分为“体能类”和“技能类”两大类八个项。项群理论对少数民族传统体育项目分类具有一定的指导意义。仡佬族传统体育项目众多，依据项群理论可把仡佬族民族传统体育项目分为嬉戏娱乐类、竞技能力类、节庆习俗类三大民族体育项群。进一步提高其科学性和实用性，使之提高健身养生、娱乐观赏价值。有些传统体育项目的科学化，是制定统一的比赛规则、评分标准，提高其表演竞技功能，以适应向世界推广的需要。故此，对传统体育的科学化研究必须解决认识问题，克服理论上的贫乏，树立科学的观念，重视传统体育理论的建设，促使其向着科学化、现代化方向发展，只有这样，才能加速中华民族传统体育建

设的步伐。

仡佬族民族传统体育各种制度的建立和政策的落实是规范化的具体体现。党和政府“平等、团结、进步、繁荣”的民族政策和“积极提倡，加强领导，改革提高，稳步发展”的民族体育方针，是仡佬族民族传统体育建设和发展的保障。新中国成立近70年来，特别是党的十一届三中全会以来，在改革开放政策指引下，我国民族传统体育事业得到了前所未有的发展。无论是竞技化的传统体育项目，还是非竞技化的传统体育项目，都建立了较为规范的表演和竞赛制度。如武术、龙舟、中国式摔跤、毽球、赛马、射弩、珍珠球等一批民族传统体育项目，都建立健全了各种竞赛制度，为推动民族传统体育的发展起到了重要的促进作用。还有大量的民族传统体育项目，在继承中推陈出新，在改造中发扬光大，焕发出新的生机和活力，并求得了自身的发展和不断完善。我们完全可以相信，现代民族传统体育将会朝着科学化、规范化的方向得到进一步的发展，并将在开拓、外向、多元化的道路上不断前进，再为世界体育文化宝库做出中华民族应有的贡献，向世界展示出中华民族传统体育新的精神和气派。

第四节　仡佬族民族传统体育必将走向世界

一、仡佬族民族传统体育走向世界的动因

（一）仡佬族民族传统体育文化传播的模式

1. 仡佬族民族传统体育文化传播的特点

随着现代社会的迅速发展、社会生活节奏的不断加快，人体承受着愈加沉重的生理与心理负荷。现代体育的传播在顺着两个方向发展。一方面，人们为了解除神经高度的紧张和疲劳，寻求征服对手，不断在自然界的刺激中得到一种快感和心理上的满足感，甚至表现为一种宣泄，例如人们喜爱观赏激烈紧张的对抗性项目，如足球、篮球，特别是美国NBA篮球联赛；热衷于那些互相拼杀、冒险性很强的项目，如职业拳击、赛车、攀岩等。另一方面，人们通过运动，不仅要求获得或增强某种生理机能，而

且要求一种精神享受和超自然的感觉，寻求较为轻松的项目。世界上许多国家广泛开展的休闲体育或健康体育就是突出的例证。如英国的“乡村运动”、西欧的“户外运动”、美国的“室外娱乐”、日本的“快乐体育”，回归大自然成了人们的一种嗜好。在这种情况下，有运动、娱乐、健身功能的仡佬族民族传统体育项目就会得到极大的发展。

体育进一步的商品化，并同全球经济的不断结合，使少数民族传统体育的传播活动不断加快，可以说是现代运动传播的另一特点。运动要求企业家的赞助，企业想从运动广告业中使本地的少数民族传统体育本身得到发展，壮大。运动和企业联姻，使双方都获得巨大的经济效益，成了一股世界潮流。2006 年年底，“打篾鸡蛋”被列入了遵义市第一批非物质文化遗产目录；2007 年，在广州举办的第八届全国少数民族传统体育运动会上，贵州省代表队的“打篾鸡蛋”第一次在全国民族运动会上亮相，当即在 148 个表演项目中脱颖而出，获“传统体育项目表演类金奖”。仡佬族的“打篾鸡蛋”项目在全国民运会上表演，表演“打篾鸡蛋”者不仅获得经济效益，同时为仡佬族本身的各种商品起到广告的作用，为推动当地的经济发展起到极大的推动作用。

2. 仡佬族民族传统体育文化传播的模式

体育传播是某一运动项目凭借媒介由传播源向外地域的移动。体育传播分为毗邻传播、线性传播、集团式传播、新兴传播四大模式。

（1）毗邻传播

毗邻传播是事物传播的主要形式，凡事物总是由源地向外呈辐射状传播。可以认为，距离是媒介不发达时代游戏传播的主要障碍，所以某项运动的接受总是由近及远。例如，现代足球起源于英国，1863 年，英国人在伦敦成立了第一个足球运动组织——英国足球协会，统一了足球规则，1872 年，足球通过英吉利海峡传入法国。1888 年，法国人才开展了这项运动，建立了国家足球协会。长曲棍球从加拿大传入美国，英式橄榄球从英国传入法国北部，斗牛从西班牙传入法国南部，中国武术从东亚向世界传播。体操从欧洲心脏地带的瑞士、德国不断向欧洲其他国家扩散。1870 年前，与其相毗邻的国家波兰、比利时、荷兰、意大利等国都开展了这项运动。接着，欧洲以外的一些国家也接受了这一运动。在所有这些例子中，地理上的毗邻对具体运动项目的传播起到了相当重要作用。因此，毗邻传播是媒介不发达时期传播的主要形式和特点。

（2）线性传播

线性传播是运动传播的一种特殊形式，但绝不可低估这种传播的重要作用。这种传播通常和殖民统治、传教、文化交往有一定的联系。在这种情况下，运动从一国传入另一国，文化传统的屏障显得并不那么重要。殖民主义者在当地人民进行奴役和统治过程中，把体育传播作为一种社会控制手段，利用体育传播转移反抗热情。足球传入许多国家，多数是由大不列颠的士兵、教师、商人、传教士所传播的。南非内战期间，足球被引入维瓦特斯兰市，结果窒息了当地人民的革命热情，征服了对此毫无防范的世居居民。足球传入落后的克什米尔地区是英国教师廷德尔一比斯科所为，而苏格兰的咖啡种植者把高尔夫球传入马来西亚。在某些情况下，体育传播作为一种文化输出，达到控制、收买、征服人的目的。篮球是1896年前后，在天津由中华基督教青年会传入中国，20世纪初，美国基督教青年会将排球传入广东、上海、北京，几乎在同时，现代足球也从西方传入香港和上海，随后，在南京、天津、北京几个大城市和一些教会学校相继开展。必须指出，这种传播，是以受传者为终点的单向直线运动，因而是不平等的。

（3）集团式传播

集团式传播，亦可称国家式传播。跨入20世纪，体育活动的空间界线进一步向四周辐射，这种传播的基本形式和主要形式为集团性传播。运动时空发展的最好例证是许多国家参加的奥运会。世界各国不分社会制度、经济水平、肤色、种族等聚集在五环旗之下，参赛国愈来愈多。例如，1896年首届雅典奥运会，只有13个国家参加，到1992年第25届巴塞罗那奥运会，参赛国多达169个。1924年首届夏蒙尼冬季奥运会，只有16个国家参加，1994年第17届利勒哈默尔冬奥会，已有67个国家加入了角逐。奥运会下辖的单项联合会已达33个，参赛项目增至256个，奥运会的影响越来越广泛深远，要求举办奥运会的城市越来越多。第一，一个国家要参加奥运会，必须组建国家奥委会，只有获得国际奥委会承认的国家才有权组队参加奥运会。参加奥委会是被国际奥运会承认的唯一的标志。而成了奥委会成员，就必须承担一定的义务，无疑会推动现代体育运动在该国的传播。第二，一个国家要想在奥运会取得好的成绩，其运动项目首先要同奥运会所设项目接轨。因此，许多国家开展的运动项目，就不得不向奥运会项目靠拢，重点投资本国的优势项目，迫不得已压缩非奥运项目和一些民族运动项目，加速了奥运项目的普及，使世界运动项目逐渐走向大一统，但却在某种程度上压抑了非奥运项目的发展。我国实行奥运战略就是典型的实例，许多不发达国家也有类似情况。第三，一个项目要跻身奥运会，必须有一定数量国家开展这项运动，得到奥委会批准才能享有这种资格。在奥运项目已达到饱和的情况下，想使某一民族项目走向奥运会，绝非易事。首先要在一定数量的国家开展这一项目，并成立该项目的国际联合会，而且必须对该项目进行改造，在比赛规则上大做文章，且必须适应当代运动的特点，才有传播的可能。因此，传播国必须在各方面做出极大的努力，才能使该项目得到跨时空的快速发展，如中国的武术、朝鲜的跆拳道、俄罗斯的桑勃式摔跤等。第四，奥运会的举行，使几十亿人的眼睛盯着电视屏幕。人们把本国运动员能否在奥运上有上乘表现，同国家荣辱、民族兴衰联系在一起。浓厚的爱国主义成了奥运项目传播的巨大动力。第五，申办奥运会本身就是现代体育的巨大传播。洛杉矶奥运会首开商办之先河，赢利 2.5 亿美元，诱发了许多国家举办奥运会的兴趣。25 届、26 届奥运会，申办城市都为 6 个，27 届增加到 8 个。申办奥运会，不仅要有强大的经济条件，而要做方方面面的准备工作，要利用各种媒介，包括报纸、书刊、杂志、广播、电视、电影等文字、声像媒体来宣传自己的申办优势，宣传奥林匹克运动，促进了奥林匹克运动在本国传播及发展的广度和深度。

（4）新兴传播

新兴传播媒体（又称第四媒体）是以计算机信息网络（因特网）技术为特征的，它集文字、声像为一体。20 世纪 90 年代中期，因特网的出现无疑是传播媒体领域中的一场变革，它改变了传统传播媒体的格局。其一，从信息的传播速度上来说，因特网可以在最短的时间里，把大量的信息传送到全球各地，让读者在网上根据自己的兴趣、爱好，自由地选择有趣的信息。其二，由于因特网技术的功能强大，它的多媒体形态、超文本链接等所具备的多功能，如电子邮件（E-mail）、远程登录（Telnet）、网络新闻组（Us net News）、文件传送（FTP）、万维网浏览（WWW）、网络论坛（BBS）、网络聊天（IRC）等，使之能够造就媒体与信息接受者之间的互动环境。读者对某个信息有各种不同的观点，可以很快地在网上发表各自的见解，信息的交流通讯接受大大地快于传统媒体。其三，在因特网上，各种信息的传播是多项的、多元的，可自由地检索，使之充满活力。

（二）仡佬族民族传统体育文化传播的动因

组织各种国际比赛或奥运会是传播民族传统体育文化，将民族传统体育项目推向世界体坛的历史契机。追溯国际运动竞技项目的发展史，某些项目都是由组办国将本国民族传统体育活动推向世界的。如第一届奥运会时，希腊将自己少数民族古老的田径运动项目如铁饼、标枪、马拉松，以及举重、拳击、角力（摔跤）等项目推向世界。柔道是日本民间流传的体育项目，东京举办第十八届奥运会时，国际奥委会批准将柔道列为奥运会正式比赛项目。我国的武术已举办多次武术国际比赛，并列为第十一届北京亚运会正式比赛项目。特定民族的社会生存空间，表现着不同种族人们的生活方式、价值观念与文化心理结构，表现着不同种族的社会形态特征。而作为这些纷繁复杂、千姿百态的民族传统体育项目要走向世界，超越各种空间、社会、文化的界域，其发展的可能性、必要性以及方式、规模、速度取决于这种体育项目自身发展的内外部条件，即表现为该民族传统体育存在、发展、走向世界的内、外部的文化动因。

1. 内在动因

（1）竞技性：某一体育项目发展的文化内因在于它自身内蕴的实用价值，即对人类共有的社会文化价值。这种社会文化价值体现在能满足人类的精神和肉体的需要，满足整个社会多元的（如政治、经济、科学、艺术、教育、军事、医疗、宗教的）种种需要，沿着人类自身生存—享受—发展的客观趋向向前延伸、扩展。因此说，需要是发明之母，也是决定事物存在与发展的基本动因。竞技性是体育运动的精粹与魅力所在。竞争取胜，超越自我、战胜对手，更高、更快、更强，是体育精神的本质内核，它与全人类不断奋斗进取的崇高理想是相互契合的。因此，体育竞赛能成为全世界最易接受的“国际语言”，能为不同社会制度、意识形态、宗教信仰、地域环境的民族所理解、所接受。竞争是当今世界发展的主要趋势。世界诸国除了政治、经济、科技、军事方面的竞争外，同时更为注重在世界体坛的角逐，比试民族的体力、智力、国力，树立本国民族在世界上的整体形象。因此，要求这类体育项目具备强烈的竞技性，既能满足个体人的竞斗本能欲望，又能体现国力竞争的较高层次需要。同时，也要求这类体育项目有完善的竞赛规则、完善健全的规则制度，能体现优胜劣汰、公正和平的竞争，因而成为世界人民普遍理解、欣赏与参与的竞技活动。

中华民族的传统体育瑰宝——武术，起源于我国古代社会的狩猎劳动与军事实战中，是一种技击性、竞技性较强的体育活动，由于以前我们对武术的竞技规则研究起步较晚，所以我国各民族共有的武术这项传统体育项目未能进入奥运项目。近年来，特别是北京亚运会期间，我国武术活动被世界各国人民所喜爱。如今，在我国仡佬族的传统体育活动中，也有许多充满竞技意味的项目，如抢花炮、打篾鸡蛋、赛龙舟、毽球、角力等。只要我们不断对这些项目进行改造，提高竞技性，完善竞赛规则，这些项目终会以其独具的民族风格走向世界体坛。

（2）娱乐性：作为一种向外传播，被其他地域、种族的人们接受的体育项目，必须具备较强的娱乐性。给运动者和观赏者以愉悦身心、陶冶性情、调节情感、撷取运动感的审美体验。这种娱乐性运动能给人带来生理与心理的愉快感，满足人们的精神文化需要。而追求这种精神享受是任何历史时代、任何地域和民族的人们的共同心理趋向。欢悦的身体活动在远古时代就是人类文化生活中不可缺少的部分。到了现代社会，由于社会物质文明、精神文明的迅速发展，人们体力劳动减少，余暇时间增多，物质生活日益提高，对文化娱乐追求的心理趋向日益高涨迫切。在世界体育文化的交汇融合中，有些民族的体育项目虽竞技性不强烈，但有较强的娱乐性，而逐步推向世界。如美国黑人喜爱的迪斯科，当今盛行的霹雳舞，都是由某个民族推向世界的。今天，欧美一些国家也流行着我国彝族人民的体育文艺活动“阿细跳月”。这些项目都有强烈的自娱、娱人功能，能充分抒发人体与内心的欢悦情感，而成为世界人民认同的文化财富。如我国仡佬族中打“篾鸡蛋”、高台舞狮等，这些融健身性、娱乐性、趣味性、艺术性为一体的体育项目，只要我们注重发掘、提高、改造和宣传，它们在不久的将来会走向世界，为世界人民所接受。

（3）健身护体性：健身强体是体育的本质功能之一。早在原始社会，人们就已意识到人体运动对身体的健康有促进作用。进入现代社会，科学技术发展的突飞猛进，促进了人类生活方式的巨大变更。工业现代化、自动化给人类带来巨大物质财富的同时，又给人类身体带来不良影响。社会“文明病”造成的人体肌肉萎缩、心力衰竭、过度肥胖，已成为现代社会所造成的一种弊端。从体育运动中获取健康、长寿与能力的功利趋势日益显著。我国仡佬族民族的许多传统体育项目不但健身效果好，又有竞技价值，因而既是现代世界竞技体育项目，又是当今时尚的大众健身运动。有些少数民族传统体育项目虽无竞技意义，但有实用的健身医疗功能，仍能冲击地域、文化的圈围，成为世界人民推行崇尚的健身体育活动。

2. 外在动因

除上述体育文化发展传播的内部动因外，民族传统体育项目要步入世界体坛，其传播、扩散的途径以至于获取世界各国人民广泛的认同，还需具备一定的中介条件，即体育项目发展传播的外部文化动因。

（1）移民迁徙：在世界各民族的社会发展史中都伴随着广泛的移民迁徙现象，这也是一种文化传播的途径。过去，由于战乱、灾荒、瘟疫的侵袭及某种特定生活习俗，形成普遍的种族迁移现象。在频繁的民族迁徙中，导致了民族内部结构发生变化，也促进民族文化的传播与交融。仡佬族人与古代贵州一代的僚人有渊源关系。唐宋时，史书中开始出现“葛僚”“仡僚”“革老”“仡佬”等名称，统称为“僚”。僚人可能是古代对这一地区若干少数民族的泛称，而与仡佬族有着更为直接的密切关系。“仡佬”一名最早见于南宋朱辅写的《溪蛮丛笑》。自明代以来的许多史籍都说：“仡佬，古称僚。”近一二百年间，在一部分仡佬族中还保留着古代僚人的某些习俗，如妇女穿筒裙和凿齿，以及以石板为棺的墓葬等，都说明仡佬族与古僚人有渊源关系。古僚人，是西汉时夜郎国（主要在今贵州、云南境内）的主体民族之一。

（2）大众宣传媒介：由于各民族传统体育活动是以身体运动来表现不

同民族的审美心理、生活情趣和文化价值取向，存在着各种文化隔离因素。要消除这些文化隔离因素，使某种民族传统体育活动推向世界，得到各民族的文化认同，就需利用传播媒介来宣传这种体育活动的价值功能。今天的世界是一个开放的系统，现代的电子音像设备，体育文化使团的出访表演也是宣传民族传统体育的一条重要途径。如我国的武术代表团曾多次出访世界诸国，对中国武术走向世界产生了良好的宣传效果。与此同时，将我国民族千姿百态的体育活动推向世界，开辟民族地区的旅游资源也是一个有效的宣传渠道。

(3) 组织国际国内竞赛：体育竞赛是无国界的，它不受社会制度、意识形态、宗教信仰、地理环境的限制，是不同民族、不同文化背景的国家都能接受的国际语言。当前，国际奥委会的成员已达183个，奥运会成了世界性的体育节日。国际运动竞赛项目已达100多种。体育竞赛的数量与规模不断扩大，运动竞赛国际化已成为时代的发展趋势。

通过组织国际体育竞赛，把少数民族传统体育项目推向世界，是当今世界各国热衷效仿的一种重要手段，许多过去只限于狭小地域、具有少数民族及地方特色的运动项目，正是在当今国际交往的扩大、传播媒介的增多及其各种各样的国际竞赛活动中，日益趋于国际化。如起源于美国民间体育游戏的排球，最初仅在美国、加拿大、巴西等国流行。后相继传入欧、亚各国，最后又发展成为一项普遍世界的竞技运动。又如我国的民族传统体育活动——赛龙舟，原先仅局限于我国南方少数民族地区开展，现已成为当今许多欧美国家乐于参与的国际体育竞赛活动。

二、仡佬族民族传统体育文化的传播

随着人类社会的发展，仡佬族民族传统体育的发展总是不断地发展变化，新的运动游戏及项目的发现和发明总是不断地涌现，创造出新的体育内容（包括物质体育内容和非物质体育内容），这些发现和发明所产生的地方，可称之为体育源地。体育总是有一定的源地，并从其源地向外扩散。体育传播主要是指体育的地域移动。所以体育传播是人的一种社会活动过程。在现代社会，传播媒介越来越多，体育的任何方面均能得到广泛的传播，这是有目共睹的。由于各少数民族所处的自然条件不同，历史发展过程不同，以及不同体育背景的影响，因而世界各地的民族形成的不同社会群体而开展不同的体育活动。一般来说，居住在共同的地域、使用共同的语言、有共同的经济生活以及共同的心理素质的人们被称为一个民族。我国是一个多民族的共同体。每个民族均有各自的体育特质，各民族在相互交往中不断进行体育交流，同时必然受到外来体育的影响，促进本民族传统体育的发展，因而体育传播是客观存在的事实。

（一）人类体育传播是一个选择性的过程

仡佬族民族传统体育在传播过程中可能遇到多种环境屏障。这里所说的环境，是指人类赖以生存和发展的所有因素与条件的总和，即包括自然环境与人文环境两大部分。自然环境包括各民族的区域面积、地质、地貌、矿产、气候、水文、生物、土壤等。人文环境包括：①政治发展状况：政党和政治团体间的关系、政治体制、政治制度、民主与法制建设等。②经济发展状况：经济实力、经济体制、生产关系、生产布局、对外经济关系等。③社会状况：人口、民族、家庭及相应对策等。④科技教育状况：科技队伍、科研水平和体制、教育的体制和结构、教育的规模和水平等。⑤文化传统：价值取向、伦理道德观念、宗教信仰、艺术观念及民族传统和风俗习惯等。⑥国内环境和国际关系。

上述各个方面的综合表现，基本上反映了某个民族在某个时期的基本情况，反映了一个民族所处的社会发展阶段，这就是一个民族的综合力，我们称之为民情。与民情相适应的外来体育，可能得到传播的机会而被有选择地吸收，反之可能被排斥。也就是说体育特质不一定都会传播，而是一个有选择的过程。因为一种民族传统体育文化的传播、发展既受到自然环境的影响，也受到人文环境的影响和制约。因此一个因素（或一个民族）一般都是有选择地吸收外来体育，并使新的体育特质与其本身的传统体育有效的和谐相容。吸收外来体育一定要适合本民族的民情（或者说是本民族的特点）。由于不同民族有不同的情况，因此体育传播不可能是均质地向外扩散，必然有一个选择的过程。

（二）人类体育传播与民族体育发展的关系

体育传播的功能是多方面的、复杂的，这是仅从总的方面涉及体育传播对民族体育发展的影响。人既是体育的创造者，又是体育的传播者；既是最活跃的传播媒介，又是体育的接受者。因此，体育的传播是人类的一种社会行为。尤其在现代社会，体育传播使人与人之间的关系变得更加密切，使之成为整个社会生活的一部分。每个人都生活在一定的社会体育环境中，涉及民族生活的种种方面都离不开体育的内容。总括起来包括三个方面：

（1）物质生活方面，与人们衣食住行等有关的体育物质产品；

（2）精神生活方面，如体育的价值观念、民族意识、信仰、哲学、文学、艺术等；

（3）社会生活方面，指体育有关的政治、法律、教育系统、家庭结构、宗教组织等集合而成的社会中的各种体育制度。

三方面综合在一起构成人们的体育生活方式，或者说组合成一种体育综合体。它由许多体育要素（即构成体育的必要因素，如物质体育要素和非物质体育要素）组成；各体育要素具有各自的特征。并且各体育要素之间相互联系，相互制约，相互适应，和谐一致；各体育要素凝合在一起显示了当地族群的体育生活特征。由于不同民族生活在不同的地域具有不同的体育特质，因此不同民族在交往中就会出现体育传播，各民族传统体育在传播过程中交流、碰撞、重新适应，甚至不同特质的体育相互借鉴融合在一起，形成一种新的体育。在当今信息发达的时代，体育传播的方式和媒介越来越多，越来越先进，不同民族（或国家）之间的交往比以往任何时候都更加广泛而频繁，其结果必然促进体育传播，因而也促进少数民族传统体育的发展。

体育传播的过程大体是：不同民族特质的体育传播—引起体育碰撞—体育重新适应—出现体育融合—不同的民族各自创造新的体育。为了使体育传播有益于社会的发展，必须有选择地吸收外来体育，正确认识和处理各民族传统体育与其他体育，正确认识和处理本民族传统体育与其他外来体育的关系。

由上可得出以下两点结论：

（1）两种或两种以上不同特质的体育接触可能出现体育融合。当实力和复杂程度相近的两种体育发生接触时，会产生真正的交流。在这种交流中，两种体育的功能既是“给予者”，也是“接纳者”，这个过程叫作“体育融合”。当实力和复杂程度不同的体育接触时，强势体育总是向弱势体育扩散、渗透，强势体育就会流行起来，而弱势体育就会发生变化，受到限制，甚至完全被取代或转化。如果处于弱势体育中的人们意识到本民族传统体育的弊端，自愿引入强势体育，那么将促进本民族传统体育的发展，如果面对强势体育的传播移入，处于弱势体育中的人们并不甘心被取代，那么就应当维护本民族的体育，并有选择地吸收强势体育的精华部分。根据体育发展的规律，实力相近的不同特质的体育交流、移入的结果，往往是相互适应和谐统一，从而产生体育的融合。

（2）吸收的外来体育是否有生命力，取决于与本民族的实际相结合创建新的体育。在吸收外来体育时，应当科学地选择那些体育中的精华，选择那些适合于本民族与实际相结合的体育，并将外来体育与本民族实践相结合，创造新的体育。我国幅员辽阔，地形、气候等自然条件差异很大，社会经济条件也不尽相同，因此，在引进其他民族传统体育时，必须结合本地区的实际情况，有选择性吸收，而不是盲目地学习。

改革和开放是密不可分的，通过开放吸收外来的体育，通过改革使外来体育与本地实际相结合，建设有中国特色的社会主义体育，必须继承中国传统体育中的积极因素，有选择地吸收外来体育中有用的部分，实现二者的融合，创建中华民族的新体育，促进少数民族传统体育的发展。

（三）传媒与传统体育的相互促进

1. 现代大众传媒促进了少数民族传统体育的发展

传播学研究认为，大众传播媒体一般具有多种功能，第一，观察环境。通过对社会各方面的观察，以文字、图片、摄像等形式，向社会大众告知和提供各式各样的新闻及评论，如政治、经济、文化体育等。第二，组合功能。通过各种信息的选择和解释，媒体将以较为明确的态度赞成、反对、批评、表扬种种事件。第三，作为社会文化传播的载体，大众传播媒体在传播信息的同时，也将各种价值观与规范代代相传。第四，互动功能。第四媒体的出现，打破了传统大众传播媒体空间“舆论一律”的单一化，信息多元、舆论多元、媒体与接受者的互动，使媒体的功能得到更好的发挥。

少数民族传统体育作为现代社会人们健身、休闲、娱乐的一种生活方式，近年来，日益受到大众传播媒体的重视。在经济发达国家，大众传播媒体已把少数民族传统体育作为主要的报道内容予以关注，各大媒体，如报刊、电视、广播电台、网络等都有专门栏目报道大量的有关少数民族传统体育节目。在我国目前基本上各主要媒体都设有体育栏目，向民众传播他们关心的信息。自20世纪80年代以来，大众传播媒体对少数民族传统体育给予了更多的重视，少数民族传统体育与大众传播媒体的关系日益密切，媒体以其巨大的影响力和独特的功能吸引着亿万民众。因特网的兴起，给大众传播媒体带来了新的景象，在因特网这个集文字和视听于一身的新媒体上，少数民族传统体育的爱好者们可尽情地在网上冲浪，寻找自己感兴趣的体育信息，体育爱好者们可以很方便地查找自己要获得体育科学指导的各种信息。改革开放以来，尤其是20世纪90年代中期，国家正式颁布《全民健身计划纲要》和《体育法》后，我国大众传播媒体也加大了对少数民族传统体育宣传的力度，据统计，目前我国各大报刊、电台、电视台、各个较有名的网站90%以上设有体育栏目，现代时事、财经、体育，已经成为大众传播媒体的主要板块。

任何一种传媒对体育运动都有着不同程度的影响，其中电视对少数民族传统体育运动的影响最为深远。大众传媒利用自身在信息传递上的优势，使少数民族传统体育的影响扩散到世界的各个角落，极大地促进了少数民族传统体育的发展，提高了少数民族传统体育运动的吸引力。通过电视等媒体的宣传、报道，更多的人开始注意并逐渐热爱少数民族传统体育，这不仅使得到现场观看体育比赛的人数越来越多，而且使许多的人通过观看电视体育节日和阅读报刊上有关体育的报道更加关心和支持少数民族传统体育的发展。由于越来越多的电视、广播等电子媒体观（听）众对体育比赛的热爱，使购买比赛转播权的费用越来越高，为此增加了少数民族传统体育发展所需要的经济来源。

为适应新闻媒介，特别是电视传播的特殊需要，少数民族传统体育比赛也对自身提出了更高的要求，如尽量使比赛更加激烈和精彩，增加比赛的刺激性和观赏性，从而吸引更多的观众。同时，为了使电视在转播体育比赛中能有更多的时间插播广告，增加广告费收入，许多少数民族传统体育项目对竞赛规则进行了相应的修改和调整，以满足市场的需求。这些都充分说明了当今媒体对少数民族传统体育的影响之大，甚至在一定程度上决定着某些项目的生存与发展。

大众传媒使当代少数民族传统体育的含义得到了新的解释，特别是以电子传播媒体为代表的大众传媒，利用其高科技的传播手段，如多镜头多角度拍摄瞬间慢动作回放，电子图形分析等，与专业化、人格化的现场解说，比赛精彩场面和人物特写，赛前录制的体育明星生平等结合，使体育转播的可欣赏程度大大地提高，从而使得少数民族传统体育比赛这一传统的主要以体育迷为观众的场所，逐渐成为面向全社会的现代大众娱乐活动的大市场。

信息时代，大众传播媒体对社会所产生的影响是巨大的。生活在社会中的人，自觉或不自觉地受到传播媒体的影响，少数民族传统体育也不例外。大众传播媒体在影响及促进少数民族传统体育发展过程中，主要表现在以下几个方面：第一，观念方面。对于体育的理解，多少年来，一直是体育文化者们关注的问题，随着社会的发展，传播媒体使人们对体育的理解更加深刻，在接受媒体的宣传及人们自身的参与体验中，许多人逐渐形成了正确的体育观念，认识到体育是与创新、与健康紧密联系在一起的。社会的发展对人的素质也有了更高的要求，积极地参与体育，将使人以更好的精神面貌，更强的体魄去面对社会的挑战，正是由于体育价值观的合理定位，使人们能够以主动、积极的态度介入到少数民族传统体育之中。第二，参与方面。观念的变化，促使人们以积极的态度对待少数民族传统体育，并主动地参与其中。目前，国际上较为普遍地采用以体育人口的多少来衡量民族传统体育发展繁荣与否。在经济发达国家，如美国体育人口已占全国总人口的1/2，成年人口有54%的人经常参加体育锻炼，每周健身锻炼5小时以上的有34%。在发展中国家，随着人们生活水平的提高、生活方式的改变，参与体育锻炼的人数也在增长。在我国，据有关调查表明，目前体育人口占人口总数的31.20%。越来越多的人参与少数民族传统体育活动，这表明了身体素质已经成为人们要适应社会所必须具备的要素。第三，投入和消费方面。在传播媒体的促动下，社会的各个方面对少数民族传统体育的投入和消费更加积极，一方面，政府加大了对少数民族传统体育的投入，大量资金的投入，拉动了少数民族传统体育产业的发展。另一方面，少数民族传统体育的参与者们，也加大了对健康的投资，“花钱买健康”的观念日趋深入人心，在少数民族传统体育消费上，人们根据健身锻炼的需要，积极地购买各种有关书籍、报刊，积极地上网等，各类收费不等的体育健身锻炼的场、馆吸引了大量的健身爱好者们，功能各异的体育用品使人们乐于掏钱去购买。

大众传播媒体与少数民族传统体育之间的互动，其结果是造成双赢，对大众传播媒体来说，通过设立精彩的、可读性强的少数民族传统体育栏目，可使报纸书刊、电台、电视、网站等用户大幅度增加。订户、收听、收视、上网率的增多，带来的是经济效益的激增，社会效益的扩大。对少数民族传统体育而言，通过大众传播媒体的大力宣传，能够使社会大众对体育的作用、功能、意义等有进一步的了解。认识的提高，观念的改变可有力地促进人们主动地参与到少数民族传统体育活动中去，在体育健身锻炼中不断地塑造自我。

2. 少数民族传统体育对传媒的影响

大众传媒对少数民族传统体育以及体育产业的影响是巨大的，这种影响是由媒介的本身利益所决定的。然而，在媒体对体育运动的发展产生作用的同时，体育运动（特别是竞技体育）也影响和促进着各媒体的收视（看）率和经济效益的提高，并在一定程度上使大众传媒的内容更加丰富，节目更加精彩，对大众的吸引力更大，影响力更深。首先，由于众多读者与观众对民族体育所产生的浓厚兴趣和执着的热情，使各传媒纷纷扩大了自己有关体育报道的版面，增加了体育节目内容的传播时间。大量的专业性体育报纸、杂志以及广播电视频道在近年的不断涌现更能充分地说明这一问题。体育的社会化、大众化以及竞技体育市场的快速兴起，为新闻媒体在体育报道、电视台转播事业方面均开辟了极为广阔的发展和想象空间。其次，由于少数民族传统体育比赛转播的特殊性和复杂性要求，民族体育不仅推动着转播技术的更新和传播方式的革命，而且还在转播时间、手段方法甚至理念上影响着大众传媒。各大电视台网在平常与周末体育节目播出时间越来越多，黄金时段被体育比赛转播所占用的事情也经常发生，专门为体育比赛进行全天候转播的频道在近几年大量出现。这一切既是为了满足广大观众对观看、欣赏竞技体育表演和比赛的需求，同时又大大地提高了电视节目的收视率和电视的普及率。第三，由于民族体育比赛拥有巨大的观众与读者市场，特别是人们对重大国际比赛和高水平精彩赛事的关注程度极高，使各媒体通过转播报道竞技比赛而大大地提高了收视率和发行量。而这种高收视率和大发行量又成为媒体给企业商家做广告时进行讨价还价的重要筹码。凡在大型比赛和重要赛事中做广告都费用不菲，使媒介获得丰厚的经济收益。竞技体育的发展以及对竞技体育报道和转播的拓展，使大众传媒的广告收入大大增加。因此，民族体育为媒体所带来的这种直接的经济效益和市场潜力是其他行业所无法相比的。

总之，少数民族传统体育与大众媒体存在着一种互利互助的关系：一方面，民族体育组织依靠媒介而获得经费来源并扩大了影响；另一方面，媒体也深知重大体育赛事能吸引大量的观众。而观众数则是吸引广告的最好诱饵，同时也提高了自己的知名度。

三、仡佬族民族传统体育文化的融合

少数民族传统体育融合是指两个以上民族的体育在长期的交往过程中，相互吸收其特点，逐渐形成新的体育。纵观奥运比赛项目，先前的游牧、渔猎、农业少数民族的体育活动，已不像起初那样归某个少数民族所独有，而是各民族的共同财富。少数民族传统体育的融合按其规模分，一般有个别项目的融合，也有整个体育内容的融合。这也正是今天，有的民族的体育活动适应性强而便于开展，几乎世界上所有民族都开展，而有的民族的体育活动则有一定的局限性，只有一两项被广泛开展或根本没有开展的原因。

少数民族间的体育融合，受很多方面因素的影响，但不管怎么样，少数民族间体育的差异和接触是体育融合的首要条件。没有差异就没有融合的必要；没有接触就谈不上融合。体育起源于不同的民族，发展于不同的地域，而成为人类的共同文化财富，是有一定规律的。中华民族是由 56 个民族组成的大家庭。在长期的共处和交往中，各民族多姿多彩的传统体育文化不断交流融合，共同构筑中华民族传统体育文化宝库。早在原始社会末期，栖息中华大地的各部族的原始体育文化即开始交融。如黄帝部族的干戚舞、蚩尤部族的角抵，而后中原部族的“消肿舞”、击址等活动，逐渐为各部族所接受。

春秋战国时期，中原地区民族与少数民族相互通婚，互相学习，习俗文化和体育逐渐交融。北方山戎族的秋千活动被齐国所吸收，并很快流传中原各地。赵武灵王“胡服骑射”把西北少数民族流行的“骑射”引进了中原。而中原流行的拔河、竞渡等活动，亦逐渐被北戎和南夷各民族所接受。

秦代，中原和东西部民族之间出现了一次较大的体育文化交融。特别是汉代“通西域”的民族和睦政策，促使中原的体育文化向西北少数民族地区扩散，而各少数民族的体育文化也丰富了中原的“百戏”。

南北朝时期，南迁的汉族贵族与当地少数民族相融，兴起了一次南北向的更大规模的民族文化交融。如北齐时期的南北之间的武术、棋类和摔跤比赛，对南北之间的少数民族传统体育交融起了积极作用。

隋唐时期，在文化上，各民族之间相互学习，取长补短。如唐代击鞠运动的发展，就有吐蕃等民族的贡献；踏球、健舞、杂技、技巧和养生导引术等方面，就是各少数民族传统体育文化的结晶。值得指出的是，受北方少数民族风俗的影响，唐代妇女体育比较盛行。

宋、元、明、清时期，民族文化更加融合。特别是元、清时期，蒙满民族在文化上吸收了几千年的儒教文化传统，促进了关内外的民族民间体育的交融。在中华民族的大家庭中，各民族的传统体育文化，经过交流融合，共同构筑了民族传统体育文化宝库。

（一）各少数民族传统体育文化融合符合各民族人民利益

任何一个民族的体育都发生、成长在相对固定的地域之内，都是根据自己本民族的需要而逐渐发明、创造的。各民族间体育的差异激发了他们相互的好奇心理，根据自己的需要，自觉不自觉地吸收他族的东西。“当一个民族能够懂得他们所看到的东西并确信他们所看到的东西比他们自己的东西好时，他们便从其他民族引进某些生疏的技艺和知识”（《文明与文化》，求实出版社）。即使是在不同的地域、不同的民族，也可能出于相同的需要和相同的环境，不期而然地产生相同的体育。但是地域的不同使民族间有差异的东西要多得多，即使同一项目的活动方法、步骤等方面也存在着差异。所以在少数民族的交往中，一个民族出于自己的需要和好奇心理，采用其他民族的东西，成为自己的体育内容，这是很自然的，否则不会有今天的体育共性。古今一切文化的发展都是由许多点滴的文化焦点混合而成。这些混合的文化特点皆源于早期世界上一系列的局限的地点和时间。比如当人类文明进步到一定程度的时候，长寿和娱乐就成了各民族追求的目标，从而健身和娱乐活动很快地发生融合。据载，汉代传入中国的幻术中的杂技内容与中国旧时代的角抵戏杂技类性质相似。司马迁《史记·大宛传》中记曰："及加其眩者之工，而觳抵奇戏岁增变，其盛益兴，自此始。"眩人即幻人，故土在东罗马。格里哥斯《东罗马》记载，幻人"南至埃及，北至君士坦丁堡，西至西班牙内之加底斯城，有其踪迹"。这充分反映了东、西方各民族杂技大融合的盛况。汉代"百戏"之所以兴盛也是这个缘故。宋代流行的手鞠（一种用手掌拍球的运动）大约 1223 年前传入日本，因其运动量适中，而成为日本中年妇女所爱好的一种体育活动。

（二）教育促进体育融合

在教育方面，各个民族都把体育作为教育的一个方面，西周时中国就有"六艺"。古希腊斯巴达城邦教育中的五项运动、欧洲中世纪的"骑士七技"，也都有与其他民族融合的印迹。如今，很多国家特别是发展中国家把体育作为激发本民族爱国主义热情的手段，特别是当今世界新的交通工程和信息工程的产生，缩短了各民族间的距离，拓宽了各民族间体育交往的视野，加速了各民族间体育交往和融合。

（三）体育本身的发展就是一个不断"扬弃"的过程

我们知道体育是人类发展到一定阶段的产物，每一个社会形态都有与之相适应的体育内容，同人类进步、文化发展一样，体育也在不断继承，不断创新。体育之所以能在各民族中不断延续、广泛开展，关键在于它不断吸收各民族传统体育。增添新的适应文明心态的体育内容，要不然就不会有今天的体育盛世。如足球在中国早就发明，汉唐时期最为盛行和繁荣，并且有一定的比赛规则，到明清时期，特别是清朝，不但没有创造适应文明心态的内容和规则，而且统治者在客观上“罢休”它，以至于到近代不得不学习外国的足球。隋末唐初，配上音乐的投壶（主要是“骁壶”）被采用为宫廷礼乐，谓之曰“骁壶乐”“投壶乐”。这种游戏在公元607年、608年，日本两次遣小野妹子一行来华学礼，以及后来留学生、学问僧频频往来而传入日本。到18世纪时，日本又由投壶演化出另一种游戏，名为“投扇兴”。在唐代，日本又将中国的礼射移植过去，把讲究等级的封建礼仪同日本的射箭结合起来。显然日本不吸收中国的“骁壶乐”就不会有后来的“投扇兴”，不融合中国的“射礼”就没有日本的射礼。

当然，一个民族对外来文化的吸收总是有选择的，最容易接受的当然是那些具有直观利益的东西。一个民族同其他民族接触时，最先发生接触的总是物质上的交流，一旦达到上层建筑、意识形态领域也相互吸引有所采纳时，各层次便开始融合了。西方人，主要是英国人进入印度以后，给印度的健身、娱乐活动注入了新的因素。网球、台球受到上层人士的欢迎。羽毛球、排球甚至到内地农村也出现了。但这些项目只是在英国人统治印度的后半期才流行起来。而且这些项目扩展到农村的同时，传统的娱乐、健身活动如下棋、斗牛、斗鸡、赛车等仍然在这个国家的大部分地区继续存在，这表明他们在有选择地吸收后，并使自己旧有的传统体育得以延续。唐王朝与域外各族政治关系非常密切，经济文化往来频繁，佛教影响下的文学艺术创作也蔚为大观，那时的绘画、歌舞（十部乐）很多以域外风格为时尚，甚至延续至今的元宵观灯的风俗也是受伊斯兰文化影响而繁荣的。正如唐诗人张说描述观灯盛况时写道：“帝宫三五戏春台，行雨流风莫妒来。西域灯轮千影合，东华金阙万里开。”在李白、文适等人的诗中，关于胡姬、胡乐、胡舞的记述更是不绝于书。在古代中国虽有多种多样的体育活动，但“汉人还是从满人那里学会了原始的滑冰术，从印度人那里学会了哈特瑜伽术和多种投掷游戏，从日本人那里学会了踢毽子游戏”，这些都是在文化发展的同时，体育本身在发展中扬弃、融合的结果。

（四）礼仪促进了各民族传统体育文化的融合

民族间的关系是反复多变的，有战争对立的时候，有和平友好的时候，战争必定是短暂的，友好相持必定是长远的。在民族交往过程中，都把体育表演、比赛作为友好和礼仪的象征。《史记·大宛传》载："初、汉使至安息，安息王令二万骑迎于东界，以大鸟卵及黎轩善眩人献于汉。"《辽史·太宗纪》载："天显四年（公元929）春正月，宴群臣及诸国使观俳优角抵戏"。另外在日本各次遣唐使团中，均有优秀射手同往，他们一方面负责在旅途中的警卫安全事宜，另一方面也同中国交流射箭技艺。唐宣宗大中二年（公元848），日本王子随遣唐使团来华，唐"待招"顾师言与之对手至今成为中日两国友好交往的佳话。以上交往中，都有相互采纳其他民族体育活动方式的痕迹。

汉朝十分重视以"百戏"招待少数民族和各国客人。《汉书·西域传》记："孝武之世设酒池肉林以飨食四夷之客，作巴渝……角抵之戏以视观之。"当时就有人指出："今乃以玩好不用之器，奇虫不畜之兽，角抵诸戏，炫耀之物陈套之，殆与周公之待远方。"不言而喻，不管是出于友谊，还是礼仪，都把体育作为交流的内容，从而促进了民族间的体育融合。

（五）他族文化对少数民族传统体育文化的影响

按照我国学者的看法，我国民族经历了三次大规模的民族融合，第一次民族与文化教育大融合，是在春秋战国至秦汉时期。居住中原的冀州"山戎""赤狄"，晋地的"瓜州之戎"，淮徐一带的"淮夷""徐夷"等少数民族与中原周边所谓"东夷""西戎""北狄""南蛮"这些民族在春秋战国诸雄纷争过程中，与华夏族频繁交往，民族差别逐渐消亡，相继融入华夏族。第二次民族与文化的大融合，是在两晋南北朝时期。当时，北方和西方边疆的匈奴、鲜卑、羯、羌等少数民族大量迁入中原，与汉族人民杂居，大大地促进了各民族间的交往与融合。第三次民族与文化的大融合，是在宋、元时期。从唐朝末年起，沙陀、女真、契丹、西夏等少数民族占据了中原一部分地区，相继建立后唐、后汉、辽、金、西夏诸国，这些少数民族在生活习俗、思想行为上互相影响，使民族心理日益具有共同性。从严格的意义上来讲，应该有第四次民族与文化大融合的现代社会。现代社会科技、文化的高度发展，各民族文化交流方便、快捷、频繁，更加深了各民族的相互了解与学习，各民族除了地域的差异，在许多方面已趋于大同。民族传统体育向人们充分展示了这种大融合的结果。各民族的相互交流，各地区、各民族文化的相互渗透，使民族传统体育的许多项目带有浓郁的多民族性、多地区性。据不完全统计：我国少数民族中开展射弩运动的民族有 18 个以上，开展摔跤运动的民族有 37 个以上，开展赛马运动的民族有 34 个以上，开展秋千运动的民族有 28 个以上，等等，这就是民族大融合的结果，它使某一个少数民族传统体育项目成为多民族传统运动项目。虽然在相同的项目上还存在着场地、器材、规则等方面的不完全一致，但它的内容与形式已基本相同。这种体育文化的交融还存在一定的负面性，体现在具体的传统体育项目上，即带有一种浅表性，这种浅表性体现在两个方面：一是对其他民族传统体育文化的浅表性，无法完全地吸收。二是对自身民族传统体育文化的浅表性，无机会或少有机会使本民族传统体育文化得到进一步的发展、提高。所以，我们在研究民族传统体育时，在注意到它的多彩多姿一面的同时，也要注意其局限性的一面。

当然，我们在研究其他民族文化对民族传统体育影响性的同时，也应该看到，由于各民族在自然环境、宗教信仰等方面的差异性，各民族所面临的生存条件、民族心理等是极为不同的，这就造成了各民族传统体育文化的差异性，给各民族创造各自优秀传统体育提供了可能。“古代文明多在小地区的肥沃区域里产生……独有中国文化在苦瘠而较广大的地区产生，因此不断有新刺激与新发展的前途，而在其文明生长过程中，社会内部亦始终保持一种勤奋与朴素的美德。”（汤因比《历史研究》）因此，在各种外来文化的影响下，各民族仍然具有其各自的民族性、独有性。如基诺族的牛皮鼓，独龙族、怒族的溜索，傣族的堆沙，维吾尔族的达瓦孜，等等。

（六）近代西方体育文化的冲击

近代西方体育开始传入中国，大约始于 19 世纪 60 年代。当时它的传入主要通过了四个途径：一是聘请外国人来中国传授，如洋务运动中新式军队和学堂所采取胜的办法；二是派人出国学习；三是从国外书刊中学习；四是外国人自觉与不自觉地传播。随着西方近代体育的传入，中国开始大量吸取较为先进的西方体育来补养自己，这是国际精神财富的相互交流，是一种进步的表现，它揭开了中国体育史上新的一页，其深远的影响和巨大的意义是应该充分认识和肯定的。但在这里我们应该认识到，近代西方体育的传入，受冲击最大的应该就是中原文化发达地区，而少数民族地处边疆，相对闭塞，受到冲击的影响应该是局部的和有限度的。当然，局部的和有限度的冲击同样对少数民族传统体育产生了变迁的推动力和发展的限制。随着西方近代体育的传播，人们对少数民族传统体育的作用、价值越来越明确，表现在对少数民族传统体育的再认识以及对少数民族传统健身术的改造和武术运动的演进。由于各少数民族的民族性、区域性、认同性，加之场地、器材等诸多方面的优势，各民族传统体育运动仍然广泛地进行着。但同时各民族传统体育活动也在不同程度上受到西方体育文化的影响和引导，随着近代体育的传播，各少数民族传统体育逐步改变了过去故步自封、自娱自乐等特点，加强了交流、交往，并逐步引入学校教育，举行各种较为规范的竞技活动，可以说，近代西方体育文化思想对少数民族传统体育产生了认识论上的强烈冲击，对少数民族传统体育的生存、发展提出了强烈的挑战。

（七）现代开放系统提供的机遇和挑战

民族传统体育作为中国体育文化的重要组成部分，与各民族周边环境的其他文化体系相互依存、相互作用、紧密联系，成为一种与外界自由进行物质和信息交流的开放系统。民族传统体育的发展自始至终均不是一种孤立存在的文化现象，它的发展依赖于民族文化的广阔背景。民族传统体育运动具有竞技、娱乐、表演、养生等多重功能，可以从不同学科，多角度、分层次、多方面地对其进行研究、剖析，充分揭示其传统体育的多重文化价值。民族传统体育既带有原始性，也具有现代的文明；有竞技项目，也有表演项目；既有推广、普及项目，也有地域性项目；既有各民族相近、相似的项目，也有本民族特征鲜明的项目，它是汉族传统民间体育无法取代的，也是现代竞技体育无法概括的。特别是新中国成立近70多年来，由于我们党一贯坚持“积极提倡、加强领导、改革提高、稳步发展”的民族传统体育发展方针，少数民族传统体育致力于摒弃旧时代的尘埃，增加现代科学的成分，使民族传统体育逐步向着科学化、系统化方向发展。但机遇和挑战是并存的，少数民族传统体育也面临着严峻的挑战。民族传统体育运动项目可谓古老，但其各方面的理论性研究都很年轻，其教育体系尚未建立，其项目的推广既缺乏研究，更缺乏具体措施，加之现代竞技体育的强烈冲击等，民族传统体育作为其建设性学科与大多数成熟的或已趋成熟的学科差距很大，如果不抓住机遇，奋起直追，提高学术水平，拿出一批有质量的研究成果，就有可能永远停留在原地，遭到时代的冷落。只有努力承担起历史所赋予的重任，满足时代的需要，力争实现民族传统体育文化科学从传统到现代的超越，才能取得少数民族传统体育的振兴和繁荣。

1. 学科体系的建设

民族传统体育具有悠久的历史，它从不同的侧面和角度，在一定程度上反映了各个民族的社会、历史、政治、经济、文化、宗教、风俗及地理等，是中华民族文化的重要组成部分，也是世界体育文化的重要组成部分。但民族传统体育如何适应21世纪新的形势，则需要我们认真地进行思考和探索。民族体育要面向现代化，面向世界，面向未来，很重要的一点是加强民族传统体育的研究和民族传统体育人才的培养，这是当前和今后的一项重要任务。民族传统体育理论教育体系的建设，是对中国55个少数民族传统体育文化的凝练，是将民族传统体育引入学校体育的理论基础，是一个新的体育科学体系的建立。我们应严格遵循民族传统体育的内在规律及其应用发展方向，把握其整体性、特殊性，使之不断完善、丰富和提高。我们坚信，在未来的几年里，民族传统体育理论教育体系将在民族传统体育功能开发、体育理论基础研究以及学校体育教育等方面取得突破性的进展，为中华民族传统体育文化的发展做出重要的贡献。

2. 把握少数民族传统体育的现代性

现代社会的一个不可逆转的历史趋势就是“商品经济”，而商品经济有一种特殊的天然能力，它要求每一个社会成员必须懂得和学会一种行为方式，这种行为方式就是竞争。民族与民族的竞争，人与人的竞争，竞争意识必然会变成商品行为中的人伦准则和道德规范。而体育运动的教化，无疑会极大地有助于中华民族这种伦理品质的培养。体育是发展雄健体魄的，是刚毅的，是充满激烈竞争的，是培养民族不畏艰难困苦品质的，是塑造人民具备超越一切的心理素质的。中华民族要真正屹立于世界民族之林，离不开人民刚健有力的伦理精神，离不开雄伟豪迈的武士气魄，离不开有效地促进这些品质发展的体育运动，真正适应现代奥林匹克“更高、更快、更强”的精神。我国少数民族长期聚居于边疆，有着本民族的传统文化和伦理道德观，过去长期处于战乱、迁徙、动荡不定的生活中，其地域性和民族性造就了民族传统体育追求健与力、勇与刚，在很大程度上避免了我国汉族体育文化中阴柔有余、阳刚不足的缺陷，与现代竞技体育、现代竞争意识容易产生共鸣。这些都正是中华民族发展民族性质、培养现代伦理品质的关键。只要我们逐步将少数民族传统体育中非科学的、迷信的内容除去，代之以现代科学的内涵，将民族传统体育中优秀的“传统”保留，古为今用，主动吸取现代竞技体育的优良成分，才能使传统和现代达到真正意义上的和谐统一。

3. 价值取向的认知

中华民族有着古老的文明史，民族传统体育是其深厚的文化积淀。就中国现状而言，我们研究的另一个重要课题是如何使民族传统体育进入全民健身机制。经过广大体育工作者的不懈努力，我国在奥林匹克运动中已取得了辉煌的成就，目前着眼于发展群众体育、增强民族体质，是体育短暂异化的回归，顺应了跨世纪的社会需求。现代大多数竞技项目由于耗资巨大以及运动技术水平极高，仅限于观赏，受场地、经费、技能学习诸多因素的限制而被禁入。而民族传统体育项目对场地、器材条件要求不高，适应性强，正好为很多民族地区解决了普及体育活动的难题。民族传统体育的价值并不仅仅在于它是否能成为奥林匹克运动会项目。世界各民族都有悠久的体育文化，许多传统体育项目与奥运会无关，与国际流行的运动项目的方法、结构不同，但它们都有不容忽视的文化价值。如果不对这些宝贵的文化遗产加以挖掘、继承和发扬，它们就有丧失的危险。目前世界上广泛流行并极受重视的若干种竞技项目并不能代表整个体育，要使体育不仅成为少数竞争技术天才和多数观众的世界，而又使更多身体力行者投入到锻炼体魄的广阔天地，更应该允许区域性的民族传统体育的更大发展，为现代体育的发展开辟新的途径和方向。对民族传统体育的系统研究要注意的问题很多，如各民族传统体育文化的交融、民族传统体育的研究方向与研究方法、民族传统体育进入学校教育的具体措施、民族传统体育的产业开发等，都需要我们投入更多的精力进行研究和开发。我们身处伟大的时代，随着经济体制和经济增长方式的转变，我国的社会、经济、文化的发展，人民生活小康目标的实现，必将为我国这一新兴学科的发展带来空前的机遇和实现的可能。

总之，现代奥运会和当今世界体坛盛行的任何一种竞技体育项目，追根溯源，它们最初仅是局限于某个民族、某种地域环境中流传发展的民族传统体育活动。从人类学、文化学、民俗学的观点来看，这些民族传统体育活动能传播、推广到世界体坛，为不同地域和文化背景的世界各民族所认同，其中必有某些推动运行的文化机制或文化动因。纵观世界体育文化发展史，在几千年人类历史的长河中，一些国家的民族体育项目得到了发展，并演进为当今国际竞赛项目，最终纳入了奥运会正式比赛项目；相反，另一些国家和民族中的某些体育项目则自生自灭，湮没在人类的历史长河中，或仅在某个国家、某种民族、某个地域，以某种文化形式（军事、庆典、宗教、教育）出现，鲜为人知。在我国 55 个少数少数民族中，流传着近千种丰富多彩的少数民族传统体育活动，但由于自然地理环境和人文地理环境的封闭，有的项目仅在本民族内的生态环境中流传，有的项目则在社会历史的变迁中逐步销声匿迹。

通过对世界民族传统体育发展史的回溯，我们知道，任何体育项目都原始于某一少数民族的社会生活环境中，并在娱乐、教育、宗教、军事等复杂的社会文化活动中完善，成为某一地域空间流行开展的具有民族特色的传统体育活动。有些民族传统体育活动具有的全人类共同价值要素较多，随着该地域人文地理环境的开放，各民族社会文化的相互渗透和交融，这些民族传统体育活动也以某些文化传播的形式向外传播、扩散，其民族性的外延不断扩大，被不同地域种族的人们所认同，使它不再只从属于某一民族。在其传播过程中，随之影响的地域性的扩展，国际之间的交流自然产生，最终成为不同国度、不同种族、不同语言、不同宗教信仰和社会制度的人们都乐于接受，并乐于参与的世界体育运动和奥运会比赛项目。

第七章

仡佬族传统体育活动项目介绍

生活在贵州高原的远古人类，在生产劳动和抵御灾害的活动中，已开始出现了体育活动的萌芽。仡佬族在长期的劳动生活中创造了独特的体育形式，这些融戏剧、体育于一体的体育活动绚丽多姿、世代传承，成为仡佬人独有的民族文化特征。如高台舞狮、打毛达、踢毽子、顺风耳、牵羊摆尾等体育活动经久不衰，现逐一简介。

高台舞狮

高台舞狮是仡佬族的一项传统体育文化项目，因用大方桌搭建高台，人扮的雄狮在台上跳跃舞蹈而得名。每逢年过节的喜庆日子，道真、务川、正安一带的仡佬族都要进行表演高台舞狮，以示吉庆。由四川传入，高台舞狮也称“狮戏”，是融体育与杂技为一体的文体娱乐活动。其显著的特点是在高台上进行表演。

民间有“扑地狮子”的传说：王母老娘害眼疾，是因民间发生了瘟疫，玉皇大帝就差遣扫瘟狮子下凡，于正月初一至十四期间驱扫五瘟，十五日收回天宫，庆祝元宵大会。

据考证，高台舞狮起源于三国时代，盛行于南北朝，先在军营中流行，后传到民间。北魏杨炫之的《洛阳伽蓝记》中有“辟邪狮子，引导其前”的描述。那种舞狮，用以镇邪。

高台舞狮实际上是民间狮子灯。民间狮子灯分为“愿灯”和耍“闲灯”两种。“愿灯”是进行酬神、消灾、祈福、求子。耍“闲灯”，在正月初一至十五期间，到各村寨贺喜演出。高台舞狮的表演，一般穿插在狮子灯的演出中，白天演高台狮子，晚上演狮子灯。现在，高台舞狮游离出来，成为单独的演出节目，以贺喜为主了。

高台舞狮的主要道具有：一个巴三（孙猴子面具）、一个大头和尚(笑眯和尚面具)、一副金狮子（狮子皮）。

狮子头使用篾条扎好骨架，用皮纸裱糊，再用油漆彩绘而成。扎狮头十分讲究技巧，要活灵活现，狮子的眼睛能睁能眨能滚动，大嘴能够张合自如。狮子身体是用七层红布搭颈庄，皮毛用棕麻染色缝制，饰以缨珞、铜铃，把狮头和狮身连接起来，一个造型华丽，又不失威武的狮子就制成了。大头和尚面具的制作，先使用泥巴塑一个泥胎和尚头像，再用皮纸一层层地裱糊，形干定后，去掉泥巴，着色彩绘即成。面具巴三是用皮子，依照猴子的面像缝制而成。另外，还要扎两个四方狮灯。狮灯上四面都要写上“狮灯恭贺”。还配有一套锣鼓响器，用于表演起到打节奏、开道和造声势的作用。

扎好狮子后，要准备齐刀头礼信（四方猪肉一块、豆腐一块、酒一壶和菜刀一把，香烛纸钱等)，选定一个吉利的日子，先请道士开光，让菩萨和各路神仙知晓，保佑本狮子班狮灯灵验。开光之后，要摆好狮子位置，每天都要供奉香烛纸钱和净水，直到舞狮子那天（不耍时也要天天供奉)，只有这样，舞狮子才不至于有差错和闪失。

舞狮队最少要 8 人，一般 12 人，其中锣鼓唢呐 6 人，“笑和尚”“孙猴子”各 1 人，舞狮 2 人，小狮子 1~2 人。耍狮子时，饰大头和尚的人，要穿戴和尚衣裤，手执文刷和蒲扇；饰巴三的人，穿红黄搭配的孙悟空行头，手执金箍棒；耍大狮子为 2 人，穿彩衣彩裤，1 人在前举狮头，1 人伏于身后舞狮尾。耍小狮 1 人 1 张狮皮，穿彩衣彩裤，独玩。

高台舞狮队每次演出前，掌坛师傅都要为上台的主要演员分别打卦。卦分阴、阳、圣三卦，三卦都打转的时候，演员才能上台表演。打完卦后，师傅面向师祖牌位默念祷告语，烧香纸，然后开始搭台。

搭台是用大方桌一张张叠成高台，高台有两种，一种是将大方桌 1 张 1 张叠成塔形，上下等大，称作“一炷香”。另一种是先在地面摆放 3 张桌子，2 层 2 张，其上依次为 1 张，形似宝塔，故称“宝塔形”。一般用桌六七张，最多时可叠 12 张，最上 1 张桌子倒放，四脚朝天，整个高台高 7~10 米。每叠 1 张桌子，都要垫上草纸，在垫最后 1 张桌子时，师傅要为所垫草纸画符，祷告并为演员“藏魂”。撤台后，师傅要收好草纸垫，然后“放魂”。

高台舞狮演出开始，一阵热闹的锣鼓声中，“笑和尚”从主人家的堂屋逗出狮子，并逗着狮子绕高台 1 周，又回到堂屋内。然后“孙猴子”和“笑和尚”出台表演。2 人在平台的动作以各种“桩儿”为主，如靠台桩儿、捧手桩儿、观音捧手、跳 4 桌角、桌上 3 根桩儿、平台对角桩儿等。展现传说故事，目连拜师学艺的过程：滚绣球、搭泥饼、翻拱桥、踩高桩、鳌鱼吃水、倒上桫椤、断桥插柳、碰头设计、遥视苦海、蜘蛛吊线、倒挂金钩、天王封印等，翻腾跳跃，趣味无穷。其他还有鲤鱼跳龙门、过平台、羊道拐、打马赶路、蛤蟆拖猴等动作。2 人边逗着边上台，到了 1 米见方的高台，开始了高台表演。“孙猴子”和“笑和尚”在高台的表演，有徒手表演，有以 1 条长板凳为道具的表演 2 种。2 人默契配合，表演各种惊险动作，这些动作以各种“倒立桩儿”为主，都有一个个生动而形象的名称。如“蜘蛛牵丝”“太公钓鱼”“戏金猴”“黄莺展翅”“猴子捞月”“攀岩观景”“下岩摘桃”“鲤鱼漂滩”“鹤立峰顶”“金龟驮碑”“双鹤饮水”“宝塔冲天”“悬空立柱”等。

“戏金猴”动作，就是“笑和尚”将双脚并拢伸出桌子外，“孙猴子”以头悬空倒立于其脚踝处；然后“笑和尚”猛然双脚一放，“孙猴子”顿时往下坠，“笑和尚”迅急并拢双脚，托住“孙猴子”的双肩。“孙猴子”的头在“笑和尚”的脚下露出。引得观众惊呼不已，心提到嗓子眼。

“金龟驮碑”动作，就是“笑和尚”将手脚置于方桌 4 腿，俯面凌空，“孙猴子”翻上“笑和尚”背，头顶他后颈，身体倒立，脚指蓝天，似宝塔耸立。

在所有的动作中，难度最大的有两个，一个是“下岩摘桃”，另一个叫“宝塔冲天”。

“下岩摘桃”动作，即“笑和尚”以双脚伸出桌外，“孙猴子”匍匐于“笑和尚”双脚上，慢慢从“笑和尚”脚尖滑出桌外，最后以两脚勾着“笑和尚”的脚尖，整个身体挂在空中，并做伸手摘桃怡然享用状，后弯腰翻上桌面。

“宝塔冲天”动作，需三人完成。“笑和尚”和另一个人双手互撑，分别站在倒立桌子的四条桌腿上，搭成高台上的一个人字形塔。“孙猴子”从两人中间爬上两人头顶，然后再在两人头顶上倒立起来。

“孙猴子”和“笑和尚”的表演告一段落后，整个铺垫完成，这时“孙猴子”要向观众讨喜钱。

锣鼓唢呐再次齐鸣，狮子出场了，当地人称狮子为“大头子”。狮子有1大2小3个，大狮子由2人共要，小狮子由1人单玩。上台表演的大狮子，必须是多年训练的好手。群狮在“笑和尚”的逗引下，又从堂屋出来，开始在平地表演。狮子时而左蹦右跳，时而摇头摆尾，时而扑地翻滚，时而腾空跃起，平地表演完毕，狮子开始上台。狮子上台有翻上、圈上两种上法，翻上即1层1层翻着上，圈上即每层绕桌腿1周后再上第2层。腾挪到达台顶，参拜四方。又登上桌4脚，旋舞2周，或昂首眺望，或掉头理毛，或俯首舔脚，或飞腿前踢，将狮子的生活情态表现得淋漓尽致，惊险万分。这时，鼓锣不断，掌声齐鸣，观看的人，心情激荡，提胆吊心，亢奋不已。

狮子的“踩斗”，又揪住人心，把表演推向了高潮的巅峰。凌空10米的雄狮，昂首站在方桌的四条腿上，或进或退，不断变换方位，步伐灵活，动作流畅，如履平地，还从容表演各种惊险、刺激的动作。激越的锣鼓声、高亢的唢呐声、人们的尖叫声交织在一起，掀起了更加惊心动魄的氛围。

仡佬族高台舞狮子的表演，这时达到了高潮。

表演完毕，狮子开始边下边撤台。

狮子下台有圈下、翻下、倒立滑下3种下法。狮子撤台把桌子1张1张拿下来，放在地上排成1排，然后在桌子的平台上，由“笑和尚”逗狮继续表演。这时的狮子，大弧度地翻滚、连续有力地跳跃，体现出一种意犹未尽的感觉。直到“笑和尚”把狮子逗回主人家的堂屋，整台表演才告结束。

高台舞狮整套动作共有 56 个，完成 1 台完整的表演通常需要 3 小时左右。

高台舞狮表演的伴奏乐器主要有：锣、鼓、钹、铰子、勾锣子、马锣子、唢呐（一大一小）、叫尺等，这些乐器可以单独伴奏，也可以联合伴奏，以锣、鼓打击乐器为主。伴奏的调子有过街调、龙灯头、半桩头、一棒起花、扑灯蛾、金鹿声、四品、杨顺儿等。“孙猴子”和“笑和尚”出场用的锣鼓点子为“龙点头”接“阴锣阴钹”，根据表演动作的快慢变化节奏。狮子表演时的伴奏以“杨顺儿”为主，十分强调节奏，主要为八拍反复：

“仓才才 仓才| 仓才仓才 仓〇 | 仓才仓才 仓仓才| 仓才〇才 仓〇 | 。”狮子表演的锣鼓节奏，根据舞狮动作有强弱、松紧之分，表演狮子休息、舔毛等细小动作时，取消节奏，碎击弱奏。“孙猴子”和“笑和尚”表演时的伴奏多用“金鹿声”“四品”等牌子。

仡佬族高台舞狮久负盛名。1986 年以来，道真高台舞狮队，多次参加贵州省少数民族传统体育运动会，曾获表演金奖和特等奖；还应邀赴遵义、贵阳、上海、广东等地演出，获一致好评。

打“篾鸡蛋”

又名篾绣球，也称“竹球”、打篾团子。仡佬语称“嘎嘟朗阶”。仡佬族打“篾鸡蛋”，是一项集竞技性、观赏性、娱乐性为一体的体育运动。主要流传于黔北正安、桐梓、道真、务川等地。一般是在农历正月初一至十五期间进行，亦有在农闲季节进行的。

据传，在夜郎国时，仡佬族先民就用打篾鸡蛋作为练兵手段。最早的文献记载，是宋代朱辅的《溪蛮丛笑》：“仡佬土俗，于岁节，人赴野外，男女分两队，各以五色彩囊豆粟往来抛接，名飞紽。”“飞紽”，就是现在的“篾鸡蛋”。

篾鸡蛋是用竹篾编制而成，有空心和实心两种，空心的内装响铃、铜钱、石子或碎瓦片；实心的多用稻草、棉花或布团充实球心，形似一个大鸡蛋，故名“篾鸡蛋”，也称“鹅蛋包”。大小根据活动的需求确定，最大的篾鸡蛋直径可达 2 米，最小的篾鸡蛋直径只有 3 厘米，似乒乓球。篾鸡蛋的编制没有统一要求，但最讲究的篾鸡蛋要求用腊篾（苦竹篾用沸水煮 10 分钟）编制，篾鸡蛋的两端分别系一红绸带，编制好的篾鸡蛋摇动时有响声，抛打时有弹性，篾鸡蛋的外表可用红、黄、黑、蓝等材料染色，提高观赏性。

黔北仡佬族的男女青年，都非常喜欢打篾鸡蛋。是因为民间还另有传说：古时，有个叫竹青的仡佬族人家姑娘，心灵手巧，善良美丽，深得小伙子们倾慕，纷纷向她示爱。怎么办呢？聪明的竹青姑娘就对求爱者们说，哪个篾球编得好、打得好，我就嫁给哪个。小伙子们听了，就一个个苦练技艺。结果，一个叫竹平的青年，篾球编得漂亮，玩球技艺精湛，盖过一方青年，赢得了竹青姑娘的芳心。从此，篾球又被称为“篾绣球”，成为仡佬人爱情的象征。

道真仡佬族篾鸡蛋的打法有多种，常见的有“过河”“换窝”“进缸”“打盘子”“打呆子”等。打篾鸡蛋时，人员均分作两队，用手抛、脚踢、木棍赶逐等方式运球。

“过河”：在场地中间画出一条竖线或牵拉一根绳子作为“河界”。用抽签或猜数等方式选择场地和决出发球权后，双方各自用手将球上托、前传，并扣打过“河”。打过“河”并落地，得分，取得发球权。如此反复，得分多者为胜。

“进缸”：一种打法是在场地的两端各挖一个坑或放一个篮子等作为“缸”。两队相互攻防，用木棍等将球赶入或传入“缸”中。攻方球入“缸”得分，对方发球。最后以得分多者为胜。另一种打法是不用木棍，徒手进行。在坝子一角，挖一个比篾鸡蛋稍大一点的坑作为“缸”。甲队站在“缸”边守缸并先发球，乙队则接球进攻。如此双方彼此抛掷击球，如球落地，则乙队要站在落球点向甲方发球反攻，甲方则竭力守缸。球入缸内则乙方胜出，反之为败。

“打盘子”：任意选一场地，各自以踝部或膝部向上踢球，计其次数，多者为胜。

“打呆子”：场地中心处先画一条分界线，场地两端对应位置各画一个大圈，作为“呆子区”。两队中各由一人充当“呆子”，站在“呆子区”内。其他队员则争传“篾球”攻击对方“呆子”。“呆子”可在“呆子区”内接球或闪避；如被击中且球落地，对方得分。同时更换“呆子”，原来的“呆子”转为攻防队员。凡队员最先轮流当完“呆子”的队为输。

“换窝”：在场地中央先挖一个坑做“篾鸡蛋窝”，守方在离窝 1 米左右的四周设“护窝人”，每人持竹竿一根，地上挖一个可插竹竿的小洞，叫“竿洞”。护窝人各持竹竿立于竿洞处。比赛开始，攻方用竹竿从外围将球争相赶入窝中，护窝人竭力用竿保护窝和洞。一旦攻方将球赶入洞中，或将竿插入洞中，护窝人被淘汰；如球进窝，得胜方高呼“换窝”，攻守换位。

务川、正安县仡佬族篾鸡蛋的打法常有三种：单人赛、集体赛和男女混合集体赛。

一、单人赛

1. 场地：选择在室外为宜，场地大小均可，只要求平整。

2. 比赛人数要求：一人可表演，两人以上可比赛，多少皆宜。

3. 器材：只要 2~10 个篾鸡蛋。

4. 比赛规则：一个人用两只手玩的篾鸡蛋越多得分越多，落地篾鸡蛋越少得分越多。得分多者胜，得分相等则加赛。

二、集体赛

比赛一般选择在野外山坡上进行，人数多少不限，也不分组。比赛开始时，先由人将“篾鸡蛋”抛向空中，其余的人都奔向“篾鸡蛋”落下的地方，抢得“篾鸡蛋”者继续将“篾鸡蛋”扔出，以扔出次数多者为胜方。这种打法，往往要追几弯几岔，运动量大，气氛热烈（此种打法亦可在院坝进行）。

三、男女混合集体赛

1. 场地：长 50 米±（5—20 米），宽 35 米±（5—15 米）。场地是长方形，中线叫河界。场地两端中点各放一个蛋窝，蛋窝是圆形，直径 1 米，高 1 米。

2. 比赛队伍要求：每场比赛两队参加（甲队、乙队），每个队男队员 4~10 人，女队员 1 人，女队员称为公主。

3. 器材：篾鸡蛋 20 个左右，每个直径 10 厘米，椭圆形，用腊篾编制（腊篾是用沸水煮过的苦竹篾）。系红绸布条，蛋内放一个小实物，篾鸡蛋摇动时有响声。蛋窝制作材料不限，口哨一个，指挥旗一面。

四、比赛规则

1. 一场比赛 10 分钟，比赛过程中不许暂停。

2. 比赛开始时，由裁判将篾鸡蛋在河界任一位置抛向空中，由抢得一方组织进攻。

3. 进攻方控球队员可在 5 秒钟内奔跑，也可在 5 秒内将球传给本队队员，也可选择攻击对方过关。5 秒钟后球不出手判违例，违例由对方队员在就近位置抛球进攻。

4. 过关进球：首先进攻方队员要用“篾鸡蛋”“逛”对方队员（即通过对方队员头顶传递“篾鸡蛋”），将对方队员全部“逛”完后，进攻方控球队员将球打在对方队员身上任何一个部位，球再次被本队队员所得，算过关。过关后，控球队员可迅速选择条件将球投入本方蛋窝。控球队员（进攻方）不过关，而将球传给本队公主进窝，或直接进窝判违例。球进窝后由裁判在河界任一位置抛球，双方抢夺进攻。

5. 攻防原则：双方队员均可用跑、躲、堵、夺、传等方法攻击，不能用脚踢、手拉、手抱等动作，运用脚踢、手拉、手抱判为犯规。犯规后由对方队员就近抛球进攻，一个人连续三次犯规，罚下场不准参加比赛，下场后不准另外派人上场。

6. 公主职责：在本方蛋窝附近，只要有条件拾得篾鸡蛋，均可投入本方蛋窝，对方误传拾得投进窝也算。

7. 队员因伤或其他原因可以要求换人。

8. 比赛结束，数双方蛋窝内的篾鸡蛋，多者为胜。

仡佬族打篾鸡蛋，是一种经济、实惠的体育运动。对场地要求不高，活动器材经济，时间无规定，人员无限制，具有民族性、竞争性、技巧性、趣味性、便宜性等特点。仡佬族打篾鸡蛋，在全省有较大影响。1998年，道真代表队获全省第四届少数民族传统体育运动会表演项目金奖。对推动全民健身运动，丰富人民群众文体活动，起到了积极作用。

近年来，各地政府加强了对打“篾鸡蛋”的保护和传承。务川县将打篾鸡蛋引入学校体育教学，建立了务川民族中学打篾鸡蛋保护传承基地，仡佬族打篾鸡蛋这一非物质文化遗产的传承有了保障。

踩堂舞

仡佬族的舞蹈形式多变，动作优美协调堪称舞蹈中的精美艺术。在仡佬族的传统舞蹈中以踩堂舞最具有民族特色，随着时代的发展，踩堂舞已经渐渐失传，可能会成为消失在我们视线中的又一文化遗产。

仡佬族踩堂舞是遵义县仡佬族传统丧葬仪式中带有祭祀性的舞蹈。这种舞蹈，古代是在逝者的坟前进行，近代以后，改在灵堂进行。踩堂舞由3~4人为前导，分别吹奏芦笙、举摇铃、摇司刀和打钱杆，其他人（无论男女）手拉手随后而行。人们边唱边跳，以足蹉地，口中不时发出“呵嗬、呵嗬”的呼喊。另有几位女子，或举火把，或提酒壶，或端酒碗、酒杯，在队列旁向舞蹈者敬酒。踩堂舞有四瓣花、柳穿鱼、梅花阵等复杂队列的变化。

踩堂舞的仡佬语叫“比夷枚”。最早来源于仡佬族先民祭祀始祖。谣传远古时代，平正仡佬族始祖住在深山老林，一次出山不小心摔下深谷不幸身亡，家里人等了多日不见其回家，遂分头四处寻找，找了七七四十九天，终在悬崖下找到了尸身，但有老鸹、成篓篓的虫子蚂蚁争相咬食，儿孙们气得暴跳如雷，挥臂跺脚，赶的赶，踩的踩，但撵跑了雀鸟，虫虫又涌来，撵来踩去，让人精疲力竭。

幸好有个咪噜（仡佬语：姑娘）想了个办法，砍来竹竿凿上孔吹，踩的跟着踩，既保护了遗体，大家又得到了快乐。随后又将几支竹子捆扎起来，声音更大，效果更好，这就成了仡佬族的芦笙，也就是踩堂舞最原始的舞蹈音乐。再后来，平正的仡佬族将踩堂舞活动用在“打牛斋祭”活动中。

“打嘎”是祭祀仪程十二坛中将要结束的一坛，活动地点选在山坡空地，先由补袱（道士、巫师）用仡佬语念诵悼词，接着由姑亲持斧将牛击倒，此时开始跳起踩堂舞。舞蹈人数不等，吹五管笙，跳的仍是采用踩踏蛇虫蚂蚁的姿势，不时齐声吆喝“啊—唷，啊—唷”，反复进行或进或退。舞蹈中由妇女一人端盛满米酒的茶盘，一人提米酒壶添酒，一人打着火把照明，名为送晌午，送餐者给舞蹈者喝米酒，也有互相逗趣嬉笑的情景。

祭神仪式的踩堂舞，舞蹈凸显出粗犷、狂热、古朴的特征，在婚嫁与情爱场合使用这种舞蹈，又彰显出热烈欢快、优美抒情的气氛。它是仡佬族传统文化的突出表现形式，寓含仡佬人的信仰、价值取向。

随着社会的不断进步和经济快速发展并长期受外来文化的影响，目前在遵义县只有平正仡佬族乡还保留有踩堂舞，但也只有少数人能跳了，面临失传的危险。

花灯戏

作为熔歌舞、戏剧、说唱于一炉的民间综合表演艺术的黔北花灯，“花灯戏”（简称“灯戏”）是其中重要组成部分。

《遵义府志》卷四十年纪二中有如下记载：“明成化二十三年（公元1487)，宣抚杨友奏帝，言播州宣尉使杨爱，自称‘国王无主’，结苗夷反叛。”“设教坊司，以伪阉官掌其事，虏良家庞兆期女胜真、福真等一百余名充女乐，教习杂剧。”可见黔北早在五百多年前就出现了规模不小、门类繁多的戏剧活动。地方典籍《平越直隶州志卷五》（风俗篇）以及民国二十四年（1935)《余庆县志卷二》同载：“ 正月十一日至十六日谓之灯节，庭堂皆悬灯，城乡聚金制龙灯，装故事，从以鼓乐，遍行村坊，所至迎之以火炮，又有花灯装仕女唱采茶歌或扮演杂剧者。”从引文中的“装故事”——有人物、设情节，“扮演杂剧者”——扮演各式剧目，说明花灯中“灯戏”的存在和发挥着功能。

黔北“灯戏”与黔北傩戏、阳戏、坛戏等品类共生长共繁荣，但后者多属古老的宗教祭祀性戏剧，而“灯戏”则是更直接反映劳动群众的现实生活为其主要内容，因而也更加通俗易懂，形象朴质生动，赋有群众性、民俗性而备受群众喜爱。“灯戏”主要是在年节（上元节或元宵节）献演，伴随花灯歌舞、说唱在多式多样彩灯的映衬下，与花灯中的“丑角”——

“唐二”“土地神”等相互烘托，营造出热闹、喜庆的气氛。所以多带欢喜、逗乐情趣。

花灯在发展的进程中，拓宽了戏剧因素的接纳和运用，使花灯艺术形成多元立体形态。《遵义府志》载：“正月以姣童（聪明伶俐的童子）扮男女，一执扇，一执手帕，边歌边舞唱《采茶》。”这“男”“女”指口若悬河、插科打诨的固定男主角——“唐二”和包揽所有灯戏中的女主角扮演者——“幺妹”，可以说“唐二”和“幺妹”的设置本身就带有“戏剧性”。在花灯的演出中不难发现其戏剧因素的广泛存在和运用，虽然许多花灯演出尚不能确定为完整的戏剧。如花灯说唱《蛇郎说亲》就贯穿保媒说亲的线索，有人物的活动和对白，具备了戏剧的雏形，在原省花灯团创作的大型花灯剧《七妹与蛇郎》中，可窥见其影子；剧中的“牛驮胭脂马驮粉，问你大姐肯不肯啦”就出自此处。“十二花园姐妹”既存在于黔北傩文化挂图里面，她们是幸福快乐的仙女或村姑，也是花灯歌舞的佳美群体，在花灯演唱《十二花园姐妹》中“报花名”时精彩的描写，如加上情节、活动等，亦有成为戏剧的可能。其实，坛戏中就有《迎花园姐妹》的剧目。

“报花名”：元宵花灯闹华堂，十二姐妹来开场。高山扎堰唐（塘）大姐。苦竹林中沈（笋）二娘。桃树开花陶（桃）三姐。江边插杨柳（柳）四娘。撑船过河杜（渡）五姐。鸭儿下水胡（浮）六娘。手掌乱麻李（理）七姐。楼上点灯赵（照）八娘。新打剪刀柴（裁）九姐。天上下雨林（淋）十娘。马上抛刀石一（十一）姐。勒缰转来时二（十二）娘。十二姐妹都请到，唐二仙官来合场。

黔北存在着不少花灯剧目、剧本和戏剧表演。如绥阳县就是花灯戏集中的地区之一，该县距遵义市60公里，历史悠久、文化较为发达，古代艺术储藏丰富，至今还保留着阳戏、川剧、坛戏及花灯戏等。

20世纪80年代，每逢年节，绥阳乡村，花灯戏班活动频频，每到一村一寨，紧锣密鼓，爆竹喧天，人头攒动，笑语不绝，景况异常热闹。观其演出，依然蟒袍玉带，文巾彩装；刀枪剑戟，桌椅杯盏；生、旦、净、丑，彩绘脸谱；唢呐伴奏，演唱悦耳。转换节目时就地改装，自然随便，每班十余人，其中扮“幺妹”的演员，包揽了所有演出中的女角。

简坝王家花灯戏班备有一红纸帖，上书“花灯戏点戏单”，每折戏旁都写有收费价。列有：

《三星庆寿》2.00 元、《打草鞋》2.00 元、《新回营》2.00 元、《采茶》3.00 元、《石板坡团圆》3.00 元、《跑台》1.50 元、《七星桥还愿》2.00 元、《回窑》2.00 元、《大团圆》2.00 元、《姜女插柳》5.00 元、《姐妹三人团圆》7.00 元、《八仙上寿》3.00 元，末尾附有“《唐王登殿》等二十七折戏”的字样。

另外，花灯戏剧目还有《闹店》《憨包儿打草鞋》《三会亲》等九十余出。

黔北的花灯剧目，有许多直接表现劳动人民的生活，为民间艺人早年创作，饱含乡土气息，短小精悍，适合走村串寨，田边地头，屋前院坝演出，群众大多喜闻乐见。例如：

花灯剧《闹店》，讲的是穷秀士王小二，赴京应试路经一客店，店老板见其“穷酸”，大加奚落折腾，讥讽“他无钱还想考试当官”。这戏反映了贫苦的读书人，敢于向恶势力斗争的可贵精神，有一定的进步意义。剧目为遵义县枫香坝民间花灯老艺人夏全舟口述，汤国富记录整理。原无本，属口传。是夏全舟创作，并与家人，自导自演过此剧，是地地道道的花灯戏剧目。这剧目，于 1956 年参加全省调演，获演出、创作二等奖。

《打草鞋》，又叫《憨包儿打草鞋》。是一出民间花灯小戏，写的是一个光会使蛮劲，宁愿作“槌草棒”的人，因不会用巧力，功效很低。是对不懂科学、不知巧干的人，加以辛辣讽刺。本剧在黔北地区流传较广，表演朴实生动，唱腔通俗易唱易学，有明显的民歌小调风格。因与劳动生活十分接近，很受群众欢迎，演出时常常逗得满堂哄笑。1958 年，正安县代表队曾排练此节目参加遵义地区调演获得好评。

《三会亲》，演出本朴实、土俗，年代久远，流传较广。反映的是某贫苦人家有母女二人——王老妈子，苏幺妹到了年关，因家里一贫如洗，过不起年。王老妈子外出，遇上了毛屠户、封裁缝、“宾郎郎”（农夫），设计将苏幺妹同时许配给三人，换回猪肉，布料和大米，以对付年关。到了约定的相亲日期，毛、封、宾三人同时到来与苏幺妹会亲，闹出一场大笑话。最后由苏幺妹自己选择了朴素憨厚的宾郎为自己的丈夫。此剧在一定程度上反映了劳动人民的痛苦生活和对待婚姻恋爱的朴素观点。

黔北花灯戏经历了祭祀—歌舞—愿灯—花灯等不同阶段的衍化，逐渐形成完整的戏剧。民众和民间艺术家在漫漫岁月中，创作了不少优秀的花灯戏，大体可分为四类。

一是由民间花灯歌舞，逐渐衍变成为的花灯小戏剧目，如《十二仙姬》《英台故事》《五更劝夫》《小妹卖面》《干妈问病》《梁祝根由》《十二姻缘配》《赌摊》《革命根由》《劝夫参军》等。

二是民间祭祀、酬愿活动中的《坛夹戏》，如《财神登殿》《八仙送寿》《梓童灯》《范郎勾愿》《孟姜辞神》《扫土地》《磨刀备马》《赦罪》《造灯》等。

三是创作、移植、改编的剧目，如《安安送米》《芦花装衣》《槐荫记》《蟒蛇记》《断机教子》《金铃记》《范叔赠银》《闹店》《三会亲》《憨包儿打草鞋》等。

第四类为现代题材新创作，如《血血相连》《请媳妇》《丫枝》《招郎榜》《支援铁路》《就是她》《找老为》《一家兵》《三难丈母娘》等。

我国的多个戏曲剧种都经历从民间歌舞到戏剧雏形再到完整剧种的历程，如“黄梅戏”等。但黔北花灯戏因与傩戏、阳戏、坛戏共生共荣、互相促进，还存在有“傩夹戏”“灯夹戏”“坛夹戏”等特殊表现形式，同时还受到川剧的强烈影响，有着它特殊的形态。在历史的演变中，黔北积淀了厚重的红色文化，大量写长征、红军的花灯戏，也是黔北灯戏的特色和闪光点。

矮人舞

流传于黔北余庆县敖溪镇，是余庆民间喜闻乐见的自娱性舞蹈。

汉武帝拓边屯军，开发西南夷，汉文化就通过巴蜀、荆楚进入今黔北地区，“军傩”也同时被带入，逐渐影响了当地乡民的文化生活。“矮子神”在傩戏中的表演，有浓郁的喜剧色彩，特别在戏后或戏间，“矮子神”托筛向众乡民索取灯油费，模样滑稽，动作诙谐，言辞动人，深受乡民喜爱。人们随之利用田间地头、堂屋院坝模仿表演。在发展中不断改进矮人形象，不断加入地方文化元素，注入民间的思想情感，逐渐形成一种独特的“矮人舞”，产生更深的文化内涵。

传说，很久以前，世间有三种人，天上的“竹竿人”，地上的“扁担人”和地底下的“扫帚人”（小矮人）。他们原本和平友好，往来自由，互通婚姻。因贫富差别，通婚和往来的多是竹竿人和扁担人，扫帚人受到歧视，不能再与竹竿人和扁担人来往通婚，不能同样享受人身自由。民间劳苦民众，用竹竿人和扁担人比喻统治阶层和有钱人，用扫帚人比喻自己。内心强烈的愤怒和不平，就通过“矮人舞”曲折地表现出来。余庆县“矮人舞”的表演，在清末民国时期较为普遍。1958年后渐渐消失，1987年经余庆县敖溪胜利花灯队发掘出来，搬上了艺术舞台，被视为贵州民间舞蹈瑰宝。

矮人舞独舞由小矮人单独表演，群舞由小矮人、竹竿人和扁担人共同表演。在山间、田野表演的矮人舞，是乡民们劳作休息之余，自娱自乐的舞蹈。人们把衣服下移至小腹，以肚皮为脸，肚脐眼为嘴，用泥土画出五官，将劳动工具背篼或箩筐罩住头胸，用小竹穿袖当手，变成小矮人。人们敲击镰刀、锄头，发出有节奏的叮当声，小矮人随叮叮当当的节奏，踢腿扭腰，蹲跳甩臀，特别是扭动腹肌，使肚脐（嘴）外形的变化，表现出人的喜、怒、哀、乐。人们在田间土头随意舞蹈，一边唱道：“矮人子、矮人王，三尺土布做衣裳，脑壳有那箩篼大，身子打齐桶梁梁，别看我的个儿小，搭根板凳夺太阳……”

舞台表演的矮人舞，表演了小矮人和竹竿人喜结良缘的情节。2—4人扮高人，为“竹竿人”；一人扮笑罗汉，为“扁担人”；4—8人扮小矮人，为“扫帚人”。高人以两人叠骑，外面套以长袍，酷似一根高高的竹竿。小矮人由男青年扮演，上身裸体，用竹背篓或箩筐罩住头部、肩部，腹部以肚脐当嘴，用化妆颜料画出五官，男女有别，酷似真人。腰两侧圈一篾条作人手臂，套以小人衣裤，俨然一个小矮人。笑罗汉戴面罩，穿和尚长衫，手拿大蒲扇。

舞台上的矮人舞，舞蹈动作增加了许多，小矮人双脚随锣鼓节拍移动、跳跃、扭腰、摆胯，还有跑跳，半送胯跳，矮桩步接跳，旋转组合等，越加活泼可爱。同时，利用小矮人腰、腹、胯的特殊动律，以肚脐眼——嘴的形状变化展开各种笑容。小矮人骑马桩半蹲，含胸挺胸、腹肌收缩，使“嘴”的形状不断变化；人的重心左右移动，全身连续性抖动，表现出小矮人笑得前俯后仰，浑身颤动；竹手随之而动，如手舞足蹈。这一逼真的矮人“哈哈大笑”，升华了舞蹈主题。

舞蹈中，经“扁担人”说合，“小矮人”与“竹竿人”喜结了良缘。小矮人携着妻子竹竿人回家，欢乐地唱道：“走呀走，飘呀飘，走向那人间的乐园，飘向那理想的天堂……”

矮人舞唱腔出自民间的《打闹歌》。高亢优美，山野味浓。歌词表现出强烈的地方色彩和幽默诙谐的民族特色。

矮人舞具有独特艺术价值和观赏价值。贵州省电视台录制了这个节目，参加了国庆四十周年电视文艺节目展播。根据这一题材，省苗苗艺术团，创作了儿童舞蹈《夜郎春》，选送北京，参加了 1989 年中国少儿歌舞比赛，荣获二等奖。

现在，敖溪大多矮人舞老艺人已不在世，只有敖溪下街的毛锦兵和刘成忠尚在，年龄都在五六十岁了，矮人舞濒临失传危险。

余庆龙灯

史载，余庆龙灯始于唐代。有“正月十一至十六日谓之灯节”“各村或醵金为龙灯”的记载。公元 1718 年间，玩灯达到鼎盛时期，有“迎春东郊，戏陈傀儡，踏歌元夕，灯走鱼龙”的记载。

余庆龙灯分布在白泥、龙溪、敖溪、松烟、太平五镇。以白泥和敖溪最为活跃。特别是县城所在地白泥镇，年年玩龙，村村要龙，户户扎龙，人人喜龙。

余庆玩龙灯活动有 3 次空前盛况。第一次是 1946 年春节，庆祝抗日战争胜利，松烟街上云集 43 条彩龙，通宵玩要三天三夜。第二次是 1978 年，23 条彩龙汇聚于白泥镇草坪玩要，观众数万人。第三次是 1986 年春节，县文化部门组织、引导白泥城关各灯会举行民间文艺大集会，共有 32 支队伍，1500 余人表演，观众达 10 万人次。后来，龙灯规模虽然不大，但龙灯时节、技巧、工艺始终如一，沿袭至今。

白泥龙灯，主要有布龙和草龙。布龙由竹篾、纸、布等扎制，一般不分节，一条龙长约 30 米左右，特殊情况下才分节。1978 年春节，草坪村就扎了100节的一条长龙，每户扎一节，龙头伸到县城，龙尾还在村里，蔚为壮观。龙体内点灯，由成人玩耍。草龙由竹篾、谷草等扎制，长约4米至5米，龙身遍插燃香，夜间由儿童玩耍。白泥龙灯配有牌灯、鱼灯、虾灯、蚌灯、狮灯和龙珠、龙宝等，表演队伍浩浩荡荡，威风凛凛。还配有大抬鼓、大锣、大钵、小锣、丁锣等打击乐，以营造和掀起热闹的氛围。

龙灯扎制：需纸、竹、颜料、布、烛、谷草等。布龙用竹篾扎成龙头、龙身、龙尾框架。龙头用皮纸裱糊，再用颜料绘，龙头高大，龙眼闪亮，滴溜转动，栩栩如生，威风凛凛；龙身接于龙头之后，用纱布或细布蒙皮，涂成红色或彩绘龙鳞。相伴龙灯出游的有牌灯（乌江以南为方形，乌江以北为殿字形，上写灯会名称及对联）、鱼灯、虾灯、狮灯及龙宝珠，均用竹篾扎成各自形状，然后蒙色布彩绘。草龙扎制方法与布龙扎制基本相同，不同之处是草龙较短，龙身不是做成框架，而用竹篾扭成一根绳状，再缠上谷草扎制而成。

玩龙时间：除重大节庆日外，一般在正月初七出龙，正月十九日结束。出龙要选择良辰吉日，举行"点灯开光"仪式，下河"请水"，意兆丰年。然后出龙至十三日，到各村、寨玩耍。所到之处，都以鞭炮烟花迎接。正月十四日，全镇所有龙灯，会集县城，大闹元宵。正月十五日后、十九日前玩龙结束"清寨"，在县城牛场河坝用火烧龙，称之为"化龙"。

耍龙：是玩龙灯的高潮，耍龙时，牌灯开路，乐鼓相伴，鱼虾、狮灯随行；用油灯或蜡烛遍插龙身之内，龙体通红透亮；一人举着"宝珠"在前，上下左右翻耍，另一人举龙头去追逐，抢夺"宝珠"，还有十余人举着龙身紧跟龙头，翻滚跳跃，腾挪盘旋，有踩长凳、有跃仙桌等舞龙形式。耍龙时，气氛热烈，有的人高呼："哦吙，拿花来哟！"有的人高声说吉祥语。如：一人领："龙灯头上亮堂堂啊！"众人："好啊！"领："玩了那方玩这方啊！"众人："好啊！"领："这拨龙灯玩过后喂！"众人："好啊！"领："家家银子用仓装啊！"众人："好哇！"气氛非常热烈。两旁接龙、观龙者用土制花炮朝飞舞的龙喷射。彩龙盘旋，金花四溅，欢声如雷，锣鼓喧天，颇为壮观。每年正月十四日，县城观赏耍龙活动人数达几万人。

余庆玩龙灯，已成传统。一个村寨一个耍龙集体，也是一个灯会。县城每年都有6—10个村、寨组织参加，有时各乡镇也组织龙灯到县城表演、聚会。每个村、寨有专人负责组织龙的扎制和训练，资金由村、寨自行筹集。如有重大活动和比赛活动，由政府部门与社会各界共同组织、筹资举行。龙灯在余庆，传承不衰，越玩越广，越玩越俏。

游氏武术

游氏武术，产生于贵州省赤水市的官渡镇。

1932年，游氏武术创始人游树廷定居贵州省习水县城——今赤水市官渡镇，授徒习武。

游树廷生于1900年，7岁拜泸州著名拳师刘正鹏为师，开始习武强身。13岁时候，四川荣昌著名武师丁淮江又免费收游树廷为弟子，深得师傅和师祖彭梓荣（荣昌国术馆馆长）的共同赏识，精心传授他拳术。经过长时间的积累，游树廷逐渐将各大武术门派（僧门、岳门、赵门、杜门、自门、化门、裘门等）之精华融为一体，并加以改进创新，逐渐形成一套精湛的综合拳种。22岁时，他与陈素云结为夫妻，岳父是当地著名的武术师。第二年开始招收学徒。先后受聘于荣昌北门团局、常联队、训练队、特务班、三防军、广顺场团局等地任教；妻陈素云受聘于荣昌国术馆，县女子中学任教，夫妇二人的学员达上千名。

1932年，游树廷夫妇二人定居赤水官渡，一直从事武术教学，先后在习水县城民教馆、谢家祠堂、县府女子中学、石笋、程寨和赤水市葫市等地进行教学。1985年，通过国家武术处认可，北京著名拳师李子明亲书《游氏武术馆》五字送给游树廷，他自创的武术从此正式命名“游氏武术”。游树廷于1996年3月去世，享年96岁。

游树廷弟子王国明、穆贤荣、朱定英等人曾先后自办武馆，招收学员对游氏武术进行发扬光大，挂牌成立官渡镇武术协会。

游氏武术，是游树廷集诸多门派拳技精华为一体的独创拳术。共计62个拳术套路。传授的“达摩劲功”“少林虎爪拳”“五禽戏”“蛇矛枪”“十八投唐棍”属古稀拳种。主要内容包括，以八大武术门派中最精华的部分集锦而成的“八段锦”“达摩劲功”“少林虎爪拳”，棍术即“僧门拳”“五禽戏”。游氏武术主要器械有远古兵器蛇矛枪、梅花枪、花枪、八门金锁枪、钩镰枪、单架棍、双架棍、小齐棍、大齐棍、龙棍、齐眉棍、十八投唐棍、大刀、四面刀、单刀、双刀、单剑、双剑、盘龙剑、钢鞭、双锏、铁尺、迎面锤、凤眼锤等几十种。

游氏武术代表拳种：

五禽戏内功：虎式、猿式、熊式、鸟式、鹿式。口诀是：虎式开胸行气郁，心胃离隔气海通；猿臂活肝理肺窍，熊跃归穴理肾功；循经鸟伸吐纳气，鹿环归位脾命中。若得名师真口诀，八十公公像幼童。

达摩劲功口诀：

倒插杨柳贯顶功，大鹏展翅四肢通；慢捶慢掌肱股劲，降龙伏虎法力宏。背心躺地心血和，盘膝合掌运乾坤；浑身捶打金钟罩，铜头铁骨菩提颂。

虎爪拳：虎爪由六个套路组成：小四门、瑞柱、大练柱、大四门、龙棍、转角。

手型：掌、拳、爪、勾、金豹掌、凤眼锤。

掌法：斗掌、插掌、削掌、兜肚掌、挂掌。

拳法：箭锤、顺锤、造锤。

肘法：砸肘、盘肘、顶肘。

腿法：侧弹腿、抱腿、高低腿、铲腿。

步法：含机桩、马桩、弓箭步、迭桩、剪脚步、斗口、拐脚步。

龙棍：推山、虎步按掌、弓步引手、虎豹头、虎关肘、右关肘、搂膝推掌、马步削掌、虎抱脚摆肘、马步推掌、虎搂手、虎铣头、霸王举顶、弓步顶肘、退步虎顶肘、虎搂膝盘肘、马步顺掌、马步虎爪、虎亮掌、虎插锤、打虎式、大鹏展翅、收式。

蛇矛枪口诀：

一字头上起，拍矛中间刺一枪；左白蛇下山，右白蛇下山。

雪花盖顶杀一枪，青龙摆尾杀一枪，退青龙摆尾杀一枪，向前跳跃刺一枪，返身跳跃回马枪，转身刺一枪，苦竹盘根两面提手杀一枪，右龙抬头杀一枪，中路走马枪，四方梅花枪，回马刺一枪，苏秦背剑挡一枪。

游氏武术不但可以修身养性，健体强身，舒筋活血，振奋精神，也可扬善除恶，治病救人，具有较高的观赏性、娱乐性、挑战性，深得武术爱好者的青睐。

游树廷多次在全国比赛中获奖。如 1985 年 12 月，在贵州武术挖掘整理过程中，游老先生荣获“三献”一等奖；1986 年 5 月，在江苏徐州市“全国武术观摩交流比赛”中获得全国武术雄狮金牌奖；1986 年，在全国武术观摩大会上，游树廷表演的“达摩劲功”荣获雄狮奖；1987 年在“贵州省武术观摩交流比赛大会”上，共获得该比赛四枚金牌中的金牌三枚，银牌一枚。

游氏武术，是以师徒一招一式口传心授。所以能全面掌握游氏武术的徒弟不多，会一些的大都年事已高，武术传人匮乏，处于濒危状况。

推屎粑

听来稍显不雅的名词其实代表的是一种诙谐有趣的少数民族运动项目，在黔东北的古县务川，推屎粑是当地年轻人热衷的“游戏”。

如今已难考证，仡佬族先民究竟是谁首先在屎壳郎和母鸡身上找到灵感，并经过一代代人的传承完善，把这两种形神兼备的拟态游戏流传至今。

如果没有亲眼看见过推屎粑、抱蛋，人们恐怕怎么也想不出这会是怎样的场景。在务川仡佬族苗族自治县，推屎粑深受人们喜爱。

推屎粑，到底是个什么样的竞技项目？

务川民间这样描述推屎粑的来源：在农村的小路上，人们经常看到一种能够将猪、牛、羊等粪便垒成比自己身体还大的球推着走的一种名为推屎粑（学名叫屎壳郎）的昆虫。时间长了，仡佬儿童在放牧时经常模仿屎壳郎推粪动作而成为一种游戏，后来这一游戏逐渐演变成仡佬族人用来庆祝丰收和在重要节日时表演的一种体育活动。

推屎粑运动不受场地和人员的限制，在田间地头均可表演。人多就分为几组进行比赛，人少就相互交换角色比拼手力。

竞技一方用脚勾住合作伙伴的腰部，双手则握住伙伴的脚踝。两人以此姿势合力将“粪球”推动，一般以推的距离远近定名次，或在规定距离内以用时多少分高下。

推屎耙运动看似简单，却十分锻炼手力和腰劲。这项运动起先在务川仡佬族苗族自治县泥高乡一带非常流行。

“打抛儿”

贵州大方县的长石、青山、普底等仡佬族聚居乡中，流传着一种大众性的传统体育活动，叫作“打抛儿”。亦称为“打毛搭”，又叫作“打毽子”。

这种“抛儿”，以前以茅草为芯，外用毛葛藤缠为球体，直径一般为15~20厘米。因重量较沉，不好抛掷，后改为篾条编成空球芯，外面用各种不同色彩色布条缠为彩球，轻巧、美观，便于抛掷。

打抛儿分为两队进行，不限人数，但须双方人数相同；男女单打或者男女混合打都可以。开始比赛时，由其中一队先将“抛儿”抛给对手，对手接住后又将“抛儿”抛掷回去，两队相互抛掷，相当于打排球，“抛儿”落地一队为失败。有时候进行了若干回合还不分出胜负，十分精彩。它不同于排球的是，两者中间没有隔网，且可在地上拍跳起来，如篮球中的运球技术或足球中反弹球技术。可用脚踢，也可用头、肩、胸部等部位顶回去，更可用十指托起，亦可像手球那样用单手或双手抓起甩向对方。某一方不能一次接回算负（有点综合现代篮球、排球、足球、手球“四大球”的竞赛规则，或者说为“四大球”的原始竞赛方式，抑或可以说现代“四大球”运动就是在此基础上发展起来的），失败方要受罚。

处罚方式为：一对一。失败方队员将“抛儿”双手抛给获胜方，获胜方队员以脚踢回，直到失败方一次把踢回的“抛儿”接住，或获胜方一次没有踢着失败方抛来的“抛儿”为止。每名队员都要受罚一次。另一种胜负的规定是：其中一方有一队员体力不支，累趴下（像今日拳击倒地）了，全队认定为失败。

这是锻炼比较全面性的一种体育运动，融合于篮球、足球、手球、排球“四大球”的活动方式，运动量大，是群众性体育健身活动的一种好方法。

打磨秋

又叫磨磨秋。磨磨秋立于平坦山坡地上、中间立一根四尺开外的木柱，木柱上方留一轴，横梁长七八米，正中钻一孔，正好固定于轴上。游戏开始时，两人各站于横梁两端，相互坐立，每人将两手置于横梁紧握，并且腰部紧贴横梁上，先由其中一方将对手跷起并推动横梁迅速转动，对手脚着地将另一方跷起，猛力快速推动横梁，达到一定的转速时，双方腾空而转，如此你上我下，我上你下的有机配合，时而腾空旋转，时而着地跑行，体现出无数技巧。

“打毛达”

“毛达”类似当代的羽毛球。球的制作是用一节寸许长，小拇指粗细的竹筒，内插三五片雄鸡毛，每片鸡毛用剪刀在主筋两边剪成锯齿形，以减少羽毛在空中的阻力，保证“毛达”在击飞时稳而快。拍子用木料制作，类似乒乓球拍，仅“把”略长些，二人对打，比赛规则与打羽毛球无二。

踢毽子

踢毽子一般是少女们的强项，但男生也不示弱，每每参与，多数以败为终。毽子用布将古钱包上，布上用丝线绣上图案，中间钉上一根毛筒，筒中插上五颜六色的雄鸡毛，做工十分考究。游戏时，不分男女，不论人数多少，以踢的次数及难度决胜负。踢毽子十分精彩，有时踢踝脚，有时侧边踢，有时脚尖踢，更有甚者用脚后跟踢，将毽踢过头顶或肩头上，平稳后，侧身将毽落下再接着踢，有惊无险，旁观者目不暇接，“啧啧”赞叹。

顺风耳

顺风耳是用两节碗口粗的竹筒，一端用蛇皮蒙上，中间用数十米长的丝线或棉线连接上，双方各执一筒，语音通过蛇皮振动，沿线传递到对方筒中，含羞少女借以表达对情人的爱慕之情。

牵羊摆尾

参加人数越多，难度及活动量越多，场面更为壮观。由一人充当狼，羊头后面的人拉着前面人的后衣列成二长队。狼与羊头对面一站，由羊头发令开始，狼则奔跑设法抓羊尾最后一人，羊头的任务是保护羊尾不被抓，羊头很重要，他不仅要善跑，还要瞬间判断狼往何方跑并且还要有一定的体力。要能拦得住并拖住它让羊尾远离，同样离不开“羊身”的巧妙配合，假如羊头往左你往右，或反应迟钝，均会无意中帮了狼的大忙。并且规定，一旦狼抓到“羊尾”，那么将取代羊头，由抓到的“羊尾”充当狼，假如他又扑到了“羊尾”，说明羊头无能，将取而代之，如此往复循环直至全体参与游戏者都觉得疲劳为止。

蒙瞎猫

参加人数不定，通过剪刀帕子决定出输者，然后用一块帕子将输者双眼蒙上，其余人采用轻步快速的动作接近“瞎猫”，并拍打其背部；“瞎猫”只能靠敏锐的双耳，判断什么方位有人接近并快速将其捉到，替换“瞎猫”否则将被长时追打。

抱鹅蛋

参加人数不论多少，但最好是年龄相近，体力相当者，十分机灵者也可冒险参与。一人用三个石头代替鹅蛋，输者两手及双脚着地，腹部抱着“鹅蛋”。开始时，四周人问“红了（准备好）没有?”等抱蛋人回答“红了”，这时抢鹅蛋便开始了。游戏规定，若抢蛋人身体任何一部分被抱蛋人的脚击中，他将取而代之。但被连续三次抢光，抱蛋人就被罚犁老牛。犁老牛是输者扮牛，两手一脚着地，犁牛人双手握着“老牛”的另一只脚，边走边念：“天干犁老牛，无雨自己求，老牛犁不倒，将它来砍头。”同时周边的孩童，有的附和，有的嬉笑。老牛奋力往前奔，犁牛人双手抱脚往后拖，一直到沿蛋窝走完三圈。这是一项融体力、智力、乐趣为一体的青少年游戏活动。

荡秋千

秋千是在两根高大树木离地七八米高处放一横梁并固定，横梁上放上两个枷担或两个圆扣，下系两根大棕绳；离地二三尺系上踏板。荡秋千分单人荡秋千及双人荡秋千。荡秋千很讲究技巧，但也讲胆识，有的可荡至房檐高。双人荡秋千，需二人默契配合，其乐无穷。仡佬族中有中年不生子而立秋后荡秋千的习俗，它意味着经过广大乡民热闹的荡秋千活动而感动神灵，秋后得子。除夕打秋。秋杆一般是由无儿子人家为求生子者竖立。用青杠树作秋杠，用竹篾条掺草扭成酒杯粗的绳为秋绳。由一人主持，主持人烧纸磕头后，将秋杆立起，然后让男女老幼来打秋千。

追“长毛”

该项活动类似当今的排球。所谓的“长毛”，是用玉米壳撕细捆扎而成，呈圆球状，与排球大小相近。活动开始，双方各挑五名以上队员，但双方人数要相等，场地与排球相近，并划定中线，边线，端线。比赛开始前，由双方队员用猜有无或其他方式决定开掷“长毛”权，开掷方将“长毛”掷过中线对方境内，对方未接回而落地则输。一方可越过中线将“长毛”直接抛出对方的后端线而结束一场。在掷出“长毛”的一瞬间，双方争夺十分激烈，在划定的场内攻与防来来往往，场面十分壮观，相互追逐奔跑，活动量胜过篮球赛。

丢窝儿

丢窝儿是少儿最喜爱的一项户外活动，参与人数不限。活动时在地上挖一与毛钱大小的土坑，在前旁一三米线划定一根弃权线。开始时大家用剪刀帕子方式决定出顺序，由第一名从小坑处向弃权线掷出“毛钱”（古币），未过线者为输，然后以毛钱距小坑最远者开始向小坑投掷，投进小坑者为胜者，未投进者均给胜者一枚古钱，别看小儿游戏，其难度颇高。

打金山银山

打金山属少儿游戏，人数不限，但根据季节的不同，用来玩的品种有杏仁、桃仁、核桃等。参与人平均拿出玩物，在地上画一圆圈，将所有的核桃等玩物有规则地堆入圈内，类似一座宝塔，在圈的前方画定一条极线。玩者依秩序在圈外向极线抛出玩物，以距宝塔最远者先打，打中宝塔后散落于圈外之物属击中者，依次将圈中之物全部击出圈外为一局，其后照此进行。

撵母猪窝

看牛娃在山坡上最喜爱玩撵母猪窝，此项活动最具情趣。参与者人数不限，至少两人以上，先于地中间挖一大坑名母猪窝，地中间放一较大石块代替母猪，外围挖上九个以上小猪窝。参与者议定每人投入小石子数（猪仔），先放于母猪窝中，然后掊嘘嘘或以其他方式定先后次序。第一名母猪窝中全部猪仔按逆时针方向每一小窝中每次放一小猪仔，直至手中小石子放完，小窝中均有一个至三五个小石子不等，但不会出现空窝。接着从刚好放完手中石子的下一窝取出其中大石子往前放，照此类推，看放完石子的前方空窝，那空窝前小窝中的猪仔属你，第二个人在你取走的前一窝抓起石子照此撵下去，最后按秩序得到母猪的，将被取笑，小小游戏表现出孩子们的斗智。

打陀螺

树叶落，打陀螺。孩子们打陀螺的习惯基本上都是秋后。陀螺的形状略似海螺，呈圆锥状，制作木质以桃树为佳。陀螺模型有两种：一种是平顶的，它的锥度极缓，旋转时不摇头，很平稳。另一种是上下均为锥形，人们称为尖蛋陀螺。陀螺的大小轻重依孩子的大小及体力强弱而别。他们在一块打陀螺时，经常以“碰彩”为乐，碰彩，即使两个旋转的陀螺相碰，看谁的先停止旋转。抽打陀螺的工具名鞭棍，长两尺左右，均用硬质木料制作，一头用麻绳等韧度较高的绳子作套，套索系上柔和的棕叶。打陀螺不仅锻炼身体，同时也开发智力。

拷核桃

普定县白岩镇境内的仡佬族，每年逢农历九月至十月正值核桃成熟上市，青少年每天都要不约而同地到野外比较宽而平的草坝里举行拷核桃游戏活动，以之练习武术技艺，为警惕他人来犯，便用此技艺取石丸做自卫对付。这是古代流传在仡佬族民间最古老的一项历史传统游戏活动，至今仍保留盛行，尚未改变其方式。这种游戏活动，人数不限，各用右手持一枚核桃在场地的两边站成一行横队，由排头的人（左右不限）喊两声，起！大家一齐将自己手中持有的核桃向前方掷去，掷出的远近跨度不限，各自而掷，掷后，由桃核滚得最远的人将自己掷出的核桃捡起拿在手，对准比自己滚得最近的核桃拷去，拷中了又捡起来继续往其他的一枚拷去，拷中一枚又一枚，如果全部拷中，被拷中的核桃全部归拷中者。如果拷不中的，就交换由被拷者拉着拷，到最后，看谁拷中获得的核桃枚数多，谁就是此项活动武艺技艺高的人，全体人员都要各拿出一枚核桃奖给他，鼓励他再继续练习。

牛筋舞

每当年过古稀的老人大病痊愈后，亲人们要聚在厅堂跳“牛筋舞”。这是尊敬老人、向老人祝福的一种传统娱乐方式。牛筋舞由大姑爷主跳，陪跳者为女性亲戚。主跳人背竹制的蒸笼一个，里面放空碗一只，右手舞着三条尺长的熟牛筋。陪跳的人围在外面一圈，每人手里拿一根筷子，找机会敲响蒸笼里的空碗，中者为赢，主跳人被罚喝酒一杯。如敲不中，筷子被主跳人用牛筋拔掉落地，陪跳人则被罚喝酒一杯。双方左躲右闪，忽前忽后地跳，场面紧张热烈。舞后，老人将收到由主跳人献给的熟牛筋和新鲜的牛肉，祝老人健康长寿，身体如牛筋一样坚韧，像牛躯那样强壮，大家举杯向老人祝福。

打欢喜团

最早叫打欢喜堂，流行于务川仡佬族苗族自治县一带。“欢喜团”一般是用南瓜、大萝卜或柚子雕刻一个哈哈大笑的头像，涂上彩色，在正月十四夜晚，寨上的小伙们将欢喜团拴在1米长的竹竿上，于寨门前或大路口亮出。打欢喜团一般是在相邻的两个寨子间进行。开始时，由一人点燃“抢蛇蚤”（冻青树燃烧时树叶发出鞭炮似的响声）、树枝和竹子，刹那间，爆裂之声大起，此时，两寨人互相戏谑，甲寨：“我们苞谷像牛角，你们苞谷像鸡脑壳！”乙寨的人也不示弱加以回敬，你来我往，玩笑适可而止。然后，点燃火把，用干竹或其他干树枝制成，手拿竹竿互相追打对方的欢喜团。人群、火把漫山遍野，你追我打，狂奔喊叫，欢声不绝。只要一方的欢喜团被先击落，另一方的欢喜团也会很快被击落，先被击落方为负。如今打欢喜团活动不再进行，但仡佬族民间仍有将欢喜团插在竹竿尖上，置于门前，寓意五谷丰登。

打毽

在黔北一带的仡佬族中，毽有“草毽”和“鸡毛毽”两种。用草、叶扎的叫“草毽”，以鸡毛和布、皮扎的叫“鸡毛毽”。打时，可用手打，板拍，也可用脚踢。

手拍毽：以一手捉另一只手的衣袖反复挽转，每挽一次，向上拍毽一次，毽在空中上下翻腾，着地即罢，以打的次数多者为胜。

板拍毽：画一线为界，一人在一端执板发毽，众人在另一端哄抢接毽。玩法多样，两人猜拳，发毽人为胜者，这种玩法叫“划拳毽”。接到毽之后，需将毽搭在别人身上，被搭者向接毽人供毽。受供者以脚踢“进缸”为胜，随即换位重赛。

脚踢毽：用脚踝两侧将毽上踢，落地为止，这种玩法叫“胜盘毽”以踢次数多者为胜，胜者吃毽，负者供毽，若分队竞赛，则以积数计算胜负，胜队人人吃毽，负队人人供毽。脚踢还有“挖瓢”“铲子”“半边月”“对开”“转圈”“穿圈”等招式，可一二人打，也可多人合打。女孩子踢毽，伴随着歌谣，两字一拍，反复踢唱，至毽落为止。

角力

角力是道真、务川一带仡佬族村寨最为普遍而又常见的体育活动项目，有扭担、抵扁担、扳手劲、顶牛等。扭扁担：两人各持扁担一端，由裁判握持平衡，发令后，双方向相反方向扭动，单手或双手均可，力不支者为输。抵扁担：以扁担或木棒为器材，两人各抵一端，使力，以抵退对方为胜。因抵触部位不同，有试额力、额力、指力、掌力、腰力、膝力及肩力之分。扳手劲：两人各以一手相握，肘拐置于桌面或凳面，压倒对方无力反扳为胜。顶牛：两手叉腰以额相抵，也有以肩、以拳相抵者，互角力之强弱。角力活动不受时间、场地、器械和人数的限制，双方兴之所至即可相邀进行，开展较为全面，也较为广泛。在道真一带的“干栏墓”上石刻人物中有这类活动的场面。近年，也发展到有组织的集体比赛。

扯你过河来

扯你过河来为类似“拔河”的群众活动。在平整的地面上，画一横线为“河”，比赛双方各站“河”，双方推出一位力大、善驾驭的人隔“河”两手相握，参赛的各队拦着自己推出的“头”使劲拉，以将对方拉扯过“河”的一边为胜。比赛时，“扯你过河来”的吆喝声，配合着使力，场面激动人心。

玩香龙

夏天庄稼长虫，为了灭虫，凤冈一带农村组织十余人扎成草龙，龙身上插满点燃的香，敲锣打鼓在田间田坎上。夜间玩龙，据说可以灭虫，又是一种体育活动。

玩孝龙

在凤冈一带，富有之家，死了老人或做斋期间，要扎孝龙玩，用白布或白纸装饰龙身，似活跃做斋除灵的热闹场面，又是一种民间传统体育活动。

玩板凳龙

道真仡佬族苗族自治县三桥一带正月间贺新春有玩板凳龙的习俗，两人一组共支一条板凳，分多组进行。在锣鼓声中，支板凳者举高板凳在头上翻滚游荡，分别在一家一院的院坝进行，祝贺新春。

玩娃儿龙

正月间，在仡佬族的一些村寨，五六岁以上的儿童用草把、竹竿、绳子扎成草龙，在坝子里戏游玩耍，是儿童在正月间的一种娱乐活动，活跃儿童的乐趣，增强儿童体质。

踩高杆

用两根两米多的竹竿，在下端五寸至一尺高的半腰绑上一根尺许的竹竿，呈半丫形，人站在丫上，手足同时提起走步，看谁走得快，互相追逐、戏耍，还可跳高杆舞，很有乐趣。

走五指（又称起五子）

在地上或板上画一个五子圈，上端为斜方块，四字称为“庙”，下端为若干田字格加斜线连接为“路”，两人用苞谷等物为“子”，摆在两边线上，开始走动，互吃对方“子”或“夹”对方“子”，最后对方剩下的“子”追到“庙”上为胜；反之为负。

跳拱洞

一人双脚并立，低头弯腰，双手指尖触其脚背，形如拱洞。跳者短距离助跑起跳，双手撑其背分腿腾越。若腿触及拱者肩、臀或无法跳越，罚做拱洞。拱洞逐渐升高，最后转身低头直立，称“立人”跳者从背后撑肩分腿跨越，险中有乐。能腾越“立人”者无不引以为自豪。

玩花龙

“花龙”是将一些铜钱和碎磁片装进竹篾编制的球中，拍打或投掷时候能够发出悦耳动听的声音。比赛的时候不分组，首先由其中的一个人将“花龙”抛掷出去，参加者就可以去争抢，抢到后再抛掷出去，并且要喊出要抛“花龙”了，争抢到的次数越多，那个人就是获胜者。因为该项目争抢比较激烈，不限制场地范围和时间要求，所以比较热闹，从中可以反映出参与者的灵活和耐力。

打杈杈

“打杈杈”是贵州道真仡佬族苗族自治县仡佬族一种传统的民间体育，分别在坡上打、院坝打、宗祠打，于20世纪50年代末期消失，如今年过七旬以上的老人在偶有相聚时还津津乐道地进行回顾。现将其整理成文，有待有朝一日在仡佬山乡重现它的喜闻乐见的光彩。

一、“打杈杈”活动的产生与发展

自古以来，道真仡佬族的先民们，常三五一群地在大山进行生存与发展的农耕、狩猎或商事活动中，遇到独生在草丛、路边或沟河岸上的林木时，会共同议定一定的距离站定，用一小石子或泥土瞄准，打中者为胜，打不中者为输。言传此种简易打独木的活动，在元明时代的今凌霄张村塆一富户的张姓仡佬人家，在田间搭谷（收获水稻）的息闹（休息）时，十几个搭谷人在田坎上用一稻草叉开成三脚架，先用石头打，人人都能打中而分不出输赢，再无人有打稻草的兴趣。其中有一人建议用三根木棍棚（架）起打。由于棚架用草绳拴紧固定，参与打的人虽分得出输赢，但棚架被打中后仍立着不倒，没有体现输赢的价值。经过一段实践，有人提出用三根杈杈搭成三脚架，用不着捆绑。虽然增加了打中的难度，但打中后的三脚架会应声而倒。大家采纳了这个建议，果真具有嬉戏性、热闹性、游戏性、群众性，也具有输赢的价值，即要打就打倒，才过瘾，或不打则罢，要打就打赢。“打杈杈”由此得名。

此活动很快在当地传开，并普及到今梅江、构树、巴渔和双河一带，逐步完善。至晚清时，已发展成在坡上打、院坝打和宗祠打。参与打的人已由三五人至十多人发展成寨与寨组队打，成为喜闻乐见的群众性的民间体育活动。在抗日战争时期，还将打杈杈变成打日本鬼子。

二、“打杈杈”的打法

一是在“坡上打”。当地仡佬人将山间、田间地头、沟河两岸即野外，统称为“坡上”。有简易打法和复杂打法。简易打法是有两人就可以打。打之前先找三根杈枝，择一平地棚架成三脚架，在距三脚架十步处画一条线为界。打者只能在界外打，越过界限为犯规。打的武器只能是小石头，一次只打（抛或击）一块（粒），不能用木棍击。将三脚架打倒在地的为赢，打不倒在地的为输。输方伸出一掌，由赢方拍打三下。两人轮换打到都不愿再打为止。

复杂打法是指参与人达 3 人以上，均为单数，其中“单”出的 1 人作为主持人兼裁判。除裁判外若有 4 人以上双数，分成两个组打。哪个组先打后打，由裁判主持拈阄。在十步以外打中的标准是三脚架“乒”的一声或“当”的一声倒地。打中 1 次，记 1 分。第一轮打完统计，以分多的组为赢，分少的组为输。输的组罚在下一轮将每次打倒的杈杈重新搭成三脚架。两个组打到都不愿再打为止。

二是在“院坝打”。当地仡佬族以家庭而居的寨子都有院坝或晒坝。每当正月初一有不出远门的空闲习俗，早上吃罢汤圆后的十点钟左右，年轻人都不约而同地来到最宽敞的院坝，由其中的长辈或年长者主持，当裁判。参与的人多，分成两个以上组打。这种打法与“坡上打”相比，大大增强了娱乐性和观赏性。表现在：在杈杈搭成的“三脚架”周边六步远处，画一小圆作内圈。距离十二步远处画一大圆作外圈，分别寓意“六六大顺”和“新年月月红”。打时，按捻的阄，防守组沿圈守在小圈外，进攻组沿圈站在大圈外。不论哪个组只要有一人进圈为犯规。犯规者取消这一轮参打的资格。进攻即打的武器不是小石块或泥土，而是荫干、晒干或在树上吊干的拳头般大的小橙子（亦称“橙子儿”）。打垮三脚架一次，由守方组员重新架起。

一切准备就绪，主持人点燃一炷香插在院坝东方，代表各个参打组向天地作揖道：“新年初一打杈杈，天地作证输赢家。”同时，一群男女娃儿拍着手掌，绕着外圈边跳边唱："新年初一打杈杈，天灾人祸被杈光[①]。杈杈杈的顶呱呱，六畜兴旺谷满仓。嘿嘿，谷满仓。"接着，按照主持人的口令，各组各就各位。打杈杈比赛开始，进攻组各持一干橙子儿从四面打向杈杈，防守组则忙于抵挡进攻组打来的干橙子儿，为杈杈护架。杈杈三角棚被打倒在地 1 次，记 1 分。进攻与防守三轮之后，互换打与守。待那支天香燃完，打杈杈结束，按统计的各组打的分数，多为赢，少为输。主持人向赢的组每人发 5 支山烟奖励。由于是新年初一，双方都是借此讨个吉祥和欢乐，主持人还向输的组每人发 3 支山烟作为参与奖。另向参与唱"打杈杈"儿歌的娃儿每人赏三颗糖。

三是在"宗祠打"。即以宗族为单位，在本族的祠堂坝子打。打的时间是挂亲祭祖和其他文体活动后进行。打法与在院坝打基本相同。不同的是在抗日战争时期，要在杈杈棚架成的三脚架头上即顶端，插上一个用稻草扎成的一尺高左右的小日本鬼子，将"打杈杈"变为打日本鬼子。参与"打杈杈"的队伍是以寨子为单位组队，演变成寨与寨之间比赛。主持人是族长，裁判是由各寨公推的人胜任。观看和助阵的，大的宗族有上千人，小的宗族有二三百人。绕圈又唱又跳"打杈杈"儿歌的，是年度轮换一次的寨子组成的少年和儿童，少则一二十人，多则二三十人。儿歌歌词演变为："清明时节打杈杈，杈杈打的顶呱呱。日本鬼子被打爬，看你东亚不东亚。早天打走小日本，六畜兴旺强国家。大家一齐来捧场，人兆吉年乐万家。""打杈杈"比赛结束，在观看和捧场人的一次次吆喝声和雷鸣般的掌声中，族长宣布，给赢方放一团鞭炮庆贺。其热闹和轰动场面不亚于玩狮子、耍龙灯、划花船等活动。特别是将"日本鬼子"即三角杈杈棚架被打倒时，群情激奋至高潮。赢方回到寨子后，寨子上的富户在本寨长辈主持下，给每个参打的组员赏一碗油茶汤圆。输方回寨子后，由本寨长辈烧清汤油茶，召集本次组员边喝边找打输的原因，做来年初一打赢的思想准备。

---

① 注："杈光"。仡佬俗语，即用木杈或竹杈、铁杈杈物时，全被杈着。此处为全被杈死。

参考文献

一、著作类

[1] 陈天俊. 仡佬族文化研究 [M]. 贵阳：贵州人民出版社，1999.

[2] 钟金贵. 仡佬族民俗文化研究 [M]. 北京：民族出版社，2012.

[3] 周国炎. 仡佬族语言与民俗文化 [M]. 北京：中央民族大学出版社，2012.

[4] 贵州省仡佬学会编. 仡佬族与夜郎文化研究 [M]. 贵阳：贵州民族出版社，2007.

[5] 申健强，王文乔，申利丽. 仡佬族地区民间游戏荟萃 [M]. 北京：民族出版社，2012.

[6]《仡佬族简史》编写组. 仡佬族简史 [M]. 北京：民族出版社，2008.

[7] 王钟健. 仡佬族 [M]. 乌鲁木齐：新疆美术摄影出版社，2010.

[8] 周小艺. 中华民族全书 中国仡佬族 [M]. 银川：宁夏人民出版社，2012.

[9] 翁家烈. 仡佬族 [M]. 北京：民族出版社，1992.

[10]《仡佬族简史》编写组. 仡佬族简史 [M]. 贵阳：贵州民族出版社，1989.

[11] 务川仡佬族苗族自治县民族事务局. 务川仡佬族 [M]. 贵阳：贵州民族出版社，2006.

[12] 中国科学院民族研究所贵州少数民族社会历史调查组. 仡佬族简史简志合编初稿 [M]. 北京：中国科学院民族研究所，1963.

[13] 索晓霞. 无形的链结——贵州少数民族文化的传承与现代化［M］. 贵阳：贵州民族出版社，2000.

[14] 易剑东. 体育文化［M］. 台湾：扬智文化事业股份有限公司，1998.

[15] 朱国权. 彝族传统体育文化［M］. 昆明：云南大学出版社，2013.

[16] 姚重军，薛锋. 民族传统体育文化概论［M］. 兰州：甘肃民族出版社，2008.

[17] 韦晓康. 中国少数民族传统体育文化研究［M］. 北京：民族出版社，2005.

[18] 易剑东，何明辉，熊俊华，黎俊. 生命的脉动：体育的文化阐释［M］. 北京：中国科学文化出版社，2004.

[19] 李繁荣. 民族传统体育文化及其传承研究［M］. 济南：山东大学出版社，2014.

[20] 黄银华，卢兵. 民族传统体育文化研究［M］. 武汉：武汉出版社，2007.

二、论文类

[1] 韩玉姬，王洪珅，林峰. 影响我国少数民族传统体育发展的因素及对策研究［J］. 北京体育大学学报，2007（A1）.

[2] 丁勇，颜庆，郑俊梅. 民族传统体育进入贵州民族地区学校体育的理性思考——以黔北仡佬族民族传统体育“篾鸡蛋”为例［J］. 体育世界：学术版，2009（11）.

[3] 李明刚. 仡佬族宗教、祭祀中的体育元素分析［J］. 科学咨询，2010（16）.

[4] 丁勇. 仡佬族民族传统体育项目——“篾鸡蛋”研究［J］. 体育科技文献通报，2011（5）.

[5] 罗正琴，丁勇. 仡佬族传统体育“打篾鸡蛋”的变迁及发展现状［J］. 搏击：体育论坛，2011（6）.

[6] 丁勇. 仡佬族民族传统体育的起源之说［J］. 搏击：武术科学，

2011（6）.

[7] 曹云. 少数民族传统体育——仡佬族“打篾鸡蛋”社会学分析［J］. 武汉体育学院学报，2012（6）.

[8] 邓兴忠. 贵州仡佬族民族传统体育研究现状综述［J］. 考试周刊，2012（29）.

[9] 汪爱平，张婕，范洪彬. 仡佬族传统节日中民族体育的传承与发展——以仡佬族“吃新节”为例［J］. 武魂，2013（12）.

[10] 笪艺. 仡佬族体育调查研究［J］. 贵州体育科技，2014（4）.

[11] 伍德忠. 仡佬族民族传统体育的挖掘与整理［J］. 遵义师范学院学报，2016（2）.

[12] 邓兴忠. 仡佬族传统体育活动的文化学分新［J］. 贵州民族大学学报（哲学社会科学版），2013（4）.

[13] 李明刚，谢治菊，胡贵勇. 仡佬族群众参与传统体育文化活动调查及价值考量［J］. 山西师范大学学报（社会科学版），2014（A5）.

[14] 熊袖足. 仡佬族传统体育项目“推屎耙”的文化研究［J］. 小作家选刊，2016（7）.

[15] 董素云. 仡佬族传统体育文化遗产的特征及其保护［J］. 前沿，2011（24）.

[16] 王宗枝. 仡佬族传统体育文化特征及其发展现状浅谈［J］. 体育世界（学术版），2015（5）.

[17] 汪全先，万义，宋彩珍. 我国民族传统体育文化的当代困境与消解［J］. 武汉体育学院学报，2015（7）.

[18] 王洪珅，韩玉姬，梁勤超. 中国传统体育文化的演进轴线——生态适应［J］. 武汉体育学院学报，2016（4）.

[19] 王永强. 民俗及宗教对少数民族传统体育文化的影响［J］. 贵州民族研究，2016（9）.

[20] 田文波. 文化个性：民族传统体育文化的灵魂［J］. 武术研究，2016（6）.

[21] 伍卷，石爱桥. 民族传统体育文化生态的优化与重建［J］. 武汉体育学院学报，2016（8）.

[22] 杨冠强. 民族传统体育文化的整合及多元生态路径研究 [J]. 体育文化导刊，2016（5）.

[23] 吴湘军，杨永华. 武陵山区民族传统体育文化研究的现状与走向 [J]. 民族论坛，2016（7）.

[24] 尹继林，李乃琼. 我国民族传统体育文化现代化转型的困境与启示 [J]. 西安体育学院学报，2016（1）.

[25] 郑国华. 失衡与适应：论我国民族传统体育文化发展 [J]. 思想战线，2016（4）.

[26] 王潇，杨宇飞. 少数民族传统体育的文化生态保护与传承研究 [J]. 贵州民族研究，2016（5）.

[27] 唐明. 基于社会资本理论的少数民族传统体育文化传承发展研究 [J]. 沈阳体育学院学报，2016（1）.

[28] 王佳. 武陵山区少数民族传统体育文化的传承与开发 [J]. 湖北民族学院学报（哲学社会科学版），2015（1）.

[29] 张建华. 西北走廊民族传统体育文化的传承体系研究 [J]. 体育文化导刊，2015（10）.

[30] 闫静，仇军. 我国民族传统体育文化变迁动力的理想类型探究 [J]. 北京体育大学学报，2015（8）.

[31] 王智慧. 我国民族传统体育文化本源、特征与传承方式研究 [J]. 西安体育学院学报，2015（1）.

[32] 张建华. 符号学视域下的民族传统体育文化及其传承 [J]. 中国体育科技，2015（3）.

[33] 张红，刘红建. 传统体育文化的结构与功能范式及其保护路径研究 [J]. 山东体育科技，2014（6）.

[34] 杨敏，沈卫珍. 少数民族传统体育文化保护的问题与对策 [J]. 贵州民族研究，2014（8）.

[35] 苏雄. 我国民族传统体育文化的价值结构研究 [J]. 北京体育大学学报，2014（8）.

[36] 侯绍庄. 关于仡佬族的族属源流问题 [J]. 贵州文史丛刊，1988（1）.

[37] 郝时远. 中文“民族”一词源流考辨 [J]. 民族研究，2004 (6).

[38] 何叔涛. 汉语“民族”概念的特点与中国民族研究的话语权——兼谈“中华民族”“中国各民族”与当前流行的“族群”概念 [J]. 民族研究，2009 (2).

[39] 包也和. 传统概念探析 [J]. 哲学动态，1996 (4).

[40] 金冲及. 中华民族是怎样形成的 [J]. 江海学刊，2008 (1).

[41] 王毅虹. 论传统及其特点 [J]. 科学社会主义，1996 (3).

[42] 刘喜山. 我国体育概念演变探析 [J]. 体育文化导刊，2008 (8).

[43] 周西宽. “体育”概念古今谈 [J]. 四川体育科学学报，1982 (3).

[44] 王汝英. 关于体育的概念 [J]. 体育科学，1982 (4).

[45] 王立民，贠虹，马兴胜. 对民族传统体育文化发展的再认识 [J]. 职业圈，2007 (1).

[46] 丁世勇，郑国华，陆元兆，陈红星，张国栋. 析民族体育旅游资源 [J]. 上海体育学院学报，2003 (5).

[47] 王其慧，赵延益. 试论中华传统体育的特性——兼对传统体育建设的断想 [J]. 体育文史，1990 (6).

[48] 门丽，赵希英，唐伟杰. 民族文化和传统体育发展研究 [J]. 沈阳体育学院学报，2004 (4).

[49] 黄正廪. 仡佬族传统体育文化特征及功能探究 [J]. 曲靖师范学院学报，2016 (6).

[50] 田祖国. 地域文化视阈下我国民族传统体育的发展研究 [J]. 武汉体育学院学报，2010 (9).

[51] 金成平. 论体育的属性特征 [J]. 体育研究与教育，2013 (1).

[52] 索晓霞. 西部大开发与民族文化传承——以贵州为例 [J]. 贵州社会科学，2000 (5).

[53] 邱丕相. 全球文化背景下民族传统体育发展的思考 [J]. 体育科学，2006 (8).

[54] 王岗. 民族传统体育发展中的问题——文化模仿 [J]. 体育科学，2006 (7).

[55] 索晓霞. 我国少数民族地区发展中的人文价值导向与可持续原则 [J]. 贵州民族研究，1998 (2).

[56] 董素云. 仡佬族传统体育文化遗产的特征及其保护 [J]. 前沿，2011 (24).

[57] 袁华亭. 文化转型与我国少数民族传统体育文化发展研究 [J]. 湖北民族学院学报 (哲学社会科学版)，2009 (4).

[58] 王佳. 我国民族传统体育文化国际发展思考 [J]. 体育文化导刊，2015 (9).

[59] 王岗. 中华民族传统体育发展的社会文化选择 [J]. 北京体育大学学报，2006 (7).

[60] 王岗. 体育全球化背景下的民族传统体育发展问题的思考 [J]. 体育文化导，2004 (1).

[61] 吴连荣. 论我国民族传统体育的文化特征及发展趋势 [J]. 漳州师范学院学报 (自然科学版)，2003 (1).

[62] 饶远，杨万智. 民族体育走向世界的文化动因浅析 [J]. 武汉体育学院学报，1992 (3).

[63] 张争鸣. 论人类体育传播的选择性 [J]. 武汉体育学院学报，1994 (3).

[64] 葛鼎新. 文化传播的选择性 [J]. 首都师范大学学报 (社会科学版)，1993 (2).

[65] 韩佐生，张社平. 论现代体育的地理传播 [J]. 天津体育学院学报，1996 (1).

[66] 陈彦. 试论民族体育融合的必然性 [J]. 西安体育学院学报，1991 (2).

[67] 范维. 论赤水河流域非物质文化遗产游氏武术的开发 [J]. 当代体育科技，2011 (3).

[68] 唐成，刘苏. 人众传媒与竞技体育产业关系的分析 [J]. 成都体育学院学报，2000 (3).